하루뚝딱 창의감성 놀이 100

손으로 상상하고
눈으로 탐구하는
아이 주도 놀이백과

이수나 지음

다섯걸음

하루뚝딱 창의 감성 놀이 100

초판 발행 · 2023년 12월 20일

지은이 · 이수나
펴낸이 · 황진주
펴낸곳 · 다섯걸음
출판사 등록일 · 2021년 10월 6일 제2023-000213호
주소 · 서울시 마포구 월드컵로8길 45-8 양성빌딩 3층 3313호(서교동)
대표전화 · 070-5123-8402
팩스 · 02-6455-3927
이메일 · fivestepsbooks@gmail.com
디자인 · 유어텍스트 / **출력 및 인쇄** · 예림인쇄 / **제본** · 예림바인딩
ISBN 979-11-985491-0-5 (13590)

ⓒ 이수나, 2023
정가 22,000원

* 잘못 만들어진 책은 구입한 서점에서 바꿔 드립니다.
* 저작권자나 발행인의 승인 없이 이 책의 일부 또는 전부를 무단복사, 무단복제, 무단전재하는 것은 저작권법에 저촉됩니다.

머리말

여자의 삶은 출산을 전후로 많이 달라진다고 하지요. 저는 중학교 영어 교사라는 제 직업을 정말 사랑했어요. 수업을 통해 아이들과 소통하는 순간은 저에게 큰 보람이자 행복이었어요. 그래서 출산 후에는 최대한 빨리 다시 교단 위에 서서 제 꿈을 이어 나가고 싶었지요.

그런데 아이를 출산한 후에는 모든 것이 완전히 달라졌어요. 미숙아로 태어난 첫째 아이를 키우며, 아이에게 온전히 집중해야겠다고 생각하게 되었어요. 그리고 아이의 발달을 돕기 위해 다양한 종류의 놀이에 관심을 갖게 되었어요. 첫째 아이 이수가 20개월 무렵에는 남편의 해외 파견 근무로 미국으로 이사를 해야 했어요. 그렇게 연고 하나 없는 낯선 미국 땅에서 집콕 육아를 시작하게 되었지요.

교사로서 느끼는 성취감이 중요했던 저는 이렇게 얻게 된 육아 휴직 기간을 헛되이 보내고 싶지 않았어요. 아이와 오롯이 함께 보낼 수 있는 이 선물 같은 시간을 아이와 나를 위해 가장 의미 있는 방법으로 활용하고 싶었지요. 가구도, 책도, 장난감도 없이 텅 비어 있는 미국 집에서 이수와 함께 하루에 한 가지 주제로 놀이를 하기 시작했어요. 처음에는 시행착오도 많았어요. 계획대로 놀이가 진행되지 않아 당황하기도 했지만 점차 노하우가 생겼고, 미국 집의 벽은 이수가 그리고 만든 작품들로 가득 차게 되었어요.

아이가 놀이를 즐거워하면, 그날 하루는 제법 성공적인 육아를 했다는 생각에 스스로 대견한 마음이 들었어요. 사물을 보는 시각도 새롭게 바뀌면서 어떻게 활용하면 놀이로 연결할 수 있을지 고민하게 되었고, 새로운 도구와 놀이 방법에 대한 도전 의식도 커졌지요. 이렇게 매일 매일 새로운 놀이로 가득했던 일상에서 둘째 아이 이현이가 태어났어요. 그리고 이현이의 일상도 놀이로 채워지기 시작했지요.

이렇게 가족의 삶에 중요한 부분을 차지하게 된 '엄마표 놀이'는 이수, 이현이와 함께 성장했어요. 아이들의 몸과 마음이 자라면서 할 수 있는 활동들도 다양해졌지요. 새로운 재료, 도구, 기법이 추가되거나 정리되기도 했어요. 시작은 '엄마표 놀이'였지만 아이들의 성장과 관심사에 발맞추어 '아이 주도 놀이'로 변화했어요. 지금도 이수와 이현이는 하교 후에 꼭 놀이 시간을 가져요. 엄마에게는 과정도 보여주지 않고 꼭꼭 숨기다 결과물만 '짠!'하고 선물처럼

보여주는 아주 비밀스러운 작업 시간이에요. 그래서 저는 매일 아이들이 만들어 주는 앙증맞고 사랑스러운 선물을 받고 있습니다.

두 아이와 함께 몇 년간 꾸준히 놀이 시간을 가지면서, 저는 엄마의 역할은 아이의 관심사와 발달 단계에 맞는 환경을 조성하는 것이라는 결론을 내리게 되었습니다. 뛰어난 미술 실력이나 놀라운 창의력이 없어도 괜찮아요. 놀이 준비에 대한 부담, 청소에 대한 걱정, 결과물에 대한 기대도 잠시 내려놓으세요. 엄마가 만들어 준 환경 안에서 아이들은 놀이의 모든 과정을 열린 마음으로 즐기며 상상력과 창의력을 발휘할 수 있는 자유를 마음껏 누릴 거예요. 엄마는 아이가 노는 모습을 지켜보며 도움을 주거나 격려해주면 충분합니다.

이 책은 파트1 경험하기, 파트2 탐색하기, 파트3 발견하기, 파트4 놀기, 파트5 만들기로 구성되어 총 100가지 놀이를 소개하고 있어요. 아이들과 놀이를 하며 얻은 소중한 경험 중에서 가장 아끼는 놀이를 엄선하여 이 책에 담았습니다. 파트1에서는 다양한 재료를 활용한 감각 놀이를 통해 오감 발달을 이끌고, 파트2에서는 자연에서 영감을 받은 놀이를 통해 세상을 탐색해요. 파트3에서는 과학 놀이를 통해 호기심을 충족시키며 세상을 이해하는 시각을 넓히고, 파트4에서는 다양한 놀이를 통해 아이의 인지, 정서, 사회적으로 성숙을 촉진해요. 마지막으로 파트5에서는 만들기 놀이를 통해 아이의 창의력과 주도성을 키워나가요.

육아가 막막해지거나 경력 단절로 우울해지는 순간에 이 책이 도움이 될 수 있길 소망합니다. 바로 그 순간들에서 저를 꺼내주고 그 시간을 오히려 특별하게 만들어 준 것이 바로 이 놀이였던 것처럼요. 아이와 함께 나란히 앉아 이 책을 뒤적여보며 어떤 놀이가 재밌을까, 다음에는 어떤 놀이를 해볼까 대화를 나눌 수 있다면 더욱 좋겠지요.

마지막으로, 저는 놀이 시간이 아이에게 엄마의 사랑을 전하는 또 다른 방법이라고 생각해요. 세월이 흐를수록 엄마와 함께했던 놀이 시간이나 작품들은 아이의 기억 속에서 사라지겠지요. 하지만 엄마와 함께 보냈던 따뜻하고 포근했던 시간은 아이의 마음속 가장 깊은 곳에 영원히 남을 거예요. 그리고 이 온기는 아이가 커가며 자연스럽게 마주하게 될 크고 작은 시련을 헤쳐 나갈 용기의 자양분이 되어 줄 거예요. 오늘도 함께 커나갈 아이와 엄마를 진심으로 응원합니다.

이런 책 만들어 주세요!

이 책을 기획하고 집필하여 편집하는 단계마다 예비 독자분들이 책에 담았으면 하는 내용이나 구성에 대해 다양한 의견을 주셨습니다. 또한 책이 출간되기 전에 책에 실린 내용을 미리 읽어 보고 독자들이 궁금해할 점이나 추가했으면 하는 내용에 대한 의견도 들을 수 있었습니다. 참여해 주신 이 책의 예비 독자분들에게 감사합니다.

> 아이들과 계절에 상관없이 다양한 놀이를 하고 싶어요! 백과사전처럼 다양한 놀이가 들어있는 책이었으면 좋겠어요!

→ 파트의 주제별로 20개씩, 총 100개의 놀이를 한 책에 담았습니다.

> 아이들과 집에서 놀 때 가장 부담스러운 부분이 '청소'입니다. 청소가 쉬운 놀이를 알려 주면 좋겠어요!

→ 각 놀이의 미리보기 페이지에 정리 난이도를 표시하였으니 정리가 부담스러운 날에는 정리 난이도가 쉬운 놀이부터 도전해 보세요!

> 아이들과 과학 놀이를 할 때 원리가 무엇인지 궁금해 합니다. 놀이할 때마다 인터넷에서 찾아보자니 번거롭고, 어떻게 대답해 주어야 할지 막막할 때가 있어요!

→ 파트3에서 다루는 과학 놀이에는 해당 놀이에 숨겨진 과학 원리를 설명하는 구성을 추가하였습니다. 이제 책을 보며 아이의 궁금증을 시원하게 해결해 주세요!

> 아이가 흥미로워하는 주제의 놀이를 반복하다 보면 지루해하기도 합니다. 같은 주제의 놀이를 확장하여 노는 방법도 설명해 주세요!

→ 아이가 좋아하는 놀이를 다른 방법으로 즐길 수 있도록 놀이의 확장이라는 구성에 담았습니다. 놀이 진행 방법을 간략하게 설명하였으니 그림을 참고하여 아이와 함께 다양한 방법으로 즐겨 보세요!

이 책을 보는 방법

놀이 난이도&정리 난이도
아이의 발달에 맞게 놀이를 진행할 수 있도록 놀이 난이도를 표시하였습니다. 또한, 각 놀이마다 정리 난이도가 표시되어 있어 엄마의 정리 부담을 덜 수 있도록 하였습니다.

엄마의 준비 과정
아이와 함께 진행하는 놀이에서 엄마가 미리 준비해야 하는 과정이 있을 때 설명합니다.

이런 게 필요해요!
각 놀이를 진행하며 필요한 준비물들을 알려 줍니다.

놀이 노하우
놀이를 진행하며 알아두면 좋을 내용들을 별도로 담았습니다.

아이의 놀이 과정

놀이하는 과정을 그림과 글로 먼저 살펴보고 아이에게 주도적으로 놀이를 맡기며, 진행 상황에 따라 내용을 참고하여 과정을 안내할 수 있습니다.

숨겨진 과학 원리

파트3에서는 과학 놀이를 소개합니다. 해당 놀이를 진행할 때 알아두면 좋을 과학 원리를 간단히 설명하였으니 놀이에 참고하세요.

놀이의 확장

앞서 해본 놀이를 다양한 방법을 활용해 확장하여 놀 수 있도록 소개합니다. 아이가 창의적이고 유연한 사고를 할 수 있도록 도와줍니다.

차례

머리말 003   이 책을 보는 방법 006   한눈에 보는 준비물 013

PART 1 EXPERIENCE 경험하기

01 때로는 단단하고 때로는 말랑한 **우블렉** 024	02 말랑말랑한 봄을 느끼는 **벚꽃 젤리** 028	03 알록달록 감각 놀이 **레인보우 옥수수** 032	04 쫀득쫀득 촉감 놀이 **레인보우 타피오카 펄** 037	05 꽃잎을 넣어 만드는 **홈메이드 점토** 040

06 화학 성분 걱정을 덜어낸 **차전자피 슬라임** 044	07 끈적하고 미끈거리는 **치아씨드 슬라임** 046	08 포슬포슬 잘 뭉쳐지는 **키네틱 샌드** 049	09 쉽게 터지지 않는 **탱글탱글 비눗방울** 053	10 색다른 재료로 특별하게 즐기는 **과채 목욕 놀이** 057

11 탄성을 즐길 수 있는 **요거트 실리 퍼티** 061	12 풍선이 터지면 나타나는 말랑한 **젤리 몬스터** 063	13 솜털같이 부드럽고 풍성한 **아쿠아파바** 066	14 차갑게 얼려 시원하게 노는 **얼음 물감** 069	15 집에서 즐기는 자연 놀이 **커피 흙과 지렁이 파스타** 073

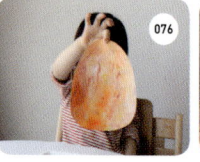				
16 구름같이 하얗고 몽실몽실한 **쉐이빙 폼 마블링** 076	17 물감 대신 만들어 쓰는 **전분 물감** 080	18 어둠 속에서 빛나는 **네온 파스타** 084	19 따뜻한 집에 내리는 하얀 눈 **스노우 도우** 088	20 트레이 안에 만드는 작은 세상 **스몰월드** 092

PART 2 EXPLORE 탐색하기

21 흙이나 모래로 하는
소꿉놀이
샌드 케이크

22 봄을
추억하는 놀이
민들레꽃 토끼

23 자연에서 얻는
마법 포션
플라워 마법 수프

24 휴지심을
활용해 만드는
자연물 팔찌

25 자연의
아름다움을 담은
꽃목걸이

26 알록달록하게
만드는 멋진 왕관
자연물 크라운

27 햇빛이
그려주는 그림
선 프린트

28 자연물의 모양과
질감을 탐구하는
자연물 위빙

29 계절의
아름다움을 담은
자연물 완드

30 추운 겨울을
나는 새를 위한
쿠키커터 버드 피더

31 불빛이
은은하게 비치는
플라워 조명

32 계절의 변화를
한눈에 담는
나뭇잎 그러데이션

33 투명 옷을
입은 나뭇잎
비즈 왁스 가랜더

34 색칠한 나뭇잎으로
도장 찍기
나뭇잎 스탬프

35 낙엽으로 만드는
스테인드글라스
낙엽 선 캐처

36 크리스마스
분위기가 물씬 나는
자연물 리스

37 잘 굳는 점토를
활용한
클레이 프린트

38 자연물의 그림자를
따라 그리는
그림자 본뜨기

39 소근육 발달에
도움이 되는
콜랜더 꽃꽂이

40 자연물의 조화로
완성되는
콜라주

PART 3 DISCOVER 발견하기

41	냉장고 속 우유의 새로운 변신 **우유 마블링** (166)	42	혼자서 부풀어 오르는 **살아있는 풍선** (169)	43	빵처럼 부풀어 오르는 **뭉게뭉게 마법 물감** (172)
44	직접 만들어 세상에 하나뿐인 **달걀 껍데기 분필** (176)	45	보글보글 폭발하는 **레몬 화산** (179)		
46	과일로 하는 전기 회로 실험 **레몬 배터리** (182)	47	통통 튀어 오르는 **탱탱볼 달걀** (186)	48	나만의 광물을 만드는 **달걀 껍데기 자수정** (190)
49	숲속에 숨겨진 **공룡알 보물찾기** (193)	50	보글보글 끓어오르는 요술램프 **라바 램프** (196)		
51	점점 색이 변하는 **레인보우 플라워** (199)	52	액체가 딱딱한 플라스틱이 되는 **우유 플라스틱** (202)	53	물과 기름이 섞이지 않는 원리를 이용한 **오일 페인팅** (206)
54	소금이 얼음을 녹여서 만드는 **얼음 비밀 그림** (209)	55	무지개떡처럼 층층이 쌓는 **무지개 물** (211)		
56	특별한 색감의 면 요리가 먹고 싶은 날 **유니콘 누들** (214)	57	스스로 자라는 검은색의 커다란 뱀 **카본 슈가 스네이크** (218)	58	맛있는 **크리스탈** 레인보우 락캔디 (221)
59	특별한 목욕 시간을 위한 **배쓰밤** (225)	60	코끼리야 우리 같이 양치하자 **코끼리 치약** (229)		

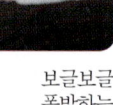

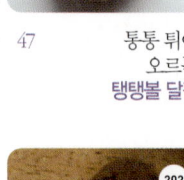

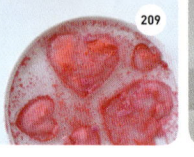

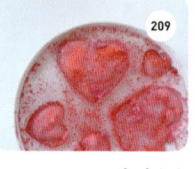

PART 4 PLAY 놀기

61 쿵쾅쿵쾅 망치질로 만드는 **고슴도치의 가시** 236

62 먹이를 유추할 수 있는 **달팽이의 무지개 똥** 240

63 여름밤 하늘을 수놓는 **반짝반짝 반딧불이** 244

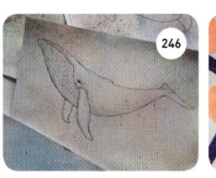
64 분필 가루를 이용해 만드는 **마블링 고래** 246

65 싹이 난 감자로 할 수 있는 도장 놀이 **하트 감자 도장** 249

66 편식하는 아이가 채소와 친해질 수 있는 **채소 과일 도장** 253

67 만지면 톡 터지는 비눗방울을 이용한 **버블 아트** 258

68 다양한 크기의 원을 그리는 **컴퍼스 아트** 261

69 하늘이 비치는 거울 위에 그리는 **구름 그림** 264

70 비 오는 날을 환하게 밝히는 **무지개 비** 267

71 짧게 남은 크레용도 멋진 재료가 되는 **크레용 아트** 270

72 꼭꼭 숨어라, 머리카락 보일라 **숨바꼭질 몬스터** 273

73 낮보다 특별한 밤을 만드는 **라이트 테이블 그림** 275

74 일회용품의 놀라운 변신 **스티로폼 판화** 277

75 말랑말랑 젤리로 찍는 판화 **젤라틴 프린팅** 280

76 소금으로 만드는 모래성 **소금 조각 색칠** 284

77 직접 만들어 숨어 있는 색깔을 찾는 **DIY 스크래치 종이** 287

78 커피 필터로 만든 발레복을 입은 **눈꽃 튀튀 발레리나** 289

79 돌리고 돌려서 물감 꽃을 만드는 **샐러드 스피너 아트** 295

80 내 마음대로 알록달록 꾸미는 **크리스마스트리 비즈 장식** 298

PART 5 · CREATE 만들기

 306
81 한 입 베어 물고 싶은
에어 드라이 클레이 도넛

 310
82 뭉게구름같이 푹신푹신한
솜사탕 아이스크림

 312
83 홈 카페에서 내 마음대로 만드는
무지개 소금 스무디

 315
84 비 오는 날 구름을 관찰하여 만드는
구름 인형

 319
85 알록달록한 털실로 만드는
거북이 등껍질 위빙

 323
86 니들 펠팅으로 만드는
도토리 목걸이

 326
87 아이의 그림으로 만드는
샤포 프린팅 에코백

329
88 생일을 더욱 특별하게 만드는
박스 케이크

 333
89 촉감이 보송보송한 왕관
폼폼 크라운

 337
90 상상 속 은하계를 간직할 수 있는
병 속 은하계

 341
91 지점토를 쌓아서 만드는
레인보우 롤

 344
92 꽃으로 물들인
파우치

 348
93 내 손안의 작은 친구
나무 막대 인형

 351
94 종이를 오리고 접어서 만드는
입체 종이 조각

 355
95 플라스틱의 새로운 변신
DIY 슈링크 아트

 358
96 캔버스가 된 조개껍데기
구운 조개 컬러링

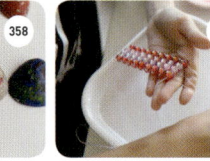 360
97 베틀 위에 비즈로 짠
비즈 위빙 팔찌

 364
98 집에 있는 동물 피규어로 만드는
동물 팬던트 목걸이

 367
99 크리스마스트리를 특별하게 만드는
소금 반죽 오너먼트

 370
100 병을 흔들면 반짝반짝 눈이 내리는
스노우 글로브

한눈에 보는 준비물

아이와 놀이를 진행할 때 자주 사용하는 재료들을 소개합니다. 꼭 같은 제품이 아니어도 괜찮으니 어떤 도구들을 주로 사용하는지 참고하여 놀이 전에 미리 준비하면 좋습니다.

◆ **채색 준비물** ◆

고체 수채 물감

고체 글리터 수채 물감

액체 수체 물감

아크릴 물감

고체 템페라 물감

템페라 물감

스퀴즈 템페라 물감

글리터 템페라 물감

형광 템페라 물감

템페라 물감 스틱

파스텔

오일 파스텔

분필

분필 마커

유성펜

유성 마커

수성 마커

수성 붓펜

페인트 마커(대)

페인트 마커(소)

윈도우 마커

색연필

도트 마커

잉크 스탬프

붓

점보 브러시

롤러

스펀지 롤러

EVA 폼 스탬프

EVA 폼 브러시

스펀지 스탬프

블랙 라이트

✦ 만들기 준비물 ✦

가위

모양 가위

딱풀/목공용 풀

글리터 풀

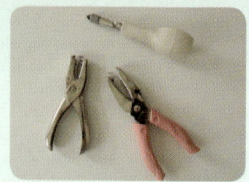
1공 펀치

모양 펀치

스퀴즈 모양 펀치

알루미늄 와이어

모루

고리

스테플러

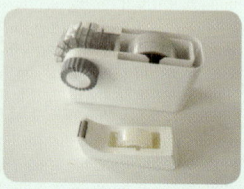
테이프

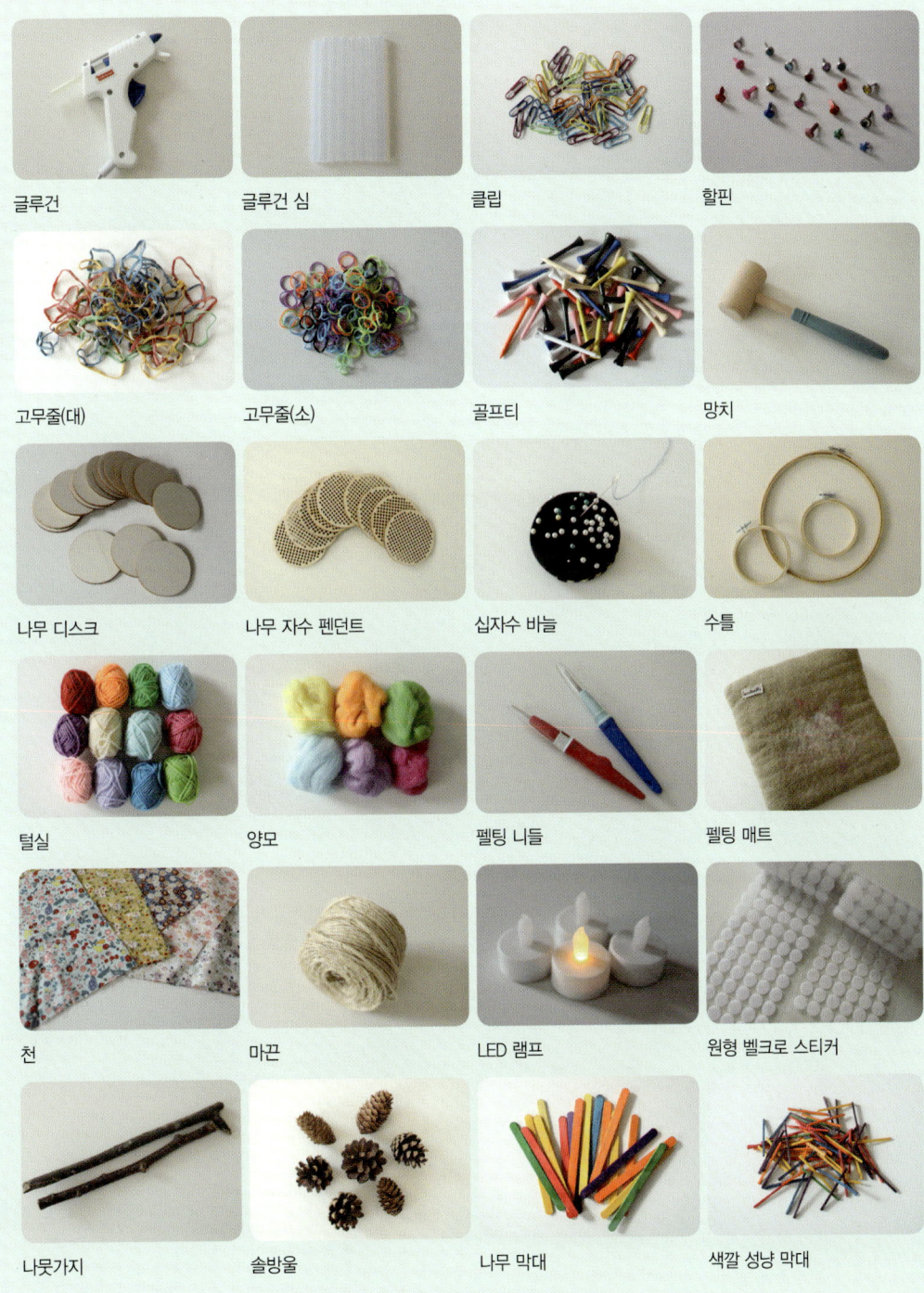

글루건	글루건 심	클립	할핀
고무줄(대)	고무줄(소)	골프티	망치
나무 디스크	나무 자수 펜던트	십자수 바늘	수틀
털실	양모	펠팅 니들	펠팅 매트
천	마끈	LED 램프	원형 벨크로 스티커
나뭇가지	솔방울	나무 막대	색깔 성냥 막대

✦ 실험 준비물 ✦

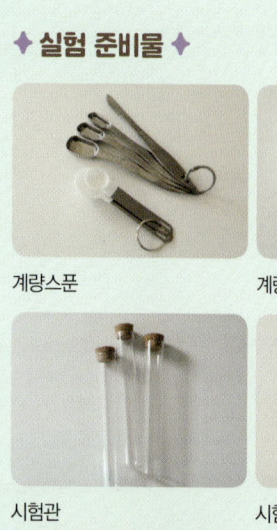
계량스푼

계량컵

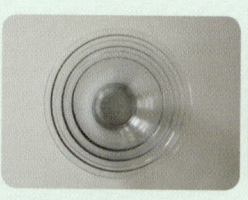
믹싱볼

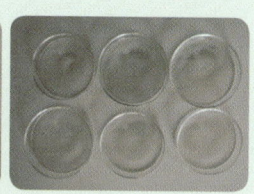
샬레

시험관

시험관 꽂이

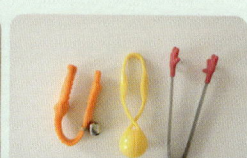
깔때기

집게

스포이트

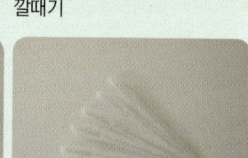
모양 스포이트

피펫

화장솜

식용 색소

글리세린

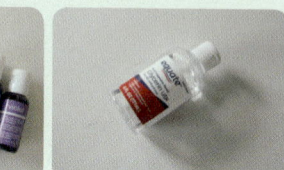
쉐이빙 폼

아세톤

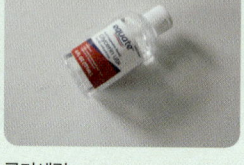

레몬 착즙기

레몬 착즙기

그라인더

자석 완드

전기회로

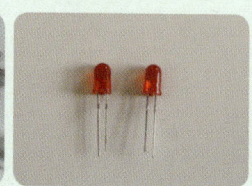
LED 발광 다이오드

양초

실험용 보안경

✦ 놀이 준비물 ✦

 트레이
 원형 트레이
 원형 트레이/인서트
 얼음 트레이

 클레이
 폴리머 클레이
 모델링 클레이
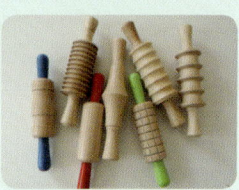 클레이 롤러

 파스타 메이커
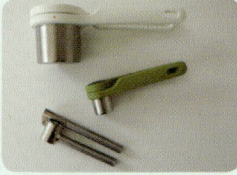 마늘 프레스
 클레이 압출기
 거품기

 샐러드 스피너
 스퀴저
 조리도구
 채반

 컵
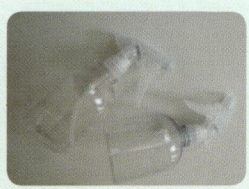 분무기

♦ 콜라쥬 준비물 ♦

페인터 테이프	마스킹 테이프	형광 면 테이프	EVA 폼 스티커
원형 스티커(대)	원형 스티커(중)	원형 스티커(소)	형광 원형 스티커(특대)
펀치 구멍 보강 스티커	눈 스티커	눈코입 스티커 롤	입체 눈 스티커
라인스톤	아크릴 구슬	투명 아크릴 구슬	아크릴 돌
방울	비즈	시퀸	압화
깃털	조개	종이 빨대	컵 케이크 라이너

✦ 종이 준비물 ✦

스케치북 · 두꺼운 도화지 · 티슈 페이퍼 · 블리딩 티슈 페이퍼
손 코팅지 · 셀로판지 · 시트지 · 사포
사진 인화 용지 · 펠트지 · 색지 · EVA 폼
선 프린트 용지 · 재활용 상자 · 휴지심

PART 1

EXPERIENCE
경험하기

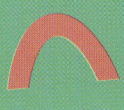
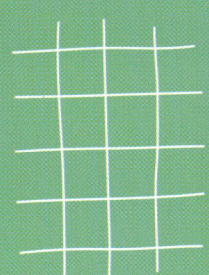

놓치고 싶지 않은 아이의 첫 순간들

이수가 돌이 갓 지났을 무렵에 우유의 표면 장력을 알아보는 실험(우유 마블링 166쪽 참고)을 함께 한 적이 있습니다. 우유에 식용 색소를 몇 방울 떨어뜨리고 세제를 묻힌 면봉을 우유의 표면에 닿게 하는 실험이었습니다. 우유 표면에 나타난 변화를 처음 본 이수는 깜짝 놀라 입을 떡 벌리고 재빨리 자세를 고쳐 앉으며 놀이에 집중했습니다. 그때 아이의 모습을 영상으로 촬영 중이었는데, 덕분에 아이가 호기심으로 눈을 반짝이는 그 마법 같은 순간을 영원히 간직할 수 있게 되었습니다. 그리고 새로운 놀이에 집중하며 탐구하던 아이의 눈빛과 모습은 저에게 잊지 못할 소중한 순간으로 남았습니다. 그 순간의 기억이 저를 엄마표 놀이에 푹 빠지게 만들었습니다.

엄마에게 아이의 모든 첫 순간은 정말 소중하고 특별합니다. 아이와의 첫 눈 맞춤, 첫 옹알이, 첫 뒤집기, 첫걸음마 등은 잊지 못할 마법의 순간들입니다. 그래서 아이가 계속 새로운 경험을 쌓을 수 있도록 다양하고 꾸준한 기회를 아이에게 제공하고 싶었습니다. 바로 '놀이'를 통해서요.

영유아에게는 세상의 모든 것들이 새롭고 신기합니다. 이때 아이가 다양한 감각을 느끼고 경험하는 것이 중요합니다. 그래서 아이의 오감을 자극하고 아이가 새로운 경험을 할 수 있도록 돕는 감각 놀이는 엄마표 놀이에서 절대 빠질 수 없는 가장 중요한 첫 단추입니다.

그렇다면 엄마표 감각 놀이의 특징과 장점은 무엇일까요?

첫째, 주방에서 흔히 찾을 수 있는 안전한 재료를 사용합니다. 감각 놀이는 특히 구강기(0~18개월까지) 영아들이 가장 즐겁게 참여할 수 있는 놀이입니다. 이 시기의 아이들은 손에 잡히는 모든 것을 입에 넣고, 빨고, 깨물며 탐색합니다. 그래서 아이의 주변은 더욱 안전하고 청결해야 합니다. 엄마가 선택한 믿음직한 재료를 이용해 감각 놀이를 하면 아이가 안전한 환경에서 즐거운 경험을 할 수 있습니다.

둘째, 만드는 과정이 간단합니다. 감각 놀이에는 엄마의 대단한 그림 솜씨나 도안 등이 필요하지 않습니다. 놀이에 필요한 준비물을 조합하면 누구나 쉽게 다양한 감각 놀이 재료를 만들 수 있습니다. 아이가 직접 놀이를 준비하는 과정에 참여해 볼 수도 있습니다. 계량컵에 분량의 재료를 담아 보거나, 믹싱볼에 붓고, 조물조물 섞어 볼 수 있습니다. 아이가 직접 놀이 재료를 만드는 과정은 그 자체로 놀이의 시작이 될 뿐만 아니라 놀이에 대한 호기심과 흥미를 불러일으킬 수 있습니다.

셋째, 다양하게 응용하거나 변형할 수 있습니다. 식용 색소나 물감을 이용하여 재료에 시각적인 변화를 줄 수 있고, 아로마 오일을 이용하여 후각적인 변화를 줄 수도 있습니다. 재료를 얼리거나 녹여 온도의 변화를 주거나, 다른 재료를 더해 촉각적인 변화를 줄 수도 있습니다. 또한, 같은 재료를 주제에 따라 다른 모양으로 만들 수도 있습니다. 감각 놀이에 사용되는 재료를 어떻게 사용하고 조합하느냐에 따라서 얼마든지 새로운 놀이로 만들 수 있습니다.

넷째, 남녀노소 모두가 함께 즐길 수 있습니다. 감각 놀이라고 하면 영유아를 대상으로 한 놀이라고 생각할 수 있습니다. 하지만 이수는 1세 무렵에 처음 접한 감각 놀이를 초등학생인 지금까지도 여전히 좋아합니다. 전과 다른 점이 있다면, 자신의 나이에 맞는 도구와 방법을 사용해 감각 놀이를 재해석해 즐기고 있다는 점이지요. 얼마 전 슬라임 만들기가 크게 유행하며 아이들뿐만 아니라 어른들에게도 큰 인기를 끌었습니다. 나이와 성별에 상관없이 누구나 슬라임을 가지고 놀았습니다. 감각 놀이는 아이는 물론 엄마, 아빠, 할머니, 할아버지까지 온 가족을 아우르는 힘을 가지고 있습니다.

아이에게 감각 놀이 재료를 다양한 방법으로 탐색하고 즐기며 마음껏 더러워져도 되는 자유를 주세요. 부모와의 건강한 애착 관계 형성은 아이의 인생에 중요한 과정입니다. 감각 놀이를 통해 부모와 아이의 유대감이 끈끈하게 형성될 것입니다.

EXPERIENCE 1

 놀이난이도
★☆☆☆☆

 정리난이도
★☆☆☆☆

때로는 단단하고 때로는 말랑한
우블렉

이런 게 필요해요!

- ☐ 물 1컵
- ☐ 전분 2컵
- ☐ 믹싱볼
- ☐ 식용 색소
- ☐ 아로마 오일(선택)
- ☐ 숟가락
- ☐ 국자
- ☐ 콜랜더 등의 놀이 도구

전분으로 만드는 우블렉(Oobleck)은 흥미로운 성질을 갖고 있어 아이들이 좋아하는 감각 놀이 재료입니다. 전분이 물과 섞이면 끈끈한 점성과 단단한 탄성을 동시에 갖는 점탄성을 가지게 됩니다. 그래서 아이가 손에 힘을 주면 우블렉을 꽉 쥘 수 있지만, 손에 힘을 빼면 우블렉이 액체처럼 흐르는 재미있는 경험을 할 수 있습니다. 아주 많은 양의 우블렉을 만들면 마치 액체 위에서 걷는 듯한 기적을 체험해 볼 수도 있답니다. 고체와 액체의 성질을 모두 가진 우블렉을 만들어 신 나게 놀아 보세요.

#끈끈함 #단단함 #말랑말랑 #점탄성 #전분놀이 #감각자극

★ '우블렉'이라는 단어는 1949년에 출판된 미국의 동화작가 닥터수스의 책 《바르쏠로뮤와 우블렉(Bartholomew and the Oobleck)》에서 끈적이는 초록색 물질을 지칭하면서 널리 쓰이기 시작했어요.

엄마의 준비 과정

1. 믹싱볼에 물 1컵을 넣고 전분 2컵을 물에 조금씩 더하며 원하는 농도를 찾습니다. 액체와 고체의 중간 정도의 농도가 만들어지면 완성입니다.

2. 처음에는 물과 전분의 비율을 1:2 정도로 되직하게 만드는 것이 좋습니다. 우블렉이 되직할수록 나타내고 싶은 주제를 표현하기 쉽습니다. 그리고 놀이 중에 물을 조금씩 더 추가하며 또 다른 촉감 놀이로 이어지도록 도와주세요.

★ 아로마 오일을 몇 방울 넣어서 놀이를 더욱 풍성하게 만들 수 있어요.

3. 식용 색소를 이용해 원하는 색으로 만들 수 있습니다. 식용 색소를 조금만 사용하면 부드러운 파스텔색을 연출할 수 있고, 많이 사용할수록 강한 원색을 연출할 수 있습니다.

4. 완성된 우블렉을 트레이에 담아 놀이를 준비합니다.

아이의 놀이 과정

1. 우블렉의 색이나 촉감을 충분히 경험합니다. 손가락으로 찔러 보거나, 손바닥으로 눌러 보고, 주먹으로 꽉 쥐어 봅니다.

★ 만약 아이가 손으로 만지는 것을 꺼린다면 숟가락을 이용하도록 도와주세요.

2. 거름망, 콜랜더, 컵, 숟가락, 국자 등의 놀이 도구를 활용해 다양한 방법으로 놀아 보세요.

놀이 노하우
다양한 도구를 제공해 보세요!

새로운 놀이 도구들을 조금씩 추가해 도구의 특성을 파악하고, 사용법을 익히며 새로운 경험을 할 수 있습니다. 예를 들면, 숟가락으로 우블렉을 퍼 보고, 국자로 더 많은 양의 우블렉을 퍼 본 후, 작은 컵이나 큰 컵에 우블렉을 채우는 놀이를 통해 소근육을 발달시키고 부피 개념도 자연스럽게 배울 수 있습니다.

수박 우블렉

발렌타인데이 우블렉

꽃밭 우블렉

바다 생물 우블렉

색깔 혼합 우블렉

유니콘 월드 우블렉

튤립 관찰 우블렉

핼러윈 우블렉

놀이의 확장

형광 우블렉

물 1컵, 전분 2컵, 그리고 형광 물감을 섞어서 형광 우블렉을 만들 수 있습니다. 어두운 밤에 불을 끈 상태에서 형광 우블렉 위에 UV 라이트를 비춰 보세요. 환하게 빛나는 형광 우블렉을 손으로 만지고 놀면서 아이들은 특별한 경험을 해 볼 수 있습니다.

★ UV 라이트를 사용해서 노는 자세한 방법은 85쪽을 참고하세요.

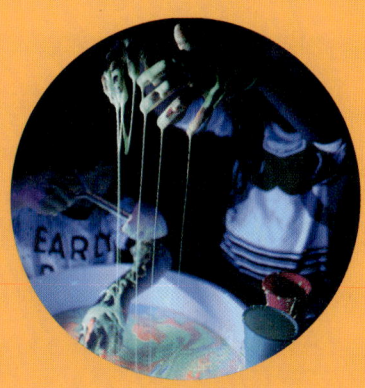

우블렉 화석 발굴

우블렉 놀이를 끝낸 후에 그 상태로 하루 동안 건조시키면 우블렉이 딱딱하게 굳습니다. 딱딱하게 굳은 우블렉으로 또 다른 놀이를 시작할 수 있습니다. 미니 삽, 붓, 솔 등으로 우블렉을 긁거나 파내며 공룡 뼈를 발굴하는 놀이에 활용해 보세요. 그러고 나서 물을 조금씩 더하면 원래 우블렉이 가지고 있던 점탄성으로 쉽게 돌아옵니다.

EXPERIENCE
2

말랑말랑한 봄을 느끼는
벚꽃 젤리

 놀이난이도
★★☆☆☆

 정리난이도
★★☆☆☆

이런 게 필요해요!

☐ 젤라틴 혹은 한천
☐ 물
☐ 큰 믹싱볼
☐ 작은 믹싱볼
☐ 냄비
☐ 트레이
☐ 벚꽃잎
☐ 실리콘 몰드
☐ 식용 색소
☐ 다양한 놀이 도구

우리가 봄을 사랑하는 이유 중 하나가 바로 벚꽃 때문 아닐까요? 하지만 벚꽃은 빨리 지기 때문에 늘 아쉬운 마음이 들곤 합니다. 벚꽃을 활용한 놀이는 봄을 느끼며 아름다움을 즐길 수 있게 합니다. 땅에 떨어진 벚꽃잎들을 아이와 함께 주워 모아 보세요. 젤라틴으로 말랑말랑한 젤리를 만들고 토핑으로 벚꽃을 올려 벚꽃 젤리 놀이를 할 수 있습니다. 화사한 봄이 마치 손안에 쏙 들어온 듯한 기분을 느낄 수 있을 것입니다.

#말랑말랑 #젤라틴 #탄성 #벚꽃놀이 #촉감놀이 #봄놀이

엄마의 준비 과정

젤라틴(동물성 단백질)을 사용하는 경우

1. 작은 믹싱볼에 원하는 분량의 찬물과 젤라틴을 5:1 비율로 배합하여 넣고 골고루 저어 줍니다.
2. 뜨거운 물이 담긴 큰 믹싱볼에 **1**의 작은 믹싱볼을 넣고 젤라틴이 녹을 때까지 저어 줍니다.

★ 젤라틴은 100℃ 이상에서는 성분이 파괴되어 섬유질 불순물이 생기니 번거롭더라도 끓이지 말고 중탕하여 천천히 녹입니다.
★ 판 젤라틴을 사용할 때는 찬물에 젤라틴을 한 장씩 넣고 불려서 사용합니다.

3. 실리콘 몰드나 트레이에 **2**에서 녹인 젤라틴 용액을 붓습니다.
4. 젤라틴 용액에 식용 색소를 넣어 원하는 색을 표현한 후 벚꽃을 올립니다.
5. 젤라틴은 15℃에서 응고가 시작되므로 냉장고에서 4시간 이상 젤라틴 용액을 굳힙니다.
6. 완성된 젤라틴 젤리를 트레이에 담아 놀이를 준비합니다.

한천(식물성 단백질)을 사용하는 경우

1. 믹싱볼에 물과 한천의 비율을 5:1로 배합하여 넣고 약 5분간 중불에서 끓입니다.
2. 용액이 걸쭉해지면 실리콘 몰드나 트레이에 **1**의 한천 용액을 붓습니다.
3. 한천 용액에 식용 색소를 넣어 원하는 색을 표현한 후 벚꽃을 올립니다.
4. 한천은 45℃에서 응고되기 시작되므로 서늘한 곳이나 냉장고에서 1시간 이상 한천 용액을 굳힙니다.
5. 완성된 한천 젤리를 트레이에 담아 놀이를 준비합니다.

아이의 놀이 과정

1. 오감을 이용해 벚꽃 젤리를 온전히 즐길 수 있는 시간을 가집니다. 손으로 젤리를 쥐어 보거나, 뜯어볼 수도 있습니다.

2. 아이가 벚꽃 젤리의 촉감을 충분히 즐겼다면, 숟가락, 포크, 놀이용 안전칼, 그릇, 매셔 등 다양한 놀이 도구를 제공합니다. 안전칼로 젤리를 자르고 숟가락으로 그릇에 담으며 역할 놀이를 할 수도 있습니다.

3. 감자를 으깨는 용도인 매셔에 젤리를 담고 젤리를 짜는 놀이는 이수와 이현이가 가장 좋아하는 놀이 중 하나입니다.

색깔 관찰 놀이

여러 종류의 식용 색소를 사용하여 다양한 색의 젤리를 만들 수 있습니다. 빨간색, 주황색, 노란색, 초록색, 파란색, 보라색으로 무지갯빛 젤리를 만들어 다양한 색을 관찰할 수 있게 해 주세요.

색깔 분류 놀이

젤리 속에 갇힌 무지개 곰을 색깔별로 구출해 보는 놀이예요. 색깔 컵을 준비해서 컵과 같은 색의 곰을 컵 속에 넣어 모아 봅니다. 색깔 인지에 효과적인 놀이입니다.

무지개 놀이

무지개색으로 만든 젤리를 차례대로 배열하고 색을 섞어 보는 놀이입니다. 색깔 인지 및 혼합색 놀이로 적합합니다.

아기 오리 수 세기 놀이

목욕할 때 사용하는 러버덕과 쉐이빙 크림을 젤리 위에 올려 만든 놀이입니다. 〈Five Little Ducks〉라는 영어 동요를 〈Ten Little Ducks〉로 바꾸어 부르며 놀았습니다.

사물 분류 놀이

이수가 두 살 무렵 가장 많이 했던 놀이 중 하나인 사물 분류 놀이입니다. 단추, 클립, 레고 등 아이가 일상에서 관심 있어 하는 다양한 사물을 젤리 속에 넣고 같은 사물끼리 분류해 볼 수 있습니다.

오렌지 젤리 만들기

오렌지 껍질 안에 젤라틴 용액을 부어 젤리를 만듭니다. 껍질 안의 젤리를 숟가락으로 퍼 보거나 안전칼로 잘라 볼 수 있습니다. 기분 좋은 오렌지 향이 공간을 가득 채운 싱그러운 놀이입니다.

유니콘과 워터 비즈를 활용한 놀이

유니콘을 좋아하는 이수를 위해 머핀 틴에 유니콘 피규어와 워터 비즈를 넣어 만든 젤리입니다. 알록달록한 워터 비즈의 색감과 촉감이 놀이의 흥미를 높입니다.

치발기를 활용한 놀이

구강기가 한창인 8개월 무렵, 모든 것을 입에 넣어 탐색하던 이현이를 위해 준비한 놀이입니다. 치발기와 각종 과일 피규어를 젤리 속에 넣어 활용했습니다.

동물 구출 놀이

젤리 속에 아이들이 좋아하는 피규어를 넣고 구조하는 놀이입니다. 곤충 구조, 해양 동물 구조, 공룡 발굴 등 다양한 주제로 놀이를 확장할 수 있습니다.

젤리 속 지렁이 구출 놀이

젤리를 만들 때 스파게티 면이나 털실을 넣어 굳히면 지렁이 구출 놀이를 할 수 있습니다. 아이들의 소근육과 집중력을 발달시키는 데 효과적입니다.

EXPERIENCE 3

놀이난이도
★☆☆☆☆

정리난이도
★★☆☆☆

알록달록 감각 놀이
레인보우 옥수수

이런 게 필요해요!

☐ 쌀, 옥수수, 콩 등
   감각 놀이 재료 1컵
☐ 식초, 소독용 알코올,
   손 소독제 중 택 1하여 1T
☐ 식용 색소 또는 물감
☐ 지퍼백 여러 개
☐ 트레이

여러 가지 색깔로 물들인 쌀이나 옥수수, 파스타, 콩, 소금, 오트 등은 아이들에게 최고의 감각 놀이 재료입니다. 아이들이 재료를 그릇에 담거나 쏟아 보는 과정은 소근육 발달에 도움이 되며 시각적, 촉각적으로도 아이들에게 훌륭한 자극이 됩니다. 염색한 재료는 그 자체로도 훌륭한 놀잇감이지만, 색깔 인지 교육에도 도움이 되고, 다른 놀이의 부속 재료로도 요긴하게 사용할 수 있습니다. 여러 가지 곡식류 중 제가 가장 선호하는 감각 놀이 재료는 바로 옥수수입니다. 입자의 크기가 너무 크거나 작지 않아 활용도가 높고 청소도 쉽기 때문입니다. 하지만 쌀, 파스타, 콩, 소금, 오트 등의 재료들도 모두 제각기 다른 매력이 있습니다. 그러므로 여러 가지 곡식을 사용해 보고 아이와 엄마에게 맞는 재료를 찾아 놀이에 활용해 보세요.

#소근육발달 #알록달록 #곡식류놀이 #촉감놀이 #시각자극

엄마의 준비 과정

1 감각 놀이 재료 1컵과 식초 또는 소독용 알코올, 손 소독제 중에서 한 개를 선택하여 1T를 지퍼백에 넣습니다.

★ 파스타 면은 끓는 물에 삶아 익혀서 사용하세요.

2 식초나 소독용 알코올 또는 손 소독제가 재료의 표면에 잘 입혀지도록 지퍼백을 흔들어가며 섞습니다.

3 식용 색소 또는 물감 적당량을 지퍼백에 넣고 재료에 색이 골고루 염색될 수 있게 잘 섞습니다.

4 지퍼백을 여러 개 사용해 재료를 다양한 색으로 염색할 수 있습니다.

5 넓은 트레이에 염색된 재료를 넓게 펼친 후 건조시킵니다.

6 건조된 감각 놀이 재료로 놀이를 준비합니다.

놀이 노하우

염색이 골고루 잘 되도록 도와주는 재료를 넣어 보세요!

식초, 소독용 알코올, 손 소독제를 사용하면 재료에 염색이 골고루 잘됩니다. 또한 아이의 손에 염색 재료가 묻어나지 않도록 색을 재료에 고정하는 역할도 합니다. 하지만 놀이 초반에는 식초나 알코올의 향이 강하게 느껴질 수 있습니다. 따라서 후각이 예민한 아이라면 부드러운 향의 손 소독제를 사용하는 것을 추천합니다. 혹은 식초, 소독용 알코올, 손 소독제로 재료를 코팅하는 과정을 생략할 수도 있습니다.

아이들이 기다려요! 빨리 준비하고 싶어요!

재료 준비를 서둘러 해야 할 때는 오븐의 힘을 빌릴 수 있습니다. 고열에 재료를 구우면 색깔이 어두워지므로 밝은 색을 유지하기 위해서는 저온에서 구워야 합니다. 유산지 위에 재료를 넓게 펼친 후, 120℃에서 20~30분간 건조시킵니다.

🧒 아이의 놀이 과정

1. 트레이에 담긴 감각 놀이 재료를 손으로 만져보고 바닥에 떨어뜨려 봅니다.
★ 금속 소재의 트레이를 사용하면 그릇에 재료가 떨어지는 경쾌한 소리까지 더해져 더욱 즐거운 경험을 할 수 있어요.

2. 숟가락, 그릇, 국자 등의 놀이 도구를 이용하여 감각 놀이 재료를 담거나 쏟아 볼 수 있습니다.

3. 동물 피규어에게 먹이를 주는 상상 놀이를 해 볼 수 있습니다.

4. 큰 용기에 재료를 담으며 부피 개념을 배울 수도 있습니다.
★ 김장용 매트처럼 넓고 제한된 공간 안에서 놀이를 진행하면 정리를 쉽게 할 수 있어요.

놀이 노하우

남은 재료들은 보관해 두세요!

아이의 놀이가 끝난 후 밀폐 용기에 감각 놀이 재료를 보관하면 언제든 아이가 원할 때 다시 꺼내어 놀 수 있습니다. 그리고 다른 놀이를 할 때 부속 재료로도 요긴하게 사용할 수 있습니다.

아이가 사용하는 놀이 도구에 방울을 달아 보세요!

아이가 도구를 사용할 때마다 경쾌하게 울리는 방울 소리는 청각적으로 즐거운 자극이 됩니다.

색깔 쌀 놀이

색깔 쌀은 아이들이 좋아하는 재료 중 하나입니다. 입자가 작아 움직임이 자유로워 다양한 활동이 가능하지만 청소가 번거롭다는 단점이 있습니다.

블록을 이용한 색깔 쌀 놀이

트레이 안에 블록으로 경계를 만들고 쌀을 옮겨 보는 놀이입니다. 이렇게 활동의 목표를 정해 놓으면 아이가 집중력을 가지고 놀이에 참여할 수 있습니다.

머핀 틀을 활용한 색깔 쌀 놀이

머핀 틀에 색깔 쌀을 퍼담는 활동으로, 이수가 두 살 때 한 놀이입니다. 머핀 틀의 구멍마다 쌀을 퍼 담으며 몇 번이고 반복해서 놀 수 있습니다.

컵케이크 라이너를 활용한 색깔 쌀 놀이

컵케이크의 라이너를 활용하여 꽃을 표현한 놀이입니다. 라이너 안에 색깔 쌀을 퍼담는 활동을 할 수 있습니다.

색깔 인지를 주제로 한 쌀 놀이

무지개 색깔의 원목 장난감과 무지개색의 쌀을 활용한 색깔 인지 놀이입니다.

해바라기를 주제로 한 쌀 놀이

아이들과 해바라기 밭에 다녀온 후 활동한 놀이입니다. 노란 해바라기 밭과 파란 하늘의 대비를 두 가지 색깔의 쌀로 표현했습니다.

색깔 쌀 농장 놀이

갈색으로 염색한 쌀로 땅을 표현하고, 야채 모양 지우개를 활용하여 만든 농장입니다. 색깔 쌀을 농장 놀이의 부속 재료로 활용했습니다.

한글 학습에 활용한 색깔 쌀 놀이

한글 자음 모양 위에 목공용 풀을 칠하고 그 위에 색깔 쌀을 뿌려 보는 활동을 했습니다. 한글 자음 위에 도톰하게 올라온 색깔 쌀을 손으로 만져볼 수 있어 한글 학습에 효과적입니다.

소근육 발달을 위한 색깔 병아리콩 놀이

빨대 컵 구멍에 색깔 병아리 콩을 밀어 넣는 활동입니다. 손과 눈의 협응력을 길러주는 데 탁월한 놀이입니다.

색깔 파스타 놀이

푸실리, 페투치니, 펜네, 파르팔레, 마카로니와 같은 숏 파스타는 삶지 않고 염색할 수 있어 놀이 재료 제작 과정이 더욱 간단합니다.

색깔 파스타를 활용한 사자 갈기 놀이

사자 얼굴 주변에 목공용 풀을 칠하고 다양한 색으로 염색한 파르팔레 파스타를 붙여 사자의 갈기를 표현했습니다.

오징어 먹물 스파게티를 활용한 놀이

오징어 먹물 스파게티는 따로 색을 물들이지 않고 그 자체로 활용할 수 있습니다. 면을 삶은 후에 잘 헹구고 충분히 식힌 후에 색깔 대비 놀이로 활용했습니다.

EXPERIENCE 4

쫀득쫀득 촉감 놀이
레인보우 타피오카 펄

놀이난이도 ★★☆☆☆
정리난이도 ★★★★☆

이런 게 필요해요!

- ☐ 타피오카 펄
- ☐ 물
- ☐ 냄비
- ☐ 콜랜더
- ☐ 식용 색소
- ☐ 놀이 도구

물을 흡수하면 크기가 최대 100배까지 커지는 특징을 가진 워터 비즈는 아이들이 좋아하는 놀잇감입니다. 하지만 워터 비즈를 무심코 하수구로 흘려 버리면 하수구가 막힐 위험이 있습니다. 또 야외에 함부로 워터 비즈를 버릴 경우, 동물들이 먹잇감으로 오해하고 섭취할 가능성이 있습니다. 무엇보다도 구강기인 아이가 삼켰을 때 문제가 될 수 있어 영유아에게는 적합하지 않은 놀이 재료이지요. 그래서 워터 비즈 대신 사용할 수 있는 것이 바로 '타피오카 펄'입니다. 버블티로 익숙한 타피오카 펄은 다양한 크기로 판매되고 있어 재료 선택의 폭도 넓습니다. 타피오카 펄을 활용한 촉감 놀이는 아이에게 색다른 경험이 될 것입니다.

#타피오카펄 #자연친화적 #쫀득쫀득 #영유아놀이 #촉감놀이 #역할놀이

엄마의 준비 과정

1 끓는 물에 타피오카 펄을 넣고, 물 위로 떠오를 때까지 끓입니다.
2 냄비의 물을 버리고, 찬물에 타피오카 펄을 헹굽니다.
3 타피오카 펄을 용기에 넣고 열기를 식힙니다.
4 식용 색소를 넣어 원하는 색으로 표현한 후, 색소가 타피오카 펄에 잘 흡수될 수 있도록 약 5분간 기다립니다.
5 염색된 타피오카 펄을 콜랜더에 넣고 찬물에 헹굽니다.
★ 타피오카 펄을 한 차례 헹구면 아이의 손에 색소 물이 드는 것을 최소화할 수 있습니다.
6 염색된 타피오카 펄을 트레이에 담아 놀이를 준비합니다.

아이의 놀이 과정

1 타피오카 펄은 부드럽고 쉽게 으깨지며 종류에 따라 끈적이기도 합니다. 손으로 타피오카 펄을 만져 보고 쥐어 보며 다양한 경험을 해 봅니다.

2 아이가 타피오카 펄의 촉감을 충분히 느꼈다면 숟가락, 국자, 콜랜더, 얼음 틀과 같은 도구를 제공하여 놀이를 확장해 줍니다.

놀이 노하우

어떤 종류의 타피오카 펄을 준비해야 할까요?

타피오카 펄의 크기는 보통 8.5mm이며, 미니 펄의 크기는 5mm입니다. 따라서 용도나 취향에 따라 크기를 선택하여 사용할 수 있습니다. 색깔은 검은색, 주황색, 흰색이 있으며, 색소를 이용하여 다른 색으로 연출하고 싶다면 흰색 타피오카 펄을 사용하는 것이 좋습니다.

3 매셔나 절구를 이용하여 타피오카 펄을 으깨어 볼 수도 있습니다.

4 놀이 후에 남은 타피오카 펄은 얼음 틀이나 실리콘 몰드에 넣어 얼릴 수 있습니다. 이렇게 얼려 놓으면 바쁠 때 손쉽게 사용할 수 있는 감각 놀이 재료가 됩니다.

★ 아이의 상상력이나 놀이 재료에 따라 '구슬 아이스크림 가게'와 같은 역할 놀이를 할 수도 있습니다.

놀이 노하우

타피오카 펄을 삶지 않고도 놀이 재료로 사용해요!

타피오카 펄을 삶기 전의 상태로도 충분히 즐거운 놀이의 재료로 사용할 수 있습니다. 마치 작은 콩과 쌀처럼요. 앞서 설명한 놀이를 시작하기 전에 타피오카 펄을 그릇에 담거나 쏟으며 재료와 친해지는 경험을 할 수 있습니다. 촉각이 예민해 처음 보는 재료를 낯설어하는 아이들에게 도움이 됩니다.

EXPERIENCE 5

꽃잎을 넣어 만드는
홈메이드 점토

놀이난이도 ★★★☆☆
정리난이도 ★★☆☆☆

이런 게 필요해요!

- □ 믹싱볼
- □ 꽃잎
- □ 밀가루 3컵
- □ 소금 1컵
- □ 식용유 3T
- □ 뜨거운 물 3컵
- □ 타르타르 크림 2T
- □ 글리세린 1T
- □ 식용 색소
- □ 아로마 오일

홈메이드 점토는 주방에서 쉽게 찾을 수 있는 밀가루와 소금을 주재료로 사용합니다. 따라서 우리가 알지 못하는 화학 물질이나 유해 물질이 포함되지 않아 아이들에게 안전합니다. 원하는 양만큼 많게도, 적게도 만들 수 있고 원하는 색깔로 만들 수도 있습니다. 무엇보다 가장 큰 장점은 촉감이 무척 부드럽다는 점입니다. 그래서 집에서 직접 만드는 점토는 시중에서 판매하는 점토보다 특별합니다. 그런데 이 특별한 홈메이드 점토를 더욱 특별하게 만드는 방법이 있습니다. 집에 있는 꽃잎을 홈메이드 점토 반죽에 더해 보세요. 점토 속의 꽃잎으로 인해 시각적으로 아름답고, 촉각적으로 포근하며, 후각적으로 즐거운 경험을 선사할 수 있습니다.

#홈메이드도우 #꽃향기점토 #플레이도우대체 #시각자극 #촉각놀이 #사계절놀이

🧠 엄마의 준비 과정

1 아이와 함께 꽃잎을 적당한 크기로 손질합니다.
★ 아이와 함께 꽃잎을 손질하면 놀이의 과정이 더욱 풍요롭고 재미있어집니다. 아이가 손으로 직접 꽃잎을 뜯거나 가위를 사용할 수도 있습니다.

2 믹싱볼에 밀가루 3컵, 소금 1컵, 식용유 3T, 타르타르 크림 2T, 글리세린 1T, 아로마 오일 몇 방울을 넣습니다.
★ 타르타르 크림과 글리세린은 꼭 필요한 재료는 아니지만 타르타르 크림은 점토를 오래 보관할 수 있게 도와주고, 글리세린은 부드러운 촉감을 더해 줍니다.

3 물 3컵을 전자레인지에 데우거나, 냄비에 끓여 온도를 뜨겁게 맞춥니다.

4 3의 물 3컵에 식용 색소를 몇 방울 떨어뜨려 원하는 색을 만듭니다.

5 믹싱볼에 4의 물 3컵을 넣고 골고루 반죽합니다. 반죽이 굉장히 뜨거울 수 있으니 장갑을 끼는 것이 좋습니다.

6 뜨거운 반죽이 식을 때까지 기다립니다.

7 1에서 손질한 꽃잎을 반죽에 넣어 홈메이드 점토를 완성합니다.

아이의 놀이 과정

1 꽃잎이 들어있는 홈메이드 점토를 마음껏 만지거나 누르고 뭉쳐 봅니다. 촉각과 후각 자극이 어우러지는 즐거운 경험을 할 수 있습니다.

2 밀대로 점토를 밀거나 쿠키 틀을 활용해 다양한 모양으로 잘라 봅니다.

3 점토를 가위로 자르며 가위 사용법을 익힐 수 있습니다. 가위로 종이를 자를 때와는 또 다른 재미를 느낄 수 있습니다.
★ 어린이용 안전칼로 썰어볼 수도 있습니다.

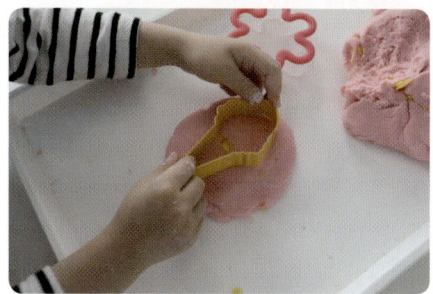

4 장난감을 활용해 재미있는 모양을 만들어 볼 수도 있습니다.

5 파스타 메이커에 점토를 넣고 플라워 파스타 면을 만들어 역할 놀이에 활용할 수 있습니다.
★ 지퍼백이나 밀폐 용기에 도우를 넣어 보관하면 2~3개월간 사용할 수 있습니다.

놀이의 확장

점토 월병

중국에서는 음력 8월 15일 추석에 둥근 달의 모양을 상징하는 월병을 만들어 먹습니다. 월병 몰드를 이용하여 홈메이드 점토 월병을 만들어 보세요. 월병 몰드의 화려하고 고운 무늬 덕분에 손도 눈도 즐거운 놀이가 됩니다.

보석 점토

스탬프를 활용하면 홈메이드 점토에 예쁜 무늬를 넣을 수 있습니다. 그 위에 아이가 좋아하는 아크릴 보석을 올려 화려한 보석 점토 놀이를 해 보세요.

레몬 송편

레몬즙을 넣은 홈메이드 점토는 레몬 스퀴저를 사용해 레몬즙을 짜는 과정부터 레몬 점토를 반죽하는 것까지 아이와 모두 함께 할 수 있습니다. 상큼한 레몬 향이 가득한 레몬 점토는 엄마와 아이의 기분까지 싱그럽게 만들어 줍니다. 이렇게 만든 레몬 점토 속에 콩을 넣고 송편을 만들며 역할 놀이를 할 수 있습니다.

준비물

믹싱볼 | 밀가루 3컵 | 소금 1컵 | 식용유 3T | 뜨거운 레몬즙 3컵 | 타르타르 크림 2T | 글리세린 1T | 식용 색소 | 그릇 | 각종 곡식류

EXPERIENCE 6

화학 성분 걱정을 덜어낸
차전자피 슬라임

놀이난이도
★☆☆☆☆

정리난이도
★☆☆☆☆

이런 게 필요해요!

☐ 차전자피 가루 1T
☐ 물 3/4컵
☐ 전자레인지 사용이 가능한 용기
☐ 전자레인지
☐ 숟가락
☐ 놀이 도구

남녀노소를 불문하고 많은 이들에게 사랑받는 슬라임! 그러나 슬라임이 만들어지는 과정에서 여러 가지 화학 물질이 섞이며 생길 수 있는 환경 호르몬 때문에 아이들의 건강이 염려되기도 합니다. 그렇다면 환경 호르몬으로부터 안전한 차전자피 슬라임으로 대체해 보면 어떨까요? 차전자피 슬라임의 주재료인 차전자피는 질경이 씨앗(차전자)의 껍질(피)로, 식이섬유가 많아 차로 많이 마시며 변비 완화에 많이 쓰입니다. 성인은 물론 소아가 섭취해도 안전한 성분이기 때문에, 안심하고 놀 수 있는 슬라임 재료입니다. 차전자피 슬라임은 접착제가 들어간 슬라임처럼 쭉쭉 늘어나지 않지만 부드럽고 말랑말랑 쫄깃쫄깃한 촉감을 느낄 수 있어 슬라임의 대체품으로 손색이 없답니다.

#차전차피슬라임 #안전한재료 #촉감놀이 #말랑말랑 #쫄깃쫄깃

엄마의 준비 과정

1. 전자레인지 사용이 가능한 용기에 차전자피 가루 1T와 물 3/4컵을 넣습니다.
★ 아이와 함께 계량하며 재료를 준비해 보세요.

2. 재료들이 잘 섞일 수 있도록 약 1분간 젓습니다.

3. 전자레인지에서 5분간 데웁니다. 슬라임이 용기 밖으로 나올 정도로 부풀어 오르면, 전자레인지 작동을 잠시 멈추었다가 다시 재가동합니다.

4. 용기를 꺼내 숟가락으로 골고루 섞어 줍니다.
★ 용기가 뜨거우므로 주의하세요.

5. 완성된 차전차피 슬라임을 식힌 후 쟁반에 담아 놀이를 준비합니다.

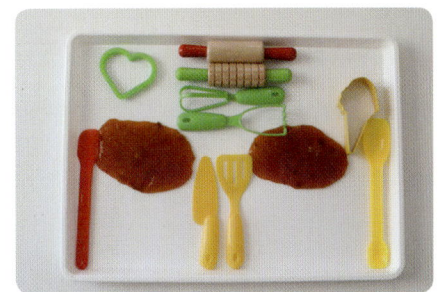

아이의 놀이 과정

1. 차전자피 슬라임을 손으로 만지고, 당기고, 뭉치고, 굴리는 등 다양한 방식으로 탐색합니다.

2. 차전자피 슬라임의 촉감에 익숙해졌다면 놀이용 가위, 쿠키커터, 그릇, 구슬이나 비즈 등을 이용해 놀이를 확장합니다.

3. 차전차피 슬라임을 가위로 잘라 봅니다. 가위로 차전차피 슬라임을 자를 때의 뚝뚝 끊기는 느낌은 종이를 자를 때와는 사뭇 달라 아이에게 색다른 경험이 될 수 있습니다.
★ 생분해성 글리터를 넣어 또 다른 느낌의 슬라임을 만들어 볼 수 있습니다.

EXPERIENCE 7

끈적하고 미끈거리는
치아씨드 슬라임

놀이난이도
★☆☆☆☆

정리난이도
★★★★★

이런 게 필요해요!

☐ 치아씨드 1컵
☐ 물 8컵
☐ 식용 색소
☐ 믹싱볼
☐ 트레이
☐ 숟가락
☐ 그릇

치아씨드는 허브의 일종으로, 영양이 풍부하며 적은 양을 섭취해도 포만감을 주기 때문에 체중 감량을 원하는 사람들에게 많은 사랑을 받는 식재료입니다. 물에 담가두면 부피가 최대 12배까지 늘어나며 끈적끈적해지는 특징을 가지고 있어 색다른 촉감 놀이의 재료가 될 수 있습니다. 하지만 끈적이는 점착성이나 참깨처럼 보이는 생김새를 싫어하는 아이도 있습니다. 그리고 다른 재료에 비해 놀이 후 청소가 까다롭다는 단점이 있습니다. 그래서 치아씨드로 놀 때는 욕실, 베란다, 야외와 같이 청소가 쉬운 곳에서 하는 것이 좋습니다. 놀이 시 이렇게 고려할 사항이 많지만 평소 주변에서 쉽게 접할 수 없는 치아씨드 슬라임만의 독특한 촉감은 충분히 매력적입니다.

#점착성 #끈적임 #미끈거림 #색다른촉감 #다이어트식재료 #까다로운청소

🧑‍🦰 엄마의 준비 과정

1 믹싱볼에 치아씨드 1컵과 물 8컵을 넣고 골고루 섞습니다.

2 냉장고에 **1**의 믹싱볼을 넣고 약 12시간 동안 보관하면 치아씨드가 물을 흡수하여 팽창합니다.

3 치아씨드 슬라임에 식용 색소를 넣어 원하는 색깔을 만듭니다.

4 용기 여러 개에 재료를 나누어 담고 서로 다른 색의 식용 색소를 첨가해 여러 가지 색깔의 치아씨드 슬라임을 만들 수도 있습니다.

5 트레이에 완성된 치아씨드 슬라임을 담고 놀이를 준비합니다.

👶 아이의 놀이 과정

1 치아씨드 슬라임을 손으로 뭉치고 풀어보며 슬라임의 끈적이고 미끄러운 촉감을 느껴 봅니다.

2 숟가락과 그릇을 이용하여 치아씨드 슬라임을 담고, 쏟는 등의 활동을 할 수 있습니다.

3 슬라임을 여러 가지 색으로 만들었다면 치아씨드 슬라임의 색을 혼합해 볼 수도 있고, 병에 담아볼 수도 있습니다. 점성으로 인해 천천히 흘러내리는 슬라임은 아이들의 집중력과 인내심을 키워 줍니다.

놀이 노하우

스몰 월드를 구성할 때 활용해 보세요!

치아씨드 슬라임은 스몰 월드를 구성할 때에도 요긴하게 사용할 수 있습니다. 식용 색소를 넣지 않은 투명한 색의 치아씨드 슬라임은 개구리알을 표현하기에 완벽한 재료입니다. 치아씨드 슬라임에 초록색 식용 색소를 섞으면 늪지대를 연출하기에 제격이지요. 거기에 공룡이나 악어 피규어를 더하면 바로 동물의 서식지가 완성됩니다. 파란색 식용 색소로 만든 치아씨드 슬라임에는 물고기 피규어를 올려 바다를 표현할 수도 있습니다.

치아씨드 슬라임으로 우블렉을 만들어요!

치아씨드 슬라임에 전분을 조금씩 넣어가며 원하는 농도를 맞춰 우블렉을 만들 수 있습니다. 이렇게 만들어진 치아씨드 우블렉은 치아씨드의 끈적이는 촉감과 우블렉의 점탄성을 모두 가진 흥미로운 놀이 재료가 됩니다.

EXPERIENCE
8

포슬포슬 잘 뭉쳐지는
키네틱 샌드

놀이난이도
★★☆☆☆

정리난이도
★★☆☆☆

이런 게 필요해요!

☐ 믹싱볼
☐ 밀가루 4컵
☐ 식용유 1/2컵
☐ 분필 가루 혹은 식용 색소
☐ 강판
☐ 트레이
☐ 놀이 도구

아이들이 좋아하는 대표적인 놀이 재료가 바로 물과 모래입니다. 물과 모래는 형태가 자유롭게 변해 아이들의 흥미를 유발하고 사고를 유연하게 합니다. 키네틱 샌드는 모래와 촉감이 비슷해서 포슬포슬하고 잘 부서지지요. 그런데 힘을 주어 모양을 빚으면 일반 모래처럼 흩어지지 않고 형태를 유지할 수 있다는 면에서 아주 흥미로운 놀이 재료입니다. 시중에서 판매하는 키네틱 샌드는 비싼 편이지만 집에서 직접 키네틱 샌드를 만들면 원하는 색으로 필요한 양만큼만 만들어 쓸 수 있다는 장점이 있습니다. 안전한 재료를 사용하여 집에서도 쉽게 모래와 촉감이 유사한 키네틱 샌드를 만들어 보세요.

#키네틱샌드 #포슬포슬 #촉감놀이 #안전한재료 #보관가능

엄마의 준비 과정

1. 믹싱볼에 밀가루 4컵과 식용유 1/2컵(8:1 비율)을 넣고 골고루 섞습니다.
★ 구강기 아이를 위한 놀이라면 밀가루를 오븐에 넣고 175℃에서 5분간 가열해 살균 처리를 합니다.
★ 식용유 대신에 베이비 오일을 사용할 수도 있어요.

2. 강판에 분필을 갈아 만든 분필 가루를 믹싱볼에 섞어 원하는 색을 연출할 수 있습니다.
★ 분필 가루 대신 식용 색소를 섞어 원하는 색을 연출할 수 있습니다.

3. 키네틱 샌드에 아로마 오일을 넣어 향기가 나게 만들 수도 있습니다.

아이의 놀이 과정

1. 키네틱 샌드를 손으로 꽉 쥐어보고 눌러보며 탐색합니다.

2. 숟가락, 국자, 그릇, 체, 깔때기, 머핀 틴, 쿠키커터, 피규어 등을 이용하여 놀이를 확장합니다.

3. 모래놀이용 도구를 사용하여 여러 가지 모양을 만들어 봅니다.

4. 컵케이크를 만들며 역할 놀이를 합니다.

5 아이스크림을 만들며 역할 놀이를 합니다.

★ 사용하고 남은 키네틱 샌드는 지퍼백에 넣어 냉장고에 보관하세요. 6개월 이상 거뜬히 재사용할 수 있답니다.

놀이의 확장

코코아 키네틱 샌드

밀가루 3컵, 코코아 가루 1컵, 식용유 1/2컵을 골고루 섞어 키네틱 샌드를 만들 수 있습니다. 만질 때마다 초콜릿향이 솔솔 나는 코코아 색깔의 모래라니! 정말 매력적입니다. 코코아 키네틱 샌드를 이용해서 초콜릿 케이크, 초콜릿 아이스크림, 초콜릿 쿠키를 만들며 역할 놀이를 해 보세요. 초콜릿과 코코아를 좋아하는 아이들에게 꼭 추천하고 싶은 놀이입니다.

알록달록 키네틱 샌드

키네틱 샌드에 색깔 쌀, 스프링클, 혹은 생분해성 글리터 등을 추가할 수 있어요. 색감과 질감이 더해져 더욱 흥미로운 키네틱 샌드가 만들어집니다. 이렇게 놀이 중에 재료를 추가하면 놀이 중 아이들의 주의 환기 및 흥미 유지에 도움이 됩니다.

EXPERIENCE
9

쉽게 터지지 않는
탱글탱글 비눗방울

놀이난이도 ★☆☆☆☆

정리난이도 ★☆☆☆☆

이런 게 필요해요!

☐ 믹싱볼
☐ 물 1컵
☐ 주방세제 2T
☐ 물엿 1T
☐ 글리세린 2T
☐ 뚜껑이 있는 유리 용기
☐ 버블 완드
☐ 양말 혹은 부드러운 장갑

비눗방울 놀이는 어른과 아이 모두 좋아하는 놀이입니다. 특히 화창한 날 야외에서 시간을 보낼 때 빠질 수 없는 놀이 필수품이지요. 하지만 비눗방울은 바람에 쉽게 날아가거나 금세 터져버리기 때문에 아이들이 충분히 즐기지 못할 때도 있습니다. 비눗방울을 손으로 '톡' 건드렸을 때 쉽게 터지는 이유는 손에 묻어 있던 유분기나 작은 먼지들이 비눗방울의 표면에 영향을 주기 때문입니다. 보통의 비눗방울보다 조금 더 견고한 비눗방울을 만드는 방법은 생각보다 간단합니다. 설탕, 물엿, 혹은 글리세린의 힘을 빌리면 비눗방울의 표면 장력을 약하게 하여 크고, 탱글탱글하고, 쫀쫀한 비눗방울을 만들 수 있습니다.

#비눗방울놀이 #야외놀이 #탱글탱글 #견고함 #보관가능 #사계절놀이

엄마의 준비 과정

1. 믹싱볼에 물 1컵, 주방 세제 2T, 물엿 1T, 글리세린 2T를 넣고 골고루 섞습니다.
★ 물엿과 글리세린은 물이 증발하는 속도를 늦춰 비눗방울이 터지지 않고 오랫동안 유지될 수 있도록 도와줍니다.

2. 뚜껑이 있는 유리 용기에 비눗방울 용액을 붓습니다.

3. 비눗방울 용액이 담긴 용기를 냉장고에 24시간 이상 보관합니다.
★ 비눗방울 용액을 냉장고에 넣어 하루 동안 숙성시키면 더욱 탱탱한 비눗방울이 만들어집니다.

4. 이렇게 만든 비눗방울 용액을 냉장고에 보관하면 일주일 이상 사용할 수 있습니다.

놀이 노하우

주방 세제의 역할

주방 세제는 물의 표면 장력을 약하게 만드는 역할을 합니다. 여기서 '표면 장력'이란 액체 표면에 존재하는 장력으로, 표면이 스스로 수축해 작아지려는 힘을 말합니다.

아이의 놀이 과정

1. 비눗방울 용액을 버블 완드로 불어 비눗방울을 만듭니다.

2. 비눗방울을 손으로 만져 봅니다.

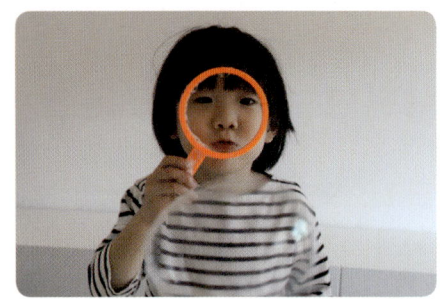

놀이 노하우

얼음 비눗방울을 만들어 볼 수 있어요!

비눗방울 놀이를 생각하면 주로 화창하고 따뜻한 계절이 떠오릅니다. 하지만 발상을 전환하여 추운 겨울, 아이와 함께 비눗방울을 들고 밖으로 나가 보세요. 비눗방울이 살짝 얼어 형태가 유지되는 마법 같은 순간을 관찰할 수 있습니다.

3 손에 양말이나 부드러운 장갑을 끼고 비눗방울을 만져 보거나 통통 튀겨 봅니다.

★ 손 대신 부드럽고 깨끗한 섬유로 비눗방울을 만지면 비눗방울의 표면 장력이 오랫동안 유지되어 비눗방울을 손에서 통통 튕겨볼 수 있습니다.

★ 병원이나 주방에서 사용하는 일회용 라텍스 장갑이나 겨울용 장갑을 추천합니다.

4 엄마와 아이가 서로 비눗방울을 주고받으며 공 놀이를 해 보세요.

5 손바닥 위에서 비눗방울을 튀겨 비눗방울이 터지기 전까지 누가 더 많이 비눗방울을 튀겼는지 겨뤄 보세요.

놀이의 확장

버블 완드

모루에 비즈를 꿰어 버블 완드를 직접 만들어 볼 수 있습니다. 비즈를 꿰며 소근육을 발달시킬 수 있고, 원하는 디자인으로 버블 완드를 꾸며볼 수도 있습니다. 보통의 비눗방울 놀이가 더욱 예쁘고 특별해질 것입니다.

준비물
모루 | 나무 꼬치 | 비즈 | 글루건

만드는 순서

① 모루의 중간 부분에 비즈를 꿰어줍니다.
② 비즈가 꿰어진 모루 부분을 동그라미, 별, 하트, 세모, 네모 등 원하는 모양으로 만듭니다.
③ 모루의 나머지 부분을 나무 꼬치에 단단히 감아 고정합니다.
④ 글루건으로 모루와 나무 꼬치의 연결 부위를 고정합니다.
⑤ 나무 꼬치와 글루건을 사용하지 않고 모루와 비즈만 이용해서 버블 완드를 만들 수도 있습니다. 재료 준비가 간단하지만, 모루의 손잡이 부분이 나무 꼬치보다 견고하지 못하고 쉽게 휜다는 단점이 있습니다.

EXPERIENCE 10

색다른 재료로 특별하게 즐기는
과채 목욕 놀이

 놀이난이도 ★☆☆☆☆

 정리난이도 ★☆☆☆☆

이런 게 필요해요!

- ☐ 과일(레몬, 오렌지, 라임, 사과, 배, 포도, 수박 등)
- ☐ 채소(오이, 가지, 셀러리, 파프리카, 브로콜리 등)
- ☐ 꽃잎
- ☐ 나뭇잎
- ☐ 어린이용 안전칼
- ☐ 콜랜더   ☐ 바가지
- ☐ 국자   ☐ 숟가락
- ☐ 집게 등의 놀이 도구

물은 형태가 자유자재로 변하며 오감을 자극하기 때문에 아이들이 좋아하는 놀이 재료입니다. 과일, 채소, 꽃잎 등 물에 어떤 재료를 넣느냐에 따라서 놀이의 방향과 재미도 달라집니다. 특히 구강기 아이들이 계절에 상관 없이 일상생활 중에 안전하고 즐거운 경험을 할 수 있습니다. 과일의 맛, 색감, 향기는 물론 물이 떨어지는 소리와 물의 온도까지 모두 함께 어우러져 아이의 오감이 즐거워지는 시간이 될 것입니다. 오늘 하루는 아이들의 목욕 시간에 장난감이나 거품 대신 레몬, 오렌지, 오이, 꽃잎 등을 넣어 보세요. 물 위에 둥둥 떠다니는 채소를 집게로 잡거나, 손에 쥐고 과즙을 짜면서 즐거운 목욕 시간을 보낼 수 있답니다.

#과일목욕 #목욕시간 #안전한 #즐거운 #색감만족 #오감놀이

엄마의 준비 과정

1. 과일이나 채소를 썰어 준비합니다.
★ 아이들이 사용할 수 있는 어린이용 안전칼을 사용하여 직접 재료를 썰어 보는 기회를 주세요.

2. 과육이 무른 딸기나 바나나보다 오렌지, 포도, 사과와 같이 단단한 재료를 사용하는 것이 좋습니다.
★ 단단한 재료를 사용하면 욕조 안에서 놀이할 때는 물론, 놀이 후에 청소하기도 쉽습니다.

3. 꽃잎 목욕을 준비할 때는 꽃잎을 하나씩 따서 물 속에 흩뿌리세요.
★ 아이가 직접 꽃잎을 따서 목욕 준비를 하면 준비 과정부터 놀이가 즐겁습니다.

아이의 놀이 과정

1. 준비한 목욕 재료를 욕조 속에 넣습니다.

2. 물속에 떠다니는 과일, 채소, 꽃잎 등을 잡아 봅니다.

3 집게를 이용해 사물을 잡아 보면서 소근육을 단련시킬 수 있습니다.

4 콜랜더를 물속에 담가 사물을 퍼 올리며 낚시 놀이를 할 수 있습니다.
★아이들은 콜랜더에서 물이 흘러 내리는 모양과 소리를 즐거워합니다.

놀이 노하우

욕조에서 하는 목욕 놀이가 부담스럽다고요?

욕조에서 하는 목욕 놀이가 부담스럽거나 집에 욕조가 없다면 커다란 트레이를 활용할 수도 있습니다. 트레이 안에 과일이나 채소를 썰어 넣고 물을 채웁니다. 아이는 과일의 이름, 색깔, 모양, 향기 등을 인지하고 과일의 즙을 짜며 놀 수 있습니다. 집게, 젓가락, 가위, 컵 등의 놀이 도구가 있으면 놀이가 더욱 풍성해질 거예요. 무엇보다도 엄마가 준비하기 편하고, 관리하기 쉬운 방법으로 놀이를 준비하는 것이 좋습니다.

놀이의 확장

수박 수영장

수박을 먹고 난 후 수박 껍질로 할 수 있는 놀이가 정말 많습니다. 안녕달 작가의 《수박 수영장》 책을 읽고 난 후, 수박 껍질 속에 빨간색 젤리를 만들어 채우고 독후 활동 놀이로 활용할 수도 있지요. 혹은 수박 껍질을 물을 뜨고 담을 수 있는 바가지로 사용할 수도 있습니다. 욕조나 트레이에 물을 채우고 수박씨, 수박 과육, 수박 껍질, 아크릴 보석 등을 물속에 넣습니다. 딸랑딸랑 소리가 나는 종을 넣어도 좋아요. 그리고 숟가락, 국자, 콜랜더 등의 놀이 도구를 사용해 시원하고 상큼한 놀이 시간을 가집니다. 무더운 여름 날의 놀이로 추천합니다.

레모네이드 스탠드

무더운 여름에 새콤달콤하고 시원한 레모네이드 한 잔을 마시면 기분이 좋아집니다. 아이와 함께 레모네이드 스탠드 놀이를 하며 레몬의 상큼한 향과 촉감을 실컷 느끼고, 역할 놀이로 확장해 보면 어떨까요? 어린이용 안전칼로 레몬을 자르고, 레몬 스퀴저를 사용해 레몬을 짜서 레모네이드를 만들어 보세요. 반으로 자른 레몬 껍질은 피규어가 탈 수 있는 배가 되기도 하고, 얇게 썬 레몬 슬라이스는 멋진 팔찌가 되기도 합니다.

EXPERIENCE 11

놀이난이도
★☆☆☆☆

정리난이도
★★★☆☆

탄성을 즐길 수 있는
요거트 실리 퍼티

이런 게 필요해요!

☐ 믹싱볼
☐ 요거트 1컵
☐ 전분 3/4컵
☐ 어린이용 안전칼
☐ 식용 색소

종종 냉장고 구석에서 오랜 시간 방치된 요거트를 발견할 때가 있습니다. 유통기한이 지난 지 얼마 안 되어 버리기에는 아깝지만, 그렇다고 먹기에는 불안한 요거트를 그냥 버리는 대신에 요거트 실리 퍼티로 만들어 보세요. 슬라임과 점토의 촉감을 합친 듯한 실리 퍼티는 부드럽고 탄력이 있으며 잘 늘어나서 아이들에게 신나는 놀잇감이 됩니다. 실리 퍼티의 재료는 요거트와 전분 단 두 가지로, 안전성까지 확보되니 믿고 놀 수 있습니다.

#부드러운 #탄성 #안전한놀이감 #촉감놀이

★ '실리 퍼티(Silly Putty)'란 고무 찰흙처럼 가지고 놀 수 있는 놀잇감으로, 다양한 형태로 반죽하며 놀 수 있습니다.

엄마의 준비 과정

1. 믹싱볼에 요거트 1컵, 전분 3/4컵, 식용 색소를 넣고 골고루 섞습니다.
★ 실리 퍼티가 너무 질다면 전분을 조금 더 넣고, 너무 되직하다면 요거트를 조금 더 넣습니다.

2. 원하는 질감의 실리 퍼티가 완성되면 공 모양으로 뭉쳐 놀이를 준비합니다.

아이의 놀이 과정

1. 실리 퍼티는 처음에는 점토의 촉감이 강하지만 계속 만질수록 슬라임과 비슷한 성질을 띱니다. 손으로 주무르고 늘리고, 다시 뭉치며 탐색해 보세요.

2. 실리 퍼티를 놀이용 칼로 잘라 보고, 자른 조각들을 뒤집개로 뒤집어 보거나 쿠키커터로 모양을 낼 수도 있습니다.
★ 이 활동들은 실생활과 밀접한 관련이 있으며 아이의 독립성, 집중력, 책임감을 발달시키는 데 효과적입니다.

3. 장난감을 활용해 재미있는 모양을 만들 수도 있습니다.

4. 실리 퍼티에 스프링클이나 생분해성 글리터와 같은 재료를 추가해 또 다른 재미를 더할 수 있습니다.
★ 책상에 남은 요거트 실리 퍼티의 잔여물은 비눗물로 깨끗이 청소할 수 있습니다.

EXPERIENCE
12

풍선이 터지면 나타나는 말랑한
젤리 몬스터

놀이난이도 ★★★★☆
정리난이도 ★★★☆☆

이런 게 필요해요!

- [ ] 젤라틴(혹은 한천)
- [ ] 물
- [ ] 큰 믹싱볼 1개
- [ ] 작은 믹싱볼 1개
- [ ] 계량용 저울
- [ ] 식용 색소
- [ ] 풍선
- [ ] 1.5L 페트병
- [ ] 깔때기
- [ ] 가위
- [ ] 눈알 스티커
- [ ] 이쑤시개
- [ ] 어린이용 안전칼
- [ ] 놀이 도구

핼러윈 시즌이 되면 아이들에게 꼭 해주는 놀이가 있습니다. 풍선에 젤리 용액을 넣어서 큰 동그라미 모양의 젤리 몬스터를 만드는 놀이지요. 아이들은 풍선을 가위로 살짝 찢으면 나타나는 동그라미 젤리 모양에 반할 수밖에 없습니다. 젤리 몬스터의 등장부터 굉장히 극적이고 매력적인 놀이입니다. 하지만 저도 처음부터 젤리 몬스터를 만드는 과정이 쉬웠던 것은 아닙니다. 풍선에 젤라틴 용액을 가득 채우는 과정이 생각보다 어려웠거든요. 하지만 시행착오 끝에, 비교적 간단하게 젤리 몬스터를 만드는 방법을 터득하게 되었습니다. 만드는 과정이 다른 놀이 준비에 비해 조금 까다롭게 느껴질 수 있지만, 아이들에게는 새롭고 신선한 놀이가 될 테니 천천히 따라해 보세요.

#핼러윈 #몬스터 #동그라미모양 #말랑말랑 #숨겨진재미

엄마의 준비 과정

1 풍선을 수도꼭지에 연결하고 원하는 젤리 몬스터의 크기만큼 풍선에 물을 채웁니다.
2 풍선에 채운 물을 믹싱볼에 붓습니다.
3 계량용 저울 위에 믹싱볼을 올려 물의 양을 측정합니다.
4 측정한 물의 양에 비례하게 젤라틴이나 한천을 넣습니다.

★ 물과 젤라틴의 비율은 5:1이 적당합니다.

5 작은 믹싱볼에 물과 젤라틴을 넣고 골고루 저어 줍니다.

★ 온도 변화에 강하고 형태가 잘 유지되는 젤리 몬스터를 만들고 싶다면 젤라틴보다는 한천을 사용하는 것이 좋습니다.

6 뜨거운 물이 담긴 큰 믹싱볼에 작은 믹싱볼을 넣고 젤라틴이 녹을 때까지 저어 줍니다.
7 젤라틴 용액에 식용 색소를 넣어 원하는 색을 만듭니다.
8 깔때기를 이용하여 완성된 젤라틴 용액을 1.5L 페트병에 담습니다.
9 풍선을 크게 분 후, 바람이 빠져나가지 않도록 손으로 풍선 입구를 막습니다.
10 페트병 입구에 풍선 입구를 연결하고 페트병을 뒤집어 풍선을 젤라틴 용액으로 채웁니다.
11 풍선 속에 젤라틴 용액을 모두 넣었다면, 풍선 끝을 단단히 묶습니다.
12 완성된 풍선을 냉장고에 넣고 5시간 이상 보관합니다.
13 냉장고에서 풍선을 꺼내 트레이에 담고 놀이를 준비합니다.

🧒 아이의 놀이 과정

1 가위로 풍선의 매듭 부분을 자릅니다.

2 풍선이 벗겨지면서 풍선 속에 숨겨져 있던 젤리 몬스터가 나타납니다.

3 동그라미 젤리 몬스터에 눈알 스티커를 붙입니다.
★눈알 스티커를 많이 붙일수록 젤리 몬스터의 모습이 더 뚜렷하게 나타납니다.

4 이쑤시개를 젤리 몬스터에 꽂아 몬스터를 무찌릅니다.

5 어린이용 안전칼로 젤리 몬스터를 잘라 봅니다.

6 숟가락, 포크, 매셔, 콜랜더, 채반 등의 도구를 놀이에 사용해 보세요.

7 젤리 몬스터와 맞붙을 수 있는 피규어를 추가하면 또 다른 재미를 느낄 수 있습니다.

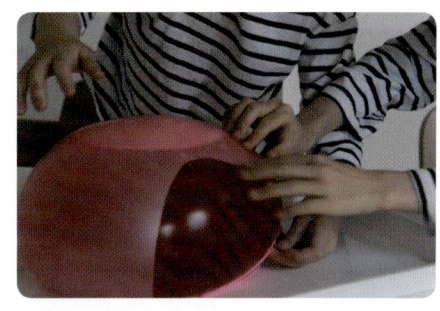
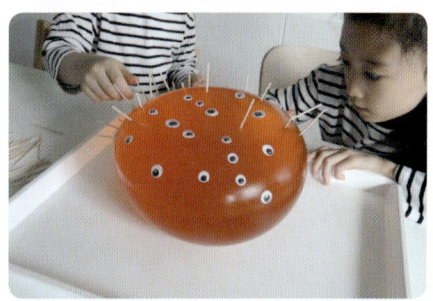

EXPERIENCE
13

솜털같이 부드럽고 풍성한
아쿠아파바

놀이난이도
★★☆☆☆

정리난이도
★★☆☆☆

이런 게 필요해요!

☐ 믹싱볼
☐ 병아리콩 통조림 2캔
☐ 타르타르 크림 1/4t(선택)
☐ 식용 색소
☐ 믹서기

아이들은 목욕 시간에 비누 거품을 가지고 노는 것을 좋아합니다. 풍성한 비누 거품이 물 위에 둥둥 떠다니고, 입으로 후 불면 사라지기도 하는 순간들은 참 특별하지요. 하지만 아이가 비누 거품을 장시간 가지고 노는 것에는 괜히 생각이 많아지더라고요. 그러다 아쿠아파바(Aquafaba)에 대해서 알게 되었습니다. 아쿠아파바는 콩 통조림 용액을 이용해서 만들기 때문에 화학 성분이 포함되지 않은 거품입니다. 솜털같이 부드럽고 풍성하지만 안전한 성분으로 만들어진 거품이므로 아이가 장시간 실컷 가지고 놀아도 엄마의 마음이 편한 재료이지요. 그래서 아쿠아파바는 비누 거품의 대용으로 사용하기 적합합니다. 특히 구강기가 지나지 않은 아이에게 아주 훌륭한 놀잇감이 될 수 있습니다.

#목욕놀이 #말랑말랑 #아쿠아파바 #비누거품대용 #구강기놀잇감

🤱 엄마의 준비 과정

1. 믹싱볼에 병아리콩 통조림의 액체를 붓습니다.
   ★ 병아리콩 통조림이 없다면 물 1컵, 세제 8T로 재료를 대체할 수 있습니다. 대신 아이가 먹지 않도록 주의하세요.

2. **1**에 타르타르 크림 1/4t를 넣습니다.
   ★ 타르타르 크림은 거품의 솜털 같은 촉감과 형태를 유지하는 데 효과적이지만 만약 없다면 이 과정을 생략해도 괜찮습니다.

3. 믹서기에 **2**의 용액과 식용 색소를 넣고 거품이 풍성한 봉우리 모양으로 만들어질 때까지 약 4분 정도 작동시킵니다.

4. 완성된 아쿠아파바를 트레이에 붓고, 놀이를 준비합니다.

😊 아이의 놀이 과정

1. 아쿠아파바의 거품으로 설거지 놀이를 합니다. 트레이에 아쿠아파바를 담고 장난감 그릇, 숟가락, 포크, 수세미 등을 넣어 설거지하고 거품을 헹구는 놀이로 일의 인과 관계를 인식하며 독립심을 키울 수 있습니다.

2 아쿠아파바의 거품으로 목욕 놀이를 합니다. 직접 인형을 목욕시켜 보고 수건으로 인형의 물기를 닦고 드라이기로 인형의 머리카락도 말리며 놉니다. 아이에게 목욕의 주도권을 주어 자주성을 길러줍니다.

EXPERIENCE 14

놀이난이도 ★★☆☆☆
정리난이도 ★☆☆☆☆

차갑게 얼려 시원하게 노는
얼음 물감

이런 게 필요해요!

- 물
- 식용 색소 또는 템페라 물감
- 머핀 틴 또는 아이스 트레이
- 나무 막대
- 알루미늄 포일
- 어린이용 안전칼
- 도화지

같은 재료라도 어떤 방식으로 사용하느냐에 따라서 놀이의 방향이 달라질 수 있습니다. 그리고 다양한 놀이 방법을 접해 본 아이는 유연하고 열린 사고를 할 수 있게 됩니다. 물감은 아이들에게 가장 친숙한 미술 재료 중 하나입니다. 그런데 늘 사용하던 이 물감을 얼려서 사용해 보면 어떨까요? 머핀 틴이나 얼음을 얼리는 아이스 트레이를 활용해 얼음 물감을 손쉽게 만들 수 있습니다. 평소와는 다른 온도와 질감의 물감을 사용해 그림을 그리며 새로운 경험을 할 수 있습니다.

#얼음물감 #차가운 #여름놀이 #시원함 #열린사고 #친숙한재료

엄마의 준비 과정

★ 맑고 투명한 색감의 얼음 물감을 만들려면 식용 색소를, 강하고 되직한 색감의 얼음 물감을 만들려면 템페라 물감을 사용하세요.

식용 색소를 활용한
맑고 투명한 색감의 얼음 물감

1. 머핀 틴 또는 아이스 트레이에 물을 채웁니다.

2. 칸마다 다른 색의 식용 색소를 적당량 넣고 골고루 섞어 줍니다.

3. 알루미늄 포일로 용기의 윗부분을 감쌉니다.

4. 나무 막대가 들어갈 수 있는 길이로 알루미늄 포일의 칸마다 살짝 칼집을 냅니다.

5. 구멍마다 나무 막대를 하나씩 꽂습니다.
★ 나무 막대는 아이가 얼음 물감을 가지고 놀 때 손잡이 역할을 합니다.

6. 물감을 6시간 이상 냉동실에서 얼립니다.

7. 용기의 나무 스틱을 살짝 흔들어 얼음 물감을 빼냅니다.

8. 도화지와 얼음 물감을 준비하고 아이를 놀이에 초대합니다.

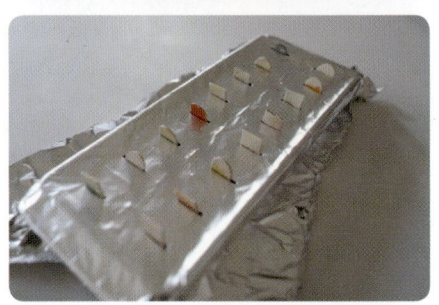

**템페라 물감을 활용한
강하고 되직한 색감의 얼음 물감**

1 머핀 틴이나 아이스 트레이에 물감을 채웁니다.

2 칸마다 물을 2t씩 넣고 골고루 섞어 줍니다.

아이의 놀이 과정

1 얼음 물감을 도화지에 굴리거나 문지르며 마음껏 그림을 그려 봅니다.

2 그림을 그리는 도구나 재료의 형태를 변화시켜 제공하면 아이들은 새로운 것에 신기해하고 놀이를 더 즐거워합니다. 그래서 다양하고 색다른 도구와 재료를 놀이에 활용하려는 노력이 필요하지요. 평소에 자주 사용하던 물감이지만, 온도와 형태가 다른 얼음 물감은 아이들에게 신선한 자극이 됩니다. 그리고 이 얼음 물감으로 그림을 그리면서 경험하는 새로운 질감과 촉감은 즐거운 경험이 될 것입니다.

놀이의 확장

알록달록 피겨 스케이팅

얼음 물감을 만들 때, 나무 막대에 피겨 스케이터 그림을 그리거나 프린트하여 나무 막대의 양면에 붙입니다. 아이가 나무 막대를 움직이며 색을 칠할 때마다 피겨 스케이터가 얼음에 남기는 멋진 스케이트 자국이 만들어집니다.

펭귄의 대모험

나무 막대 대신 북극곰, 펭귄, 범고래와 같은 극지방 동물의 피규어를 넣어 얼음 물감을 만들어 볼 수 있습니다. 피규어 하나를 더해주는 것이지만 놀이에 이야기가 생깁니다. 그리고 아이들의 상상력을 자극하여 더욱 풍성하고 즐거운 놀이를 만듭니다.

EXPERIENCE 15

집에서 즐기는 자연 놀이
커피 흙과 지렁이 파스타

놀이난이도 ★★☆☆☆

정리난이도 ★★★☆☆

이런 게 필요해요!

- ☐ 커피 가루
- ☐ 스파게티 면
- ☐ 물
- ☐ 냄비
- ☐ 트레이
- ☐ 분무기
- ☐ 집게
- ☐ 깔때기
- ☐ 숟가락

아이들은 아무리 멋지고 화려한 장난감이라도 금세 질리곤 합니다. 하지만 물과 흙만 있으면 몇 시간도 놀 수 있습니다. 요즘 들어 아스팔트와 보도블록이 주는 편리함과 맞바꾼 흙이 더욱 소중하게 느껴집니다. 흙 놀이가 투박하거나 더러워 보일 수도 있습니다. 하지만 그 이면에는 아이들에게 신선한 공기와 햇빛을 선사함과 동시에 창의력, 상상력, 독립심을 키워 주는 힘을 가지고 있습니다. 흙 놀이를 할 수 있는 마땅한 공간이 없다면 화학 성분이 포함되지 않은 안전한 재료인 커피 가루로 흙을 만들어 보세요. 거기에 스파게티 면으로 만든 지렁이를 더합니다. 은은하게 퍼지는 커피 향과 함께 즐겁게 노는 아이의 모습이 엄마의 마음을 흐뭇하게 만들어 줄 것입니다.

#커피흙 #자연놀이 #창의력 #상상력 #스파게티면 #지렁이 #꿈틀꿈틀

엄마의 준비 과정

1. 건조된 커피 가루를 트레이에 담습니다.
★ 평소 집에서 커피머신을 사용한다면, 커피 찌꺼기를 모아 건조시켜 사용할 수 있습니다. 혹은 카페에서 무료로 제공하는 커피 찌꺼기를 사용할 수 있습니다.

2. 끓는 물에 스파게티 면을 삶습니다.
★ 스파게티 면 대신 두꺼운 우동 면을 사용해도 좋아요.

3. 면이 모두 익으면 찬물에 헹군 후, 키친타올로 물기를 닦습니다.

4. 커피 흙 속에 스파게티 면을 지렁이 모양으로 놓습니다.

5. 스파게티 지렁이를 커피 흙으로 덮습니다.

6. 개미나 새 피규어를 더하면 지렁이의 서식지는 물론 먹이 사슬에 대해서도 표현할 수 있습니다.

놀이 노하우

커피 찌꺼기를 건조시키는 방법

넓은 트레이에 커피 찌꺼기를 고르게 편 후, 실온에서 건조시킬 수 있습니다. 더욱 빠르게 건조하고 싶을 때는 커피 찌꺼기를 전자레인지에 2~3분 정도 돌리거나 80℃ 오븐에서 1시간 동안 구워줍니다. 고온에서 건조하면 커피 특유의 맛과 향을 잃게 하므로 시간이 걸려도 저온에서 건조합니다.

🙂 아이의 놀이 과정

1 커피 흙의 촉감을 느끼고 커피 향을 맡으며 새로운 자극과 경험을 즐겨 봅니다.

2 집게로 스파게티 지렁이를 잡아 봅니다.

3 흙 속의 지렁이를 모두 잡았다면, 다시 지렁이를 숨겨줄 수도 있습니다.

4 커피 흙의 촉감에 익숙해졌다면 분무기로 커피 흙에 물을 뿌리면서 흙 속에 숨어있는 지렁이를 찾아 봅니다.
★지렁이는 피부로 호흡하기 때문에 비가 내리면 산소를 찾아 땅 밖으로 나오죠. 비가 내린 후 길가에서 지렁이를 자주 볼 수 있는 이유를 놀이 과정 중에 자연스럽게 설명해 주세요.

5 미니 화분이나 어린이용 정원 놀이 도구가 있다면 활용해도 좋습니다. 하지만 숟가락, 그릇, 깔때기, 국자 등만 있어도 커피 흙 놀이를 충분히 즐길 수 있습니다.
★깔때기가 없다면 1.5L 플라스틱병의 윗부분을 잘라 활용해 보세요.

EXPERIENCE
16

구름같이 하얗고 몽실몽실한
쉐이빙 폼 마블링

 놀이난이도
★☆☆☆☆

 정리난이도
★★★★☆

이런 게 필요해요!

- 쉐이빙 폼
- 식용 색소
- 나무 막대
- 트레이 2개
- 도화지
- 스퀴저

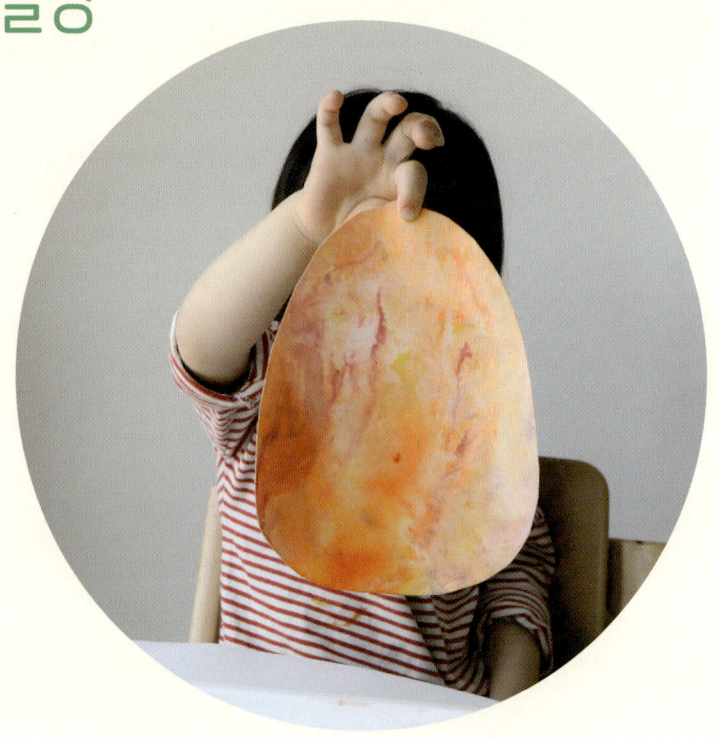

쉐이빙 폼은 구름같이 하얗고 몽실몽실한 느낌입니다. 아이들은 아빠의 쉐이빙 폼 캔을 흔들어 짜고, 부드럽고 푹신한 쉐이빙 폼을 만지는 것을 정말 즐거워합니다. 쉐이빙 폼 특유의 아빠 냄새는 또 어떻고요! 쉐이빙 폼은 시각적, 촉각적으로는 물론이고, 후각적으로도 대단한 자극이 된답니다. 재료 자체만으로도 신나는 놀잇감인 쉐이빙 폼에 색을 더하고 예쁜 그림을 그릴 때 활용한다면 더욱 즐거운 놀이가 되겠지요? 아이의 최근 관심사나 놀이 시기와 연관 지어 도화지의 모양이나 쉐이빙 폼의 색깔을 정한다면 더욱 풍성한 놀이가 될 것입니다.

#몽실몽실 #구름모양 #감각자극 #부드러움

엄마의 준비 과정

1 도화지를 원하는 모양으로 자릅니다.

2 트레이 위에 쉐이빙 폼을 뿌립니다.

★ 쉐이빙 폼은 특유의 강한 향이 있으므로 환기가 잘 되는 곳에서 놀이를 하는 것이 좋습니다.

3 쉐이빙 폼에 다양한 색깔의 식용 색소를 뿌리고 아이를 놀이에 초대합니다.

아이의 놀이 과정

1 나무 막대로 쉐이빙 폼 위의 식용 색소를 섞어 원하는 패턴을 만듭니다.

2 쉐이빙 폼 위에 도화지를 올리고 지그시 눌러 쉐이빙 폼이 도화지에 골고루 묻어나도록 합니다.

아이의 관심사와 놀이 시기를 고려하여 준비하면 좋아요!

아이의 관심사를 고려하여 동물, 공룡, 다각형 등의 모양으로 도화지를 준비할 수 있습니다. 혹은 놀이 시기를 고려하여 부활절에는 달걀 모양, 발렌타인데이에는 하트 모양, 식목일에는 나무 모양, 한글날에는 한글 모양 등으로 준비할 수 있습니다.

3 도화지를 부드럽게 들어올립니다.

4 깨끗한 트레이 위에 쉐이빙 폼이 묻은 면이 위를 향하도록 도화지를 올립니다.

5 스퀴저로 쉐이빙 폼을 닦아낸 후 도화지에 나타난 마블링을 확인합니다.

6 쉐이빙 폼을 닦아낸 도화지를 건조시킵니다. 이 자체를 작품으로 보관할 수도 있고 카드나 가랜드 등으로 놀이를 확장할 수도 있습니다.

★아이가 원한다면 쉐이빙 폼을 직접 짜볼 수 있게 해 주세요. 쉽고 간단한 동작으로 보이지만 꽤 많은 소근육을 필요로 하는 작업입니다. 아이들은 직접 쉐이빙 폼을 짜보며 성취감을 느낄 수 있습니다.

놀이의 확장

쉐이빙 폼 디저트 가게 놀이

쉐이빙 폼을 여러 용기에 나누어 짠 후 식용 색소를 사용하여 다양한 색을 만들어 보세요. 그리고 컵케이크 실리콘 라이너나 장난감 아이스크림콘을 이용해 쉐이빙 폼 디저트 가게 놀이를 할 수 있습니다. 쉐이빙 폼에 스프링클을 뿌리면 놀이가 더욱 풍성해집니다.

쉐이빙 폼 하늘과 구름

교통수단에 관심이 많은 아이를 위해 쉐이빙 폼과 비행기 피규어를 이용해 스몰 월드를 만들 수 있습니다. 쉐이빙 폼에 파란색 식용 색소를 섞어 하늘을 표현하고, 군데군데 쉐이빙 폼을 추가로 올려 구름을 표현했습니다. 아이가 쉐이빙 폼을 실컷 가지고 논 후에는 소스통에 물을 넣어 보세요. 물이 담긴 소스통을 짜며, 묽어진 쉐이빙 폼의 또 다른 촉감을 즐길 수 있답니다.

EXPERIENCE 17

물감 대신 만들어 쓰는
전분 물감

놀이난이도
★☆☆☆☆

정리난이도
★★★☆☆

이런 게 필요해요!

☐ 물
☐ 전분
☐ 식용 색소
☐ 전분 물감을 담을 수 있는 용기
☐ 붓

혹시 아이가 처음으로 물감을 사용하여 놀기 시작한 때가 언제인지 기억나세요? 이수는 돌이 지난 무렵부터, 그리고 이현이는 돌이 되기 전부터 물감을 가지고 놀기 시작했습니다. 이현이는 이수에 비해 물감을 더 빨리 접할 수 있었는데, 그 비결은 바로 '전분 물감'입니다. 물감은 색연필이나 크레용에 비해 아이에게 제공하기 어려운 놀이 재료입니다. 아이가 입에 넣을 수도 있고, 주변이 지나치게 어지럽혀질 수도 있기 때문입니다. 하지만 전분으로 만든 물감은 구강기의 영유아가 생애 처음으로 접할 수 있는 안전한 미술 놀이 재료입니다. 깨끗하게 씻겨지니 놀이 후 청소도 간단합니다. 실내에서도 실외에서도 빛을 발하는 전분 물감이라면 돌 전후의 어린 아이들도 미술 놀이를 즐길 수 있어요.

#안전한물감 #구강기놀이 #청소도간단

엄마의 준비 과정

1. 물과 전분을 1:1의 비율로 섞습니다.

2. 물과 전분의 혼합물에 식용 색소를 넣어 원하는 색을 만들어요. 식용 색소를 적게 사용하면 은은한 파스텔색을 만들 수 있고, 많이 사용하면 강렬한 원색을 만들 수 있습니다.

★ 머핀 틴이나 아이스 트레이처럼 칸이 많은 용기를 사용하면 다양한 색을 만들고 사용하기 좋습니다.

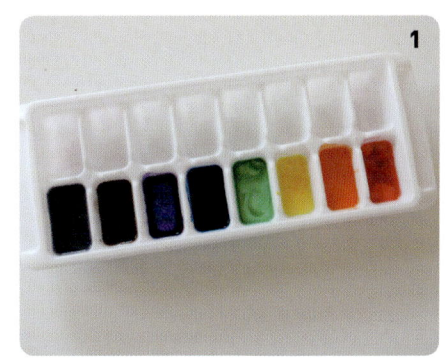

아이의 놀이 과정

1. 실내에서는 도화지, 거울, 베란다 창문, 욕실 유리 등 다양한 곳에 전분 물감 그림을 그릴 수 있습니다.

2. 거울 위에 그림 그리기 놀이는 모든 연령대의 아이들에게 강력히 추천합니다. 아이들은 거울에 비친 자신의 모습을 바라보며 그 위에 그림 그리는 것을 정말 좋아합니다.

3   실외에서는 보도블록, 벽, 돌, 나뭇가지 등에 전분 물감 그림을 그릴 수 있습니다.

4   물을 뿌리면 전분 물감은 깨끗하게 지워집니다.

놀이 노하우

시간이 지날수록 선명해져요!

전분 물감 그림은 마를수록 물감의 수분이 날아가 색이 선명해집니다. 그래서 마치 분필로 그림을 그린 듯한 효과를 얻을 수 있습니다.

놀이의 확장

전분 물감 액션 페인팅

전분 물감을 소스통에 담고 종이나 보도블록 위에 뿌려볼 수 있습니다. 붓으로 그리거나 분무기로 뿌리는 것보다 조금 더 자유롭고 활동적인 놀이가 됩니다. 소스통의 입구가 작으면 전분 물감이 잘 나오지 않으니 적당한 크기로 잘라서 조절하세요.

전분 물감 스프레이

전분 물감을 분무기에 담아 그림을 그려 볼 수 있습니다. 분무기의 노즐 강도를 조절하며 전분 물감을 뿌립니다. 물감이 넓고 부드럽게 퍼지는 느낌, 반대로 좁고 세게 꽂히는 느낌 등을 느낄 수 있습니다. 전분 물감의 전분이 분무기 바닥에 가라앉으면 우블렉의 성질을 띱니다. 중간중간 분무기를 흔들어 전분 물감 용액을 골고루 섞어 주세요.

EXPERIENCE
18

어둠 속에서 빛나는
네온 파스타

놀이난이도
★★☆☆☆

정리난이도
★★☆☆☆

이런 게 필요해요!

- ☐ 냄비
- ☐ 믹싱볼
- ☐ 물
- ☐ 파스타 면
- ☐ 형광 물감
- ☐ 지퍼백
- ☐ 트레이
- ☐ UV 라이트

파스타 면은 아이들과의 놀이에서 빼놓을 수 없는 재료입니다. 종류와 모양이 다양해 활용도가 높기 때문이지요. 요즘에는 알파벳 모양이나 동물 모양 등 다양한 종류의 파스타 면 모양이 판매되고 있어 원하는 파스타 모양을 찾는 재미도 있습니다. 딱딱한 질감을 원한다면 면을 삶지 않고 사용하고, 부드럽고 말랑한 질감을 원한다면 삶아서 사용하면 됩니다. 식용 색소나 물감을 이용해 파스타 면에 물을 들여 색깔을 다양화하는 방법도 있습니다. 이처럼 파스타 면은 모양, 질감, 색깔을 다양하게 선택하고 조절할 수 있다는 점에서 변화무쌍한 매력을 가지고 있습니다. 이러한 파스타 면을 더욱 특별하게 가지고 노는 방법이 있습니다. 깜깜하게 어두운 밤에도 빛을 내는 네온 파스타를 만드는 것이지요. 특히 해가 짧아지는 겨울밤 놀이로 꼭 추천합니다.

#딱딱한질감 #말랑한질감 #다양한모양 #겨울놀이 #밤놀이

🟢 엄마의 준비 과정

1. 끓는 물에 파스타 면을 넣고 삶습니다.

2. 면이 모두 익었다면, 냄비의 끓는 물을 버리고 파스타 면을 찬물에 헹굽니다.

3. 원하는 파스타 색깔의 개수만큼 지퍼백을 준비합니다. 세 가지 색의 파스타를 만들려면 지퍼백 세 개를 준비합니다.

4. 각각의 지퍼백에 파스타를 넣고, 형광 물감 1T와 물 2T를 뿌립니다.

5. 형광 물감이 파스타에 골고루 묻을 수 있도록 지퍼백을 신나게 흔들고 주무릅니다.

6. 파스타에 형광 물감의 색이 골고루 입혀졌다면, 지퍼백에서 파스타를 꺼내어 건조시킵니다.

7. 건조된 파스타를 트레이에 담고, 놀이를 준비합니다.

🟢 아이의 놀이 과정

1. 어두운 실내에서 네온 파스타에 UV 라이트를 비춥니다.

2. 어두워진 공간에서 밝게 빛나는 네온 파스타는 아이들에게 신선한 즐거움을 줍니다.

3. 파스타를 손으로 만져 보고, 집게, 포크, 젓가락 등을 이용해 탐색합니다.

4 네온 파스타를 색깔별로 구분해 봅니다.

5 네온 파스타를 가위로 자릅니다.

6 어두운 심해를 둥둥 떠다니는 형광 해파리를 만들어 볼 수도 있습니다.

7 네온 파스타를 뭉치고 비비며 새의 둥지, 동물의 굴도 만들어 보세요.

8 커피 가루나 밀가루를 트레이에 담고 흙 속에 숨어있는 형광 지렁이를 찾는 놀이를 즐길 수도 있습니다.

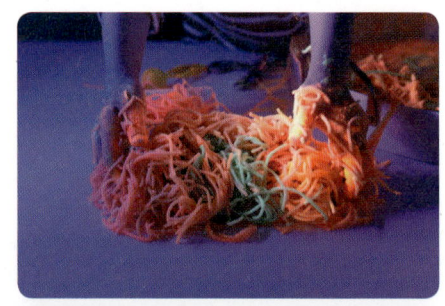

놀이 노하우

UV 라이트 손전등을 활용해 보세요!

UV 라이트는 사람의 눈에는 보이지 않는 빛 에너지의 한 종류인 자외선을 방출합니다. 그리고 이 자외선은 광화학 작용을 일으켜 형광색의 발현을 두드러지게 합니다. UV 라이트는 법의학, 해충 방제, 누출 감지 등의 영역에서도 유용하게 사용되고 있습니다.

놀이의 확장

네온 파스타 목걸이

형광 물감으로 펜네 면을 색칠한 후 건조시킵니다. 네온 파스타를 털실에 꿰어 목걸이를 만듭니다. 파스타의 색깔에 따라 패턴을 만들어 목걸이를 만들 수도 있고, 다양한 색으로 자유롭게 목걸이를 만들 수도 있습니다. 완성된 네온 파스타 목걸이를 착용한 후 불을 끄고 UV 라이트를 켭니다. 어둠 속에서 밝게 빛나는 네온 파스타 목걸이를 확인할 수 있습니다.

형광 소금 놀이

물 1/4컵에 형광 물감을 5~6번 짜 넣고 골고루 섞어 만든 형광 물감 용액으로 소금을 물들입니다. UV 라이트를 켜면 반짝거리는 형광 소금을 확인할 수 있습니다. 숟가락이나 국자를 이용해 형광 소금을 병에 담아 볼 수도 있습니다. 깔때기에 형광 소금을 흘려 내려보며 소금이 차곡차곡 쌓이는 모습을 관찰해 보세요.

EXPERIENCE 19

따뜻한 집에 내리는 하얀 눈
스노우 도우

놀이난이도 ★★★☆☆
정리난이도 ★★☆☆☆

이런 게 필요해요!

- 레시피 ①
  베이킹 소다 1컵, 전분 가루 1컵, 물 1½ T
- 레시피 ②
  베이킹 소다 1컵, 로션 1컵
- 레시피 ③
  베이킹 소다 1컵, 쉐이빙 폼 1컵
- 레시피 ④
  베이킹 소다 1컵, 헤어 린스 15ml

겨울이 오기를 기다리는 가장 큰 이유는 하늘에서 예쁘게 떨어져 내리는 하얀 눈과 크리스마스 때문 아닐까요? 하지만 막상 그토록 기다렸던 눈이 내리더라도 바깥 날씨가 너무 추워서 생각보다 오래 놀지 못하고 집으로 돌아가야 했던 경험이 한 번쯤은 있을 겁니다. 그럴 때는 트레이 가득 눈을 퍼와서 따뜻한 실내에서 눈을 이용한 놀이를 할 수 있습니다. 몰드에 눈을 넣어 모양을 만들기도 하고, 물감으로 눈에 색을 칠하기도 합니다. 하지만 눈은 시간이 지나면 녹기 때문에 놀이가 아쉽게 끝날 때가 많습니다. 바로 이때, 스노우 도우를 이용한 놀이를 하면 그 아쉬움을 달랠 수 있습니다. 베이킹 소다에 집에 있는 재료 한 가지만 더 추가하면 스노우 도우를 쉽게 만들 수 있어 계절과 관계없이 아이와 눈 놀이를 할 수 있습니다.

#겨울놀이 #크리스마스 #소복소복 #눈놀이

엄마의 준비 과정

1. 기본 재료는 베이킹 소다입니다. 베이킹 소다에 전분, 로션, 쉐이빙 폼, 헤어 린스 중 한 가지 재료를 추가해 스노우 도우를 만들 수 있습니다.

2. 스노우 도우를 만드는 시간과 장소의 습도에 따라 혼합물의 결과물이 조금씩 다를 수 있습니다. 반죽이 너무 되직할 경우에는 물(레시피 ①), 로션(레시피 ②), 쉐이빙 폼(레시피 ③), 헤어 린스(레시피 ④)를 조금씩 더하며 만듭니다.

3. 반대로 반죽이 너무 묽다면 베이킹 소다를 더 넣으면서 질감을 조절하세요. 손으로 만지면 부스러지지만 다시 뭉치면 모양이 만들어질 정도의 질감이 되었다면 완성입니다.

4. 완성된 스노우 도우를 냉장고에서 30분간 보관하세요. 차가워진 스노우 도우는 실제 눈을 만지는 듯한 느낌을 줍니다.

★ 반죽에 페퍼민트 에센셜 오일을 더하면 겨울의 시원하고 청량한 향을 더할 수 있고, 실버 글리터 가루를 뿌리면 햇빛에 비쳐 반짝이는 듯한 눈을 표현할 수 있습니다.

아이의 놀이 과정

1. 스노우 도우를 뭉치거나 부수어 보며 특별한 질감을 마음껏 즐겨 봅니다.

2. 스노우 도우를 뭉쳐서 눈사람을 만듭니다.

★ 눈사람을 만들 때는 주황색 모루로 눈사람의 코를, 갈색 모루로 눈사람의 팔을 표현할 수 있습니다. 단추를 더하면 더욱 귀여운 눈사람을 만들 수 있습니다.

3 스노우 도우를 몰드에 넣어서 특별한 모양을 만들거나 쿠키커터로 모양을 찍어 볼 수 있습니다.

4 놀이가 거의 마무리되어 간다면, 눈사람에 식초를 뿌려 눈보라를 일으켜 볼 수 있습니다.
★ 스노우 도우의 주재료는 베이킹 소다입니다. 베이킹 소다와 식초가 만나면서 생기는 중화 반응을 관찰합니다.

5 스노우 도우의 재료로 전분을 사용한 경우, 우블렉으로 변한 반죽을 가지고 놀 수 있습니다.

6 트레이에 북극이나 남극에 사는 동물 피규어를 넣어 스몰 월드를 만들거나, 자동차나 제설차 등의 장난감을 넣어 눈 오는 날의 도로 놀이를 할 수 있습니다.

놀이의 확장

하와이풍 아이스 쉐이브

눈이 오는 날 눈사람도 만들고 눈썰매도 탔지만, 집에 들어가기 아쉬울 때가 있습니다. 그럴 때는 트레이에 눈을 가득 퍼와 하얀 눈 위에 색깔을 입혀 보세요. 식용 색소를 물에 섞어 만든 색깔 물을 눈 위에 뿌리면 무지갯빛의 얼음 덩어리가 만들어집니다. 아이가 스포이트를 다룰 수 있다면 스포이트를 사용하고, 아직 스포이트를 다루지 못한다면 소스통에 색깔 물을 넣어 사용할 수 있습니다. 알록달록 색을 입힌 눈은 꼭 하와이의 아이스 쉐이브를 연상시킵니다.

눈오리, 눈사람 색칠 놀이

눈 오는 날 빼놓을 수 없는 것이 바로 스노우 볼 메이커 놀이입니다. 몰드 안에 눈을 꽉 채워 넣으면 몰드의 모양대로 눈 모양이 만들어지지요. 눈오리나 눈사람 등 집게의 종류도 매우 다양합니다. 하얀 오리와 하얀 눈사람을 새로운 색으로 색칠하며 즐거운 시간을 보낼 수 있습니다. 눈사람을 만들고 난 후, 눈사람에 색을 칠해볼 수 있습니다. 눈사람의 눈과 눈썹도 그리고, 입도 그리고, 단추도 그립니다. 색깔 물로 색깔 옷을 입혀줄 수도 있고, 수채물감과 붓으로 세밀하게 색을 칠할 수도 있습니다.

트레이 안에 만드는 작은 세상
스몰월드

이런 게 필요해요!

- 밀가루
- 소금 쌀 파스타
- 오트 콩
- 쉐이빙 폼
- 전분 가루, 젤라틴, 한천
- 물 치아씨드
- 바질씨드
- 커피 가루
- 코코아 파우더
- 식용 색소 등

'스몰 월드'는 말 그대로 트레이 안에 작은 세상을 만드는 놀이입니다. 아이가 현재 관심을 가지고 좋아하는 것을 주제로, 마음껏 만지고 놀며 상상의 나래를 펼칠 수 있는 작은 세상을 만들어 주는 것입니다. 스몰 월드는 동물이 사는 생태계, 동물의 생애 주기, 먹이 사슬 등을 아이에게 자연스럽게 소개해 주는 데 정말 효과적인 놀이 방법입니다. 얼핏 보기에는 놀이 준비가 복잡하고 어려워 보일 수 있습니다. 하지만 스몰 월드는 놀이에 참여하는 아이만큼, 놀이를 준비하는 엄마도 큰 재미를 느낄 수 있는 매력적인 놀이 활동입니다. 앞서 소개된 다양한 레시피를 사용하여 쉽고 재미있게 스몰 월드를 만들어 보세요.

#사막 #동물원 #정글 #먹이사슬 #미니어처 #상상놀이

엄마의 준비 과정

1. 아이의 관심사, 계절, 상황에 따라 무궁무진한 주제로 스몰 월드를 준비할 수 있습니다. 땅, 물, 하늘, 우주 등 표현하고자 하는 것에 적합한 재료를 선택하여 스몰 월드를 연출하세요.

★ 집에 있는 피규어 등의 미니어처를 소품으로 활용하면 더욱 생생하고 풍성한 스몰 월드를 만들 수 있습니다.

2. 스몰 월드의 주제와 관련된 책을 놀이 전 활동으로 읽어 주세요.

3. 트레이 안에 스몰월드를 만들 때는 어떤 재료를 사용하여 어떤 디자인으로 스몰 월드를 만들 것인지에 대한 대략적인 계획을 미리 세워두면 좋습니다.

★ 놀이의 주제에 비해 너무 큰 트레이를 사용하면 재료가 낭비될 수 있으니 놀이의 주제나 아이의 성향에 따라서 트레이의 크기를 선택하면 좋습니다.

놀이 노하우
놀이 전 주제와 관련된 책 읽기로 놀이가 풍성해져요!

아이는 놀이에 앞서 엄마와 함께 책을 읽으며 주제에 대한 사전 지식을 쌓을 수 있습니다. 예를 들어, 땅속의 개미집을 주제로 스몰 월드를 만들 계획이라면 먼저 개미와 관련된 책을 읽으며 개미의 먹이, 일개미의 역할, 여왕개미의 역할, 개미 굴의 형태 등을 미리 알아보는 것입니다. 이러한 사전 지식을 활용하면, 스몰 월드 놀이를 할 때 구체적인 놀이 활동이 가능해지며 놀이가 훨씬 더 풍성해질 수 있습니다.

아이의 놀이 과정

1. 트레이의 스몰 월드 재료를 마음껏 탐색하고 만져 볼 수 있도록 합니다. 물에 손을 담가보고, 땅을 파보기도 하고, 젤리를 부수어 볼 수도 있습니다.

2. 스몰 월드의 특성과 관련된 적절한 질문을 던져서 놀이에 대한 이해도를 높여 줍니다.

3. 놀이 후에는 주제와 연관된 다른 책을 읽거나, 그림이나 만들기를 통해 다지기 활동을 할 수 있습니다.

놀이 노하우
어떤 질문을 던지면 좋을까요?

스몰 월드 주제와 관련된 질문을 던져서 아이들의 활동 이해도를 높여 주면 좋습니다.

① 주제와 관련된 질문
예) "펭귄은 왜 날 수 없을까?", "남극의 펭귄에게 누가 천적일까?", "펭귄이 수영을 잘하는 이유는 무엇일까?" 등

② 역할 놀이의 상대가 되어 상상력을 자극하는 질문
예) "나는 이곳에 천적이 없으니까 하늘을 날 필요가 없는 펭귄이야. 앗! 그래도 물속은 조심해야 해." 등

동물들의 생태계 스몰 월드

바다, 해변, 숲을 표현한 스몰 월드입니다. 젤라틴으로 바다를, 염색 소금으로 해변을, 커피 가루로 숲을 표현했습니다. 자연환경에 피규어를 더해 동물들의 생태계 스몰 월드를 완성했습니다.

농장 스몰 월드

색깔 쌀을 이용한 감각 놀이에 농장 동물과 원목 장난감을 추가한 농장 스몰 월드입니다. 원목 장난감에 색깔 쌀을 퍼담으며 색깔 인지 활동을 할 수 있고 동물의 이름을 익힐 수 있는 놀이입니다.

곤충 스몰 월드

초록색으로 염색한 파스타로 잔디밭을 표현한 곤충 스몰 월드입니다. 곤충 피규어, 나뭇가지, 집게, 가위 등을 넣어 흥미 요소를 추가했습니다. 다양한 곤충의 종류와 이름을 알아볼 수 있는 활동입니다.

바다 스몰 월드

물에 파란색 식용 색소를 넣어 만든 바다 스몰 월드입니다. 미역, 조개, 워터 비즈, 해양 생물 피규어를 넣어 바다 생태계를 구성했습니다. 해양 생물의 이름과 먹이 사슬 관계를 배울 수 있는 활동입니다.

초원과 숲속 스몰 월드

초원과 숲을 한 트레이에 넣어 대조해 보는 스몰 월드입니다. 초록색 식용 색소를 넣은 밀가루를 반죽해 이끼가 핀 숲을 표현했습니다. 서식지 별 피규어를 넣고 생화와 나뭇가지로 사실감을 높였습니다.

사파리 스몰 월드

병아리콩과 검정콩을 번갈아 배열하여 흑과 백이 대조되는 사파리 스몰 월드입니다. 아프리카 동물 피규어와 꽃, 나무 디스크를 넣어 구성했습니다. 아프리카에 사는 동물들에 대해 알아볼 수 있는 활동입니다.

돼지 농장 스몰 월드

쉐이빙 폼에 갈색 식용 색소를 섞어 표현한 돼지 농장 스몰 월드입니다. 커피 가루로 흙을, 젤라틴으로 연못을 만들고 나뭇잎을 넣어 사실감을 높였습니다. 농장 동물들에 대해 알 수 있는 활동입니다.

개구리의 한 살이 스몰 월드

초록색 젤리로 만든 개구리가 사는 연못 스몰 월드입니다. 개구리와 곤충 피규어를 넣어 연못 생태계를 나타내고 EVA 폼을 오려 개구리가 앉을 수 있는 수련 잎을 만들었습니다. 개구리의 한살이에 대해 알아보는 활동입니다.

해양 동물 스몰 월드

물 대신 파란색으로 염색한 파스타를 이용해 만든 해양 동물 스몰 월드입니다. 바다를 다양한 방법으로 표현하여 아이들의 호기심을 자극할 수 있는 활동입니다.

얼음에 갇힌 공룡 화석 발굴 스몰 월드

공룡 화석 피규어를 물에 넣고 얼려 만든 공룡 화석 발굴 스몰 월드입니다. 공룡 피규어와 중장비 장난감으로 아이들의 흥미를 자극할 수 있습니다. 파란색 색깔 물과 소금을 얼음 위에 뿌려 얼음의 녹는점이 낮아지는 것을 확인할 수 있는 활동입니다.

동화 〈빨간 모자〉 스몰 월드

빨간 모자가 할머니 댁에 가는 길을 주제로 한 〈빨간 모자〉 스몰 월드입니다. 초록색으로 염색한 국수로 숲을, 갈색 식용 색소를 넣은 밀가루로 오솔길을 표현했습니다. 동화책을 읽은 후 독후 활동 놀이로 추천합니다.

동화 〈백설 공주〉 스몰 월드

인조 잔디와 렌틸콩을 이용해 만든 〈백설 공주〉 스몰 월드입니다. 분홍색 우블렉으로 마녀가 만드는 독사과 포션을 만들고 백설 공주가 누워 있는 유리관에는 연산홍을 넣었습니다. 독후 활동 놀이로 추천합니다.

화산 폭발 스몰 월드

500ml 물병을 활용하여 만든 화산 폭발 스몰 월드입니다. 커피 가루로 만든 공룡알(193쪽 참고)과 달걀 껍데기로 만든 공룡알을 넣어 흥미 요소를 추가했습니다. 베이킹 소다를 채운 물병 화산에 식초를 넣어 화산이 폭발하는 장면을 연출했습니다.

바이옴 스몰 월드

젤라틴으로 만든 연못에 사는 개구리, 색깔 쌀로 만든 농장에 사는 농장 동물, 치아씨드로 만든 늪지대에 사는 악어, 워터비즈 마법 나라에 사는 유니콘, 색깔 파스타로 만든 풀밭의 곤충들, 색깔 물로 만든 바다에 사는 돌고래가 있는 바이옴 스몰 월드입니다. 트레이의 컨테이너 별로 다른 재료를 사용하여 다양한 촉감을 느끼는 데 효과적인 활동입니다.

개미굴 스몰 월드

밀가루에 갈색 식용 색소를 섞어 만든 땅속의 개미굴 스몰 월드입니다. 개미의 굴마다 용도가 다르다는 점에 착안하여 굴마다 당근, 풀잎, 흰색 폼폼(개미알) 등을 배치해 꾸몄습니다. 개미의 한살이와 서식지를 익히는 데 효과적인 활동입니다.

바다 스몰 월드

터프 트레이에 모래와 파란색 식용 색소를 넣은 물을 채워 만든 바다 스몰 월드입니다. 바닷가에서 주워 온 조개와 상어 이빨, 해양 동물 피규어를 넣어 연출했습니다. 놀이 공간이 넓으니 아이들이 직접 물속에 뛰어들어 놀 수 있다는 장점이 있습니다.

PART 2

EXPLORE
탐색하기

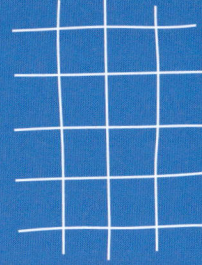

자연 속에서 자라는 아이들

어린 시절을 떠올리면 밖에서 신나게 뛰어놀았던 기억들이 생생합니다. 친구들과 흙으로 밥을 짓고, 꽃과 나뭇잎을 빻아서 반찬을 만들고, 장미 나무의 가시를 떼서 코 위에 붙이고 코뿔소 놀이를 했던 추억들 말이에요. 봄에는 샐비어의 꽃잎을 따서 꿀을 빨아 먹기도 했고, 여름밤이면 외할머니댁 옥상에 모기장을 치고 평상에 누워 수도 없이 많은 하늘의 별을 보며 잠든 것도 제가 좋아하는 추억 중 하나입니다. 가을이면 잠자리를 쫓아다니며 잠자리 눈앞에서 손가락으로 빙글빙글 원을 그리고 조심스럽게 잠자리 날개를 잡아 채집했던 기억도 납니다. 겨울에는 꽁꽁 얼어붙은 강물에서 썰매를 타기도 했었죠. 그때는 미처 알지 못했지만, 자연 속에서 뛰어놀았던 그 시간이 모여 지금의 저를 만든 것이라고 생각합니다. 또 이것은 비단 저만의 얘기가 아닌 우리 모두의 이야기이기도 합니다.

아쉽게도 요즘 우리 아이들은 자연을 접하며 놀 기회가 많이 줄어들었습니다. 과학 기술의 발달로 우리가 접할 수 있는 자연의 물리적인 영역이 좁아지기도 했고, 생리적으로도 자연보다는 스크린 앞에서 지내는 시간이 더 많아졌습니다. 그편이 더 편하고 쉬우니까요. 그러나 자연은 실내에서는 얻을 수 없는 무궁무진한 경험을 할 수 있는 체험의 장입니다. 그래서 저는 아이들에게도 자연 속에서 뛰놀며 그 계절을 마음껏 느낄 수 있는 시간을 마련해 주려고 노력합니다. 아이들과 함께 나뭇잎의 색깔 변화를 살펴보기도 하고 이름 모를 들꽃이나 나뭇잎의 모양, 하늘에 떠 있는 구름 모양 등에도 관심을 기울이지요. 그렇게 아이와 자연을 온전히 느끼고 있노라면 아이와 나누는 대화가 풍성해지고, 하루가 윤택해지는 경험을 합니다.

그렇다면 자연 놀이의 장점은 무엇일까요?

첫째, 오감 발달을 이룰 수 있습니다. 아이들은 보고 만지는 직접 경험을 통해 자연의 색깔, 소리, 냄새, 모양, 질감 등을 배울 수 있습니다. 계절이 바뀔 때마다 변화하는 자연의 모습은 그 경험들을 친숙하지만 낯설게 변화시켜 주며 끊임없이 즐거운 자극이 되어 줍니다. 꽃으로 팔찌를 만들고, 비 소리를 듣고, 흙을 가지고 놀고, 차가운 눈을 만지는 등의 모든 자연 활동들은 아이들이 오감을 활용해 자연을 탐색할 수 있도록 해 줍니다.

둘째, 신체적 발달을 이룰 수 있습니다. 아이들은 자연 속에서 에너지를 발산하며 더욱 건강하게 성장할 수 있습니다. 집에서는 할 수 없었던 크고 과감한 신체 운동을 마음껏 할 수 있는 자유로운 시간이기도 하지요. 햇볕을 쬐고, 달리고, 점프하고, 기어오르고, 던지며 아이들은 스스로 신체 조절 능력을 향상시킬 수 있습니다.

셋째, 인지 발달을 이룰 수 있습니다. 자연은 아이들의 호기심을 일으키고 상상력을 자극하는 천연 재료의 장입니다. 모양이 특정된 장난감과 대조되는 부분이지요. 아이들은 돌을 높이 쌓아 올리기도 하고, 나뭇가지로 집을 짓기도 합니다. 그림자를 관찰하고 눈사람을 만들 수도 있습니다. 이런 놀이를 통해서 아이들은 비판적 사고 능력이나 문제 해결 능력을 기를 수 있습니다.

넷째, 정서 발달을 이룰 수 있습니다. 자연 속에서 아이들은 규칙에 얽매이지 않고 스스로 놀잇감을 찾아내고 상상력을 이용해서 놀이 방법을 생각해 낼 수 있습니다. 자신의 놀이에 훨씬 더 능동적인 주체가 되는 것이지요. 이는 아이들의 자신감, 책임감, 자기 조절 능력을 기르는 데 도움이 됩니다.

아이에게 자연을 즐길 수 있는 놀잇감을 마련해 주세요. 자연물을 이용하여 자유롭고 간단하게 완성할 수 있는 간단한 놀이 과제는 아이가 자연을 즐길 수 있는 단단한 밑거름이 됩니다. 매일 지나던 동네 길도 관심과 목적을 가지고 보면 새롭게 보이잖아요. 자연 놀이야말로 우리 아이가 꼬마 탐험가가 되는 가장 쉬운 길이 아닐까요?

놀이난이도
★★☆☆☆

정리난이도
★★☆☆☆

EXPLORE 21

흙이나 모래로 하는 소꿉놀이
샌드 케이크

이런 게 필요해요!

- ☐ 케이크의 형태를 만들 수 있는 그릇이나 몰드
- ☐ 모종삽
- ☐ 숟가락
- ☐ 물
- ☐ 꽃
- ☐ 나뭇잎
- ☐ 열매
- ☐ 돌
- ☐ 나뭇가지 등의 자연물
- ☐ 곡물이나 씨앗(선택)

어릴적에 친구들과 흙이나 모래로 밥을 지으며 소꿉놀이를 해 본 경험이 있나요? 저의 유년 시절을 떠올려 보면 동네 꽃나무에서 꽃과 열매를 따고, 납작한 돌 위에 음식인 양 올리며 놀았던 기억이 납니다. 운동장 모래에 물을 뿌리고 둥근 케이크를 만들었던 적도 있습니다. 나뭇가지가 양초 역할을 하고, 돌멩이가 케이크의 장식이었지요. 장난감도 좋고, 놀이터도 좋지만 때로는 자연 그 자체가 최고의 놀잇감이 된다는 것을 그렇게 배웠던 것 같습니다. 물과 흙은 아이들이 단연 좋아하는 놀이 재료입니다. 흙에 물을 조금 섞어 보고 또 뭉쳐 보며 꽃, 돌, 나뭇잎, 나뭇가지 등 자연의 모든 것들이 장난감이 되는 순간을 아이가 경험할 수 있도록 도와주세요. 평생 잊지 못할 추억이 될 것입니다.

#자연재료 #소꿉놀이 #놀이터 #자연놀이 #모래케이크

🧒 아이의 놀이 과정

1. 그릇이나 몰드에 모종삽이나 숟가락을 이용하여 흙을 가득 채워 담습니다.
★ 이 책에서는 8×3인치(약 20.3×7.62cm) 크기의 둥근 케이크 팬을 몰드로 사용했어요.

2. 흙을 뭉칩니다. 흙이 잘 뭉쳐지지 않는다면 물을 조금 섞습니다. 분무기를 사용해 아이들이 흙에 뿌릴 수 있도록 하는 것도 좋은 방법입니다.

3. 그릇이나 몰드를 뒤집어 케이크 형태를 만듭니다.

4. 꽃, 나뭇잎, 열매, 돌, 나뭇가지 등을 이용해 케이크를 장식합니다.

5. 곡물이나 씨앗을 샌드 케이크 위에 뿌려봅니다.
★ 이대로 한쪽에 두고 며칠이 지나면 아이가 샌드 케이크를 만들었던 곳에서 새싹이 돋아날 수도 있겠죠?

놀이 노하우
다양한 케이크를 만들어 보세요!

크기가 서로 다른 그릇이나 몰드를 사용하여 2단이나 3단 케이크도 만들어 보세요. 혹은 크기가 작은 컵케이크 몰드를 여러 개 사용하여 미니 샌드 케이크를 만들어 볼 수 있어요.

EXPLORE 22

봄을 추억하는 놀이
민들레꽃 토끼

놀이난이도
★☆☆☆☆

정리난이도
★☆☆☆☆

이런 게 필요해요!

☐ 재활용 박스
☐ 칼
☐ 사인펜
☐ 나무 꼬치
☐ 테이프

봄에 피는 노란색 꽃잎이 사랑스러운 민들레는 여러해살이풀로, 약재로 쓰이거나 나물로 먹을 수 있고 곤충이나 새에게는 훌륭한 먹이가 되기도 합니다. 민들레는 아스팔트나 보도블록 사이에서도 자랄 만큼 뿌리가 튼튼하고 번식력이 강해서 잡초로 여겨지기도 하지만 아이가 봄에만 할 수 있는 자연 놀이의 사랑스러운 재료가 되기도 합니다. 민들레꽃은 꽃잎과 줄기가 꽤 견고하여서 아이들이 놀이에 사용하기에 적합한 꽃입니다. 재활용 박스와 민들레꽃만 있으면 할 수 있는 간단한 놀이로 아이와 함께 봄을 추억할 수 있는 놀이 시간을 가져 보세요.

#봄놀이 #자연재료 #재활용박스 #민들레꽃 #추억놀이

아이의 놀이 과정

1. 재활용 박스에 원하는 그림을 그립니다.

2. 그림의 선을 따라 박스를 오립니다.
★ 박스가 두꺼워서 아이가 가위로 오리기 힘들 수 있습니다. 이럴 땐 엄마가 칼을 이용해 조심히 잘라주세요.

3. 꼬치를 이용해서 박스의 그림 안에 민들레의 줄기를 꽂을 수 있는 구멍을 뚫습니다.
★ 꼬치가 없을 때는 십자드라이버를 이용하여 구멍을 뚫어도 됩니다.

4. 민들레꽃을 채집합니다.

5. 민들레꽃 줄기를 꺾어 박스에 있는 구멍에 꽂습니다. 이때, 꽃꽂이를 할 수 있도록 민들레꽃의 줄기를 너무 짧게 꺾지 않도록 합니다.

6. 박스 뒷면의 민들레꽃 줄기를 테이프로 고정합니다. 그래야 아이가 박스를 들고 다닐 때 꽃이 빠질 염려가 없습니다.

EXPLORE
23

놀이난이도
★☆☆☆☆

정리난이도
★☆☆☆☆

자연에서 얻는 마법 포션
플라워 마법 수프

이런 게 필요해요!

- 보울이나 트레이
- 꽃
- 식용 색소(선택)
- 가위
- 숟가락
- 국자
- 콜랜더
- 컵
- 생분해성 글리터(선택)
- 스팽글
- 아크릴 보석 등

물과 꽃만 있어도 아이들이 즐거워하는 놀이가 바로 '플라워 마법 수프'입니다. 재료 준비가 간단하면서도 예쁘고 즐거운 놀이여서 이수가 2살 때부터 시작해 6살까지도 여름이면 빼놓지 않고 꼭 하던 놀이입니다. 놀이의 시작은 산책입니다. 집 주변을 산책하며 아이가 직접 마법 수프의 재료를 준비할 수 있도록 도와주세요. 아이는 평소보다 더 주의 깊게 주변 환경을 관찰하고 재료를 선택한답니다. 아이마다 관심사가 다르므로 같은 활동을 하더라도 놀이의 과정은 다를 수 있습니다. 아이가 자유롭게 놀면서 상상력을 발휘하는 모습을 지켜봐 주세요. 놀이의 이름처럼 마법같은 순간이랍니다.

#산책길 #놀이재료준비 #관찰력 #상상력

🙂 아이의 놀이 과정

1. 채집한 자연물을 가위로 자릅니다.

2. 보울이나 트레이에 물을 채우고, 원하는 색의 식용 색소를 뿌립니다.

3. 그 안에 꽃, 나뭇잎 등의 자연물을 넣습니다.

4. 숟가락이나 국자로 휘휘 저어보기도 하고 꽃과 나뭇잎을 퍼올려 보기도 합니다.

5. 컵이나 콜랜더에 플라워 수프를 채우거나 비울 수 있습니다.

★ 콜랜더에 가득 채워졌던 물이 떨어지는 장면과 경쾌한 소리는 아이에게 시각적, 청각적 자극을 줍니다.

6. 플라워 수프 안에 생분해성 글리터, 스팽글, 아크릴 보석 등의 흥미 요소를 추가하면 또 다른 분위기로 놀이를 즐길 수 있습니다.

★ 레몬, 귤, 라임, 샐러리, 당근과 같은 재료를 수프에 더하면 더욱 풍성한 놀이가 됩니다.

놀이의 확장

꽃 얼음 플라워 포션

꽃을 채집해서 미리 얼려 놓으면 바쁜 육아 중에 고마운 놀이 재료가 됩니다. 머핀 틴이나 실리콘 몰드에 꽃을 넣고 물을 부어 꽃 얼음을 만듭니다. 꽃 얼음을 녹이며 플라워 포션을 만들 수 있습니다.

우블렉 마법 수프

꽃 얼음에 전분 가루를 더해 우블렉 마법 수프를 만들어 놀 수 있습니다. 커다란 꽃잎을 컵처럼 사용할 수도 있고, 부드러운 꽃잎 위에 우블렉을 떨어뜨려 볼 수도 있습니다. 꽃 얼음이 녹을수록 물이 양이 전분의 양보다 많아지며 우블렉의 점성이 변한다는 사실도 알 수 있습니다.

EXPLORE 24

휴지심을 활용해 만드는
자연물 팔찌

놀이난이도
★☆☆☆☆

정리난이도
★☆☆☆☆

이런 게 필요해요!

- ☐ 휴지심
- ☐ 가위
- ☐ 색지
- ☐ 풀
- ☐ 양면테이프 혹은 시트지
- ☐ 꽃이나 나뭇잎과 같은 자연물

자연물 팔찌 만들기는 이제 막 걸음마를 시작한 아이도 만들 수 있을 정도로 쉽고 간단한 놀이입니다. 놀이에 필요한 재료는 휴지심과 가위 그리고 양면테이프만 있으면 됩니다. 쉽고 간단하게 만든 휴지심 팔찌를 아이의 손목에 채우고 함께 산책해 보세요. 아이가 자연물을 채집하여 팔찌의 끈적이는 접착면에 붙이면 나만의 특별한 자연물 팔찌를 만들 수 있습니다. 아이에게 꽃, 나무의 이름이나 색깔을 이야기해 주면 그것 자체로도 훌륭한 언어적, 인지적인 자극이 됩니다. 자연물 팔찌를 차고 신 나게 자연 속을 내달리는 아이의 모습은 아이와 엄마에게 오랫동안 소중한 추억이 되어줄 것입니다.

#나만의팔찌 #휴지심팔찌 #언어자극 #인지적자극

아이의 놀이 과정

1. 휴지심의 길이를 아이의 팔에 맞게 자르세요. 휴지심의 1/2이나 2/3 크기가 적당합니다. 휴지심의 원통 부분을 가로로 잘라 휴지심을 여닫을 수 있도록 하세요.

2. 휴지심과 같은 크기로 색지를 잘라 휴지심의 위쪽 전체 면에 풀로 꼼꼼하게 붙입니다.

3. 색종이 위에 양면테이프를 붙입니다.
   ★ 양면테이프 대신 시트지를 사용할 수도 있어요.

4. 아이의 손목에 팔찌를 채우고 함께 산책을 합니다.

5. 산책하며 채집한 꽃잎이나 풀잎과 같은 자연물을 팔찌의 접착면에 붙여 팔찌를 완성합니다.

EXPLORE 25

놀이난이도
★★☆☆☆

정리난이도
★☆☆☆☆

자연의 아름다움을 담은
꽃목걸이

이런 게 필요해요!

☐ 돗바늘 또는 십자수용 바늘
☐ 실 또는 털실
☐ 꽃잎
☐ 나뭇잎

생일이나 기념일 등으로 꽃 선물이 유난히 많은 시기가 있습니다. 이때 받은 꽃과 나뭇잎을 바느질로 꿰어서 꽃목걸이를 만들면 어떨까요? 아이의 연령에 따라 플라스틱 바늘인 돗바늘을 사용할 수도 있고, 십자수용 바늘을 사용할 수도 있습니다. 아이가 어리다면 크기가 큰 나뭇잎과 꽃잎을 돗바늘로 꿰는 것을 추천합니다. 아이가 바늘을 다룰 수 있다면 십자수용 바늘을 추천합니다. 십자수용 바늘은 끝이 뭉툭하므로 일반적인 바늘보다 안전하게 사용할 수 있습니다. 아이가 직접 바느질로 목걸이나 팔찌를 만들고, 이를 착용해 보며 느낀 성취감은 아이의 자아효능감을 높여줄 것입니다.

#꽃재활용 #바느질놀이 #목걸이 #팔찌 #자아효능감 #성취감 #패턴반복 #수학적사고력

엄마의 준비 과정

1. 돗바늘이나 십자수용 바늘에 실을 꿰고 매듭을 지어 줍니다.
2. 꽃과 나뭇잎을 준비합니다.

아이의 놀이 과정

1. 꽃송이의 꽃잎을 한 장씩 떼어 냅니다.

2. 바늘로 꽃잎의 중앙에 구멍을 뚫어 실을 꿰어 줍니다.

3. 바늘로 나뭇잎의 중앙에 구멍을 뚫어 실을 꿰어 줍니다.
★ 꽃잎이나 나뭇잎의 중앙에 바늘을 찌를 수 있도록 위, 아래, 왼쪽, 오른쪽, 가운데와 같은 설명을 해주면, 아이의 측정(방향) 능력도 키울 수 있어요.

4. 바느질에 능숙해졌다면, 꽃잎과 나뭇잎을 패턴으로 꿰어 볼 수도 있어요. AABB(꽃잎-꽃잎-나뭇잎-나뭇잎), ABAB(꽃잎-나뭇잎-꽃잎-나뭇잎), ABBA(꽃잎-나뭇잎-나뭇잎-꽃잎) 등 다양한 방법을 시도해 보세요.
★ 꽃잎과 나뭇잎을 패턴대로 꿰며 수학적 사고력을 키울 수 있어요.

놀이 노하우
아이에게 바늘을 스스로 선택할 수 있도록 선택권을 주세요
아이는 자신의 선택이 존중받는 느낌을 받을 수 있고, 창의성과 자존감이 높아질 수 있습니다. 아이가 돗바늘을 선택하고 이를 능숙하게 해내어 성취감과 자신감을 얻었다면, 다음 놀이에는 조금 더 섬세한 소근육을 사용해야 하는 십자수용 바늘로 놀이의 수준을 점차 높여볼 수도 있습니다.

5 준비한 꽃잎과 나뭇잎을 다 썼다면 실의 끝과 끝을 묶어 목걸이로 만들어 주세요.

★ 같은 방법으로 팔찌를 만들 수도 있습니다.

놀이 노하우
어떤 종류의 자연물로 목걸이를 만드는 것이 좋은가요?

장미꽃은 꽃송이에 달린 꽃잎이 많고 꽃잎의 크기가 적당하며 나뭇잎도 함께 얻을 수 있습니다. 비교적 흔한 꽃으로, 쉽게 준비할 수 있는 재료이기도 합니다. 하지만 꼭 꽃을 사용할 필요는 없습니다. 예쁘게 물든 단풍잎을 재료로 활용할 수도 있습니다. 단풍잎은 구하기 쉬울 뿐 아니라, 꽃잎보다 크기가 크고 견고해 어린이가 다루기 쉬운 재료입니다.

EXPLORE 26

알록달록하게 만드는 멋진 왕관
자연물 크라운

놀이난이도
★★☆☆☆

정리난이도
★☆☆☆☆

이런 게 필요해요!

- 시트지
- 색지(선택)
- 가위
- 칼
- 테이프
- 꽃
- 나뭇잎
- 나뭇가지
- 솔방울
- 나무 열매 등의 자연물

자연물을 이용하여 아이들이 좋아하는 크라운을 만들 수 있습니다. 자연물과 시트지를 이용해서 만드는 크라운은 계절의 아름다움을 오롯이 담는 멋진 소품이 됩니다. 자연물 팔찌나 목걸이 만들 때보다 엄마의 준비 시간이 조금 더 늘어나지만, 아이의 만족도는 그보다 더 높아질 수 있는 멋진 놀이가 될 것입니다. 꽃잎, 나뭇잎, 나뭇가지, 솔방울, 나무 열매 등 자연에서 채취할 수 있는 모든 것들이 자연물 크라운의 재료가 되어 아이의 창의성과 감수성을 자극할 것입니다.

#자연물왕관 #계절감 #소품 #창의성 #감수성 #자연재료

엄마의 준비 과정

1 색지로 아이의 머리둘레를 측정하여 크라운의 크기를 정합니다.
★ 머리둘레보다 2cm 정도의 여유를 주면 완성된 크라운의 양 끝부분을 하나로 연결할 때 도움이 됩니다.

2 색지를 크라운 모양으로 길게 자릅니다.

3 크라운의 테두리를 2cm 정도 남겨두고, 크라운의 안쪽을 칼로 오립니다.

4 크라운 위에 시트지를 올리고, 크라운의 모양대로 시트지를 자릅니다.

5 시트지에 붙어 있는 종이를 떼어내 크라운 위에 시트지를 붙입니다. 이때 시트지의 접착면이 크라운의 바깥을 향하게 하세요.

6 테이프로 크라운의 양 끝을 하나로 이어 아이가 머리에 쓸 수 있는 형태로 만듭니다.

놀이 노하우

준비 과정을 간소화할 수 있어요!

아이의 머리둘레에 맞게 직사각형 모양으로 종이를 자르고 그 위에 양면테이프를 붙입니다. 그리고 직사각형의 양 끝을 하나로 이어 스테플러로 고정해 크라운 모양을 만듭니다.

아이의 놀이 과정

1 자연 속을 거닐며 자연물을 채집합니다.

2 크라운의 시트지 위에 채집한 자연물을 자유롭게 붙입니다.

★ 자연물의 종류별로 나누어 붙일 수도 있고, 이것저것 섞어서 붙일 수도 있습니다.

3 완성된 자연물 크라운을 착용해 보세요.

놀이의 확장

알록달록 크라운

시트지 자연물 크라운은 자연물이 원래 가지고 있는 본연의 모양과 색깔에 집중하여 만듭니다. 이번에 소개하는 알록달록 크라운은 자연물을 재해석해 보는 아이의 시선에 집중해 만듭니다. 엄마의 역할은 줄고, 아이의 역할은 늘어나는 색다른 느낌의 크라운을 만들면서 아이의 성장을 느낄 수 있을 것입니다.

준비물
종이 | 아크릴 물감 | 붓 | 마스킹 테이프 | 글루건 | 목공용 풀 | 꽃 | 나뭇잎 | 나뭇가지 | 솔방울 | 나무 열매 등의 자연물 | 테이프 혹은 스테플러

만드는 순서
① 자연에서 채집한 자연물을 물감으로 채색합니다.
② 아이의 머리둘레에 맞게 직사각형 모양으로 종이를 자릅니다. 재활용할 수 있는 종이 가방을 사용해도 좋습니다.
③ 색칠한 자연물을 목공용 풀이나 마스킹 테이프, 글루건 등을 사용하여 직사각형 종이 위에 붙입니다.
④ 테이프나 스테플러를 이용해 직사각형 종이의 양 끝을 하나로 이어 크라운의 형태로 만듭니다.

EXPLORE 27

햇빛이 그려주는 그림
선 프린트

놀이난이도
★★★☆☆

정리난이도
★★★★☆

이런 게 필요해요!

- 감광지 키트 (감광지, 투명 아크릴 시트)
- 자연물
- 물
- 트레이
- 키친타올

눈부시게 밝고 푸른 날은 햇빛이 그려주는 그림 작품을 만들기에 제격입니다. 햇빛을 이용한 선 프린트(Sun print)는 집 앞을 산책할 때나, 여행, 혹은 캠핑을 가서도 쉽게 해 볼 수 있는 간단하고 흥미로운 놀이입니다. 아이가 직접 그림을 그리는 대신에 햇빛이 그림을 그려준다는 점에서 마법 같은 놀이기도 합니다. 아이는 햇빛에 잠시 자신의 역할을 양보한 채 자연물이 가지고 있는 고유의 모양에 집중할 수 있습니다. 빛을 받으면 색이 변하는 성질을 가진 감광지로 만든 선 프린트는 아이들에게 인상 깊은 과학 실험이자 놀이가 될 것입니다.

#햇빛있는날 #해가그려준그림 #간단한놀이 #감광지 #과학놀이

🔵 아이의 놀이 과정

1 선 프린트의 재료가 될 자연물을 채집합니다. 크고 작은 나뭇잎, 새의 깃털, 나뭇가지, 솔잎, 꽃잎, 조개 등 자연의 모든 것이 재료가 될 수 있습니다.
★ 아크릴 시트로 눌러서 고정할 수 있도록 되도록 재료가 평평한 것이 좋습니다. 모양이 다양하면 더욱 흥미로운 작품이 만들어집니다.

2 빛이 차단된 공간에서 감광지 위에 자연물을 배치합니다.
★ 감광지는 빛에 예민하게 반응하므로 되도록 빛이 들지 않는 곳에서 작업하세요.

3 감광지 위에 자연물을 모두 배치했다면, 그 위에 투명 아크릴 시트를 올립니다.
★ 투명 아크릴 시트는 자연물을 감광지에 밀착시켜 고정하는 역할을 합니다. 명암의 대비가 뚜렷한 선 프린트 작품을 만들기 위해 꼭 필요한 단계입니다.

4 직사광선에서 3~5분간 햇볕을 쬐도록 합니다.
★ 해가 쨍쨍하게 비치는 날에는 2분이면 충분하지만, 흐린 날씨에는 시간이 더 오래 소요될 수 있습니다.

5 물이 담긴 트레이에 감광지를 넣고 헹굽니다.

6 물속에서 산화-환원 반응으로 감광지의 색이 변화하는 모습을 관찰합니다.

7 키친타올로 감광지 위의 물기를 흡수시킨 후 공기 중에 건조시킵니다.

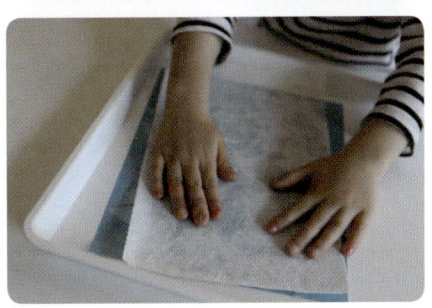

8 시간이 지날수록 청색과 흰색의 대조가 더욱 도드라지며 감광지 위의 자연물 모양이 잘 드러나는 것을 확인할 수 있습니다.

9 감광지를 평평하게 만들기 위해 무거운 책으로 1~2일간 눌러 보관하세요.
★ '감광지'는 구연산 철 암모늄과 페리시안화 칼륨의 두 가지 가용성 철염 용액으로 처리하여 빛을 쬐였을 때 물리적, 화학적 변화를 일으키도록 만든 종이입니다.

10 완성된 선 프린트는 액자나 수틀에 넣어 보관할 수 있어요.

놀이 노하우

자외선으로 인한 1차 화학작용

감광지가 포함하고 있는 구연산 철 암모늄과 페리시안화 칼륨 분자는 자외선에 민감합니다. 자외선에 노출되면 산화 환원 반응을 일으키며 새로운 분자를 형성합니다. 새로운 분자는 무색이므로 감광지가 원래 가지고 있던 파란색 분자가 변환되면서 종이가 원래 가지고 있던 흰색이 나타납니다. 따라서 감광지에서 햇볕을 쬔 부분은 색이 하얗게 변하는 것입니다. 반대로 사물이 가로막고 있어 햇볕을 쬐지 못한 부분은 원래 감광지가 가지고 있던 파란색 분자의 영향으로 파란색을 띱니다.

물로 인한 2차 화학작용

감광지가 원래 가지고 있던 파란색 분자는 수용성으로, 물에 녹습니다. 따라서 햇볕을 쬐지 못해 파란색으로 남아있던 부분(사물을 올려놓은 부분)은 파란색 분자가 물에 씻겨나가 하얀 그림자로 남습니다. 그러나 자외선에 의해 형성된 새로운 분자는 수용성이 아니므로 물에 씻기지 않습니다. 대신 물이 산화 반응을 일으켜 햇볕을 쬐었던 부분(사물을 올려놓지 않은 부분)의 흰색은 파란색으로 변합니다.

자연물의 모양과 질감을 탐구하는
자연물 위빙

놀이난이도
★★★☆☆

정리난이도
★☆☆☆☆

이런 게 필요해요!

- 노끈 혹은 털실
- 나뭇가지
- 자연물

자연물 위빙의 가장 중요한 재료는 나뭇가지입니다. 평소에도 아이들은 나뭇가지 줍는 것을 좋아합니다. 그래서 산책을 하다 보면 아이의 손에 크고 작은 나뭇가지가 들려있곤 합니다. 아이가 주워 온 나뭇가지 중에서 길이와 굵기가 제법 비슷한 것을 4개 고르세요. 운 좋게 Y자 모양의 나뭇가지를 주웠다면 베틀을 만들기에 조금 더 수월합니다. 여기에 털실을 더하면 아이가 오래오래 사용할 수 있는 훌륭한 놀잇감인 베틀을 만들 수 있습니다. 베틀을 처음 만드는 데는 약간의 노력이 필요합니다. 하지만 자연물 위빙은 특별한 재료 없이 아이의 창의성과 자연물만으로 멋진 작품을 만들 수 있게 해 줍니다. 자연물 위빙으로 자연물의 모양과 질감을 탐구하는 시간을 보내며 자연의 아름다움을 만끽하세요.

#나뭇가지수집가 #베틀 #털실 #창의성 #탐구력 #자연재료

🧑‍🍼 엄마의 준비 과정

1. 길이와 굵기가 비슷한 나뭇가지 4개를 준비하세요.
★ Y자 형태의 나뭇가지의 V 부분이 베틀의 역할을 하고 I 부분은 손잡이 역할을 할 수 있습니다. 주워 온 나뭇가지의 크기가 크다면 위의 제작 과정처럼 노끈(혹은 털실)을 사용합니다. 나뭇가지의 크기가 작다면 고무줄을 연속적으로 V자 형태에 끼워서 고정하는 방식으로 간단하게 베틀을 만들 수 있습니다.

2. 나뭇가지 4개를 정사각형 모양으로 배치합니다.

3. 노끈으로 나뭇가지가 교차하는 4개의 지점을 돌돌 감아 단단히 고정합니다.

4. 사각형의 프레임이 만들어졌다면, 이제 베틀의 가로줄을 만들 차례입니다. 프레임에 노끈을 줄줄이 연결하기 위해서 아랫줄로 이동할 때마다 노끈의 끝을 나뭇가지에 한 바퀴 돌려 감아 고정합니다.

5. 가로줄이 완성되었다면 마찬가지로 세로줄을 만듭니다. 옆줄로 이동할 때마다 노끈의 끝을 나뭇가지에 한 바퀴 돌려 감아 고정합니다.

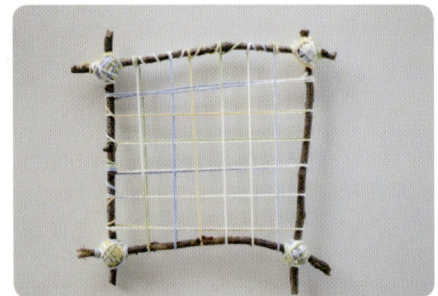

🧒 아이의 놀이 과정

1. 노끈(혹은 털실)의 위아래를 교차해 오가며 채집한 자연물을 꿰어 보세요.
★ 아이가 어려울 수 있으니 엄마가 먼저 시범을 보여주세요.

2. 자연물의 다양한 질감과 모양이 함께 어우러진 모습을 감상하며 아이와 이야기를 나누세요.
★ '울퉁불퉁한', '거칠거칠한', '둥근', '부드러운', '뾰족한'과 같은 다양한 형용사를 자연스럽게 익힐 수 있습니다.

계절을 아름다움을 담은
자연물 완드

놀이난이도
★★☆☆☆

정리난이도
★☆☆☆☆

이런 게 필요해요!

- ☐ 자연물
- ☐ 나뭇가지
- ☐ 고무줄
- ☐ 노끈 혹은 털실
- ☐ 비즈
- ☐ 방울

이미 시중에 불빛이 반짝이고 소리가 나는 예쁜 완드(요술봉)들이 많지만 자연물로 직접 만드는 완드는 특유의 예쁘고 고운 감성이 있습니다. 이수는 특히 완드를 좋아해서 다양한 종류의 완드를 많이 사줬습니다. 하지만 결국 얼마 지나지 않아 흥미를 잃거나 망가지기 일쑤였지요. 아직도 아이가 종종 가지고 놀며 아끼는 완드들은 모두 나뭇가지로 만든 것들입니다. 계절감을 반영한 자연물은 아이에게 시간의 흐름과 계절에 따른 자연의 변화를 알게 해 줍니다. 봄에는 민들레, 여름에는 라벤더, 가을에는 낙엽과 도토리, 겨울에는 솔방울과 솔잎을 이용한 완드를 만들어 볼 수 있습니다. 자연물 완드는 아이에게 계절과 연관된 훌륭한 추억을 선사할 것입니다.

#나만의완드 #계절의변화 #계절놀이

🧒 아이의 놀이 과정

1 완드로 쓰기에 적당한 크기의 곧고 부드러운 나뭇가지를 준비합니다.

2 완드로 만들고 싶은 자연물을 채집합니다.

3 고무줄을 이용하여 자연물을 완드에 고정합니다.
★ 고무줄이 팽팽하여 어려워할 수 있으니 엄마가 도움을 주어도 좋습니다.

4 원하는 모양이 만들어질 때까지 3의 과정을 반복해 완드를 완성하세요.

놀이 노하우

완드에 개성과 창의성을 더해 주세요!

털실에 비즈나 방울을 끼우고 나뭇가지에 감아 줍니다. 특히 방울은 청각적인 즐거움을 더해 주어 아이가 완드를 계속 흔들며 놀고 싶게 만듭니다.

놀이의 확장

자연물을 담은 물병

자연물 완드를 만드는 것이 어렵다면 자연물을 담은 물병을 만들 수 있습니다. 민들레를 채집해 물병에 넣기만 하면 되는 간단한 활동으로 누구나 할 수 있습니다. 하지만 물병 뚜껑 열고 닫기, 물이 쏟아지지 않게 물병에 자연물 넣기, 물병 흔들어 보기 등의 세부 활동 덕분에 더욱 풍성하고 재미있는 놀이입니다. 물속에 떠다니며 물병을 흔들 때마다 춤을 추는 자연물을 관찰하는 재미 역시 빼놓을 수 없습니다.

자연물 붓

자연물 완드를 만드는 방법으로 자연물 붓을 만들 수 있습니다. 붓이나 물감이 아닌 생각지 못한 새로운 재료를 이용한 미술 놀이는 언제나 아이들에게 영감과 큰 즐거움을 줍니다. 나뭇가지 끝에 나뭇잎, 갈대, 꽃잎, 솔방울 등을 달아 물감 붓으로 사용해 보세요. 물감의 모양이나 질감에 따라 표현되는 모양이 달라지는 것에 아이가 집중하여 관찰할 수 있도록 안내합니다.

윈드 스트리머 완드

자연물 완드는 계절감을 반영한다는 멋진 장점이 있지만 오래도록 보관할 수 없다는 단점이 있습니다. 하지만 윈드 스트리머(Wind Streamer)라면 이야기가 달라지죠! 방울을 단 색깔 끈들을 나뭇가지에 묶어 연결하면 견고하고 아름다운 윈드 스트리머 완드가 완성됩니다.

EXPLORE 30

추운 겨울을 나는 새를 위한
쿠키커터 버드 피더

놀이난이도 ★★★☆☆
정리난이도 ★★★★☆

이런 게 필요해요!

- 새 모이 3/4컵
- 물 1/4컵
- 젤라틴 30g
- 올리고당 혹은 매실청, 물엿, 콘 시럽, 꿀 중에서 택1 1T
- 끈
- 쿠키커터(혹은 몰드)
- 베이킹 시트
- 숟가락
- 빨대
- 크기가 다른 믹싱볼 2개

자연은 우리 일상의 한 부분이며, 우리는 지구 구성원의 일부라는 사실을 아이들에게 알려줄 수 있는 놀이가 있습니다. 바로 '버드 피더(Bird feeder) 만들기'입니다. '버드 피더'는 말 그대로 새의 모이를 준비하는 것이며 사람과 자연을 이어주는 매개체 역할을 합니다. 새가 버드 피더의 위치를 파악하면 주기적으로 같은 장소에 찾아옵니다. 건강하고 안전한 먹이를 얻을 수 있기 때문이지요. 특히 먹이를 구하기가 어려운 겨울에는 버드 피더가 새들에게 소중한 식량 공급원이 됩니다. 버드 피더를 만들어 산책이나 캠핑을 갔을 때 나무에 달아주세요. 그리고 다음에 다시 그 장소를 찾았을 때, 새가 모두 먹어 깨끗이 비워진 버드 피더를 확인해 보세요. 그때 아이가 느낄 뿌듯함은 이루 말할 수 없을 것입니다.

#겨울놀이 #캠핑장놀이 #새모이 #자연사랑

엄마의 준비 과정

1. 물 1/4컵이 담긴 작은 믹싱볼에 젤라틴 30g을 넣고 저어준 후 약 5분간 녹입니다.
   ★ 젤라틴은 새를 유인하는 역할을 하는 동시에 새 모이 반죽의 열량을 높이고, 반죽의 형태를 유지시켜 주는 역할을 합니다.

2. 뜨거운 물이 담긴 큰 믹싱볼에 젤라틴 용액이 담긴 작은 믹싱볼을 넣고 젤라틴이 모두 녹을 때까지 저어 줍니다.

3. 젤라틴 용액에 새 모이 3/4컵과 올리고당 1T를 넣고 골고루 섞습니다. 만약 반죽에 물기가 많고 질다면 되직해질 때까지 새 모이의 양을 조금 더 늘립니다.
   ★ 새 모이는 시중에서 구입할 수도 있고, 집에 있는 콩, 호박씨, 땅콩, 쌀, 통밀빵, 치즈, 피넛버터, 옥수수알 등을 섞어 만들 수도 있습니다.
   ★ 올리고당은 새 모이 반죽이 부스러지지 않도록 더욱 단단하게 형태를 유지시켜 주는 역할을 합니다.

4. 새 모이 반죽을 냉장고에 넣고 약 10분간 식힙니다.

🧒 아이의 놀이 과정

1. 베이킹 시트 위에 쿠키커터를 놓고 숟가락으로 새 모이 반죽을 쿠키커터 안에 채웁니다. 버드 피더가 단단하게 만들어질 수 있도록 숟가락의 뒷면으로 반죽을 눌러 반죽끼리 밀착될 수 있도록 합니다.

2. 빨대를 3cm 정도의 길이로 잘라 여러 개의 짧은 빨대 막대로 만듭니다.

3. 새 모이 반죽의 윗부분에 짧게 자른 빨대를 꽂습니다.
   ★ 구멍이 가장자리에 과하게 치우치면 버드 피더가 망가질 수 있으니 적당한 위치에 빨대를 꽂습니다.

4. 쿠키커터 안에 담긴 새 모이 반죽을 냉장고에 넣고 하루 동안 보관합니다.

5. 냉장고에서 새 모이 반죽을 꺼내 쿠키커터에서 부드럽게 밀어내 분리합니다. 이때 모양이 망가지지 않도록 유의합니다.

6. 새 모이 반죽에 꽂혀 있던 빨대를 제거합니다.

7. 빨대 구멍에 끈을 넣고, 끈의 양 끝을 묶어 버드 피더를 완성합니다.

8. 완성된 버드 피더를 나뭇가지에 걸어 줍니다.

놀이의 확장

시리얼 버드 피더

모루에 시리얼을 꿰고 손으로 구부려 원하는 모양을 만듭니다. 동그라미, 세모, 하트, 별, 자동차 등 원하는 모양을 만들었다면, 시리얼을 꿴 모루에 끈을 걸어 버드 피더를 완성합니다.

휴지심 버드 피더

휴지심에 붓으로 식용유를 바릅니다. 그 위에 피넛 버터를 바릅니다. 피넛 버터는 일종의 접착제 역할을 하여 새 먹이가 휴지심에 잘 달라붙을 수 있도록 도와줍니다. 접시 위에 휴지심을 올리고 준비한 새 모이를 골고루 뿌려 버드 피더를 완성합니다. 냉장고에 1시간 정도 보관하여 완성된 휴지심 버드 피더를 나뭇가지에 걸어줍니다. 휴지심 속을 끈으로 통과시킨 후, 끈의 양 끝을 묶어 어디에든 걸기 쉽게 만들 수도 있습니다.

솔방울 버드 피더

솔방울의 끝부분을 끈으로 묶어서 고정합니다. 이 끈은 나중에 버드 피더를 나무에 걸 때 사용합니다. 버터 나이프나 붓을 이용해서 피넛 버터를 솔방울에 펴 바릅니다. 피넛 버터를 바른 솔방울 위에 새 모이를 골고루 뿌려 솔방울에 모이가 달라붙게 합니다. 접시 위에 새 모이를 담고, 솔방울을 굴려줄 수도 있습니다. 냉장고에 1시간 정도 보관하여 완성된 솔방울 버드 피더를 나뭇가지에 걸어 줍니다.

EXPLORE 31

놀이난이도 ★★★☆☆
정리난이도 ★★☆☆☆

불빛이 은은하게 비치는
플라워 조명

이런 게 필요해요!

- ☐ 풍선
- ☐ 흰색 한지
- ☐ 가위
- ☐ 목공용 풀
- ☐ 물
- ☐ 붓
- ☐ 압화
- ☐ 컵
- ☐ LED 티라이트

아늑한 느낌으로 집을 꾸밀 때는 특히 조명의 역할이 큽니다. 시중에서 판매하는 고가의 조명들도 많지만, 아이와 함께 간단한 재료로 직접 조명을 만들어 보면 어떨까요? 풍선과 압화를 이용해서 만드는 플라워 조명은 만드는 방법이 간단하고, 낮에도, 밤에도 아름답습니다. 단아한 디자인은 마음도 차분하고 단정하게 해 줍니다. 한지를 이용해서 만들지만 완성 작품은 견고하죠. 이수가 2년 전에 만든 플라워 조명은 지금도 처음 그대로의 섬세함과 아름다움을 간직한 채 램프의 역할을 톡톡히 하고 있습니다. 어두운 밤을 밝히는 조명의 불빛에 은은하게 비치는 꽃잎과 나뭇잎을 바라 보며 자연의 아름다움을 감상하는 시간을 가져 보세요.

#인테리어조명 #한지조명 #단아함 #섬세함 #은은한느낌

🧒 아이의 놀이 과정

1 원하는 램프의 크기로 풍선을 붑니다.

2 가위를 이용해 흰색 한지를 가로 3cm, 세로 3cm 정도 크기의 작은 조각들로 자릅니다.
★ 크기가 너무 크면 티슈를 풍선에 붙일 때 울퉁불퉁해지기 쉬워 크기가 큰 것보다 작은 것이 더 좋습니다.

3 풍선의 매듭 부분이 아래로 향한 채 컵 위에 올려 작업하기에 편한 상태로 만듭니다.

4 자른 티슈 조각을 물에 완전히 적신 후 풍선 표면의 3/4 지점까지 전체적으로 한 겹 붙입니다.

5 목공용 풀과 물을 1:1의 비율로 섞습니다.

6 붓으로 **5**의 혼합물을 찍어 풍선 표면에 바른 후 한지 조각을 하나씩 붙입니다.

7 **6**의 과정을 반복하여 전체적으로 3~4겹의 한지 조각을 풍선에 붙입니다.
★ 여러 겹을 붙일수록 램프는 견고해지지만, LED 티라이트의 밝기가 어두워진다는 점을 알아두세요.

8 풍선 위에 압화를 올리고 **5**의 혼합물을 압화 위에 조심스럽게 발라 풍선에 접착시킵니다.
★ 압화의 모양이 망가지지 않도록 섬세하게 작업하는 것이 좋습니다.

9 하루 동안 풍선을 건조시킨 후 완전히 건조된 풍선의 매듭 부분을 가위로 잘라 풍선을 터뜨린 후 풍선 껍질을 제거합니다.

10 램프의 끝부분을 가위로 정리합니다.

놀이 노하우
꼭 압화를 사용하지 않아도 좋아요!

봄에는 토끼풀, 여름에는 구절초, 가을에는 단풍잎을 이용해서 램프를 만들 수도 있어요. 겨울에는 흔하게 볼 수 있는 침엽수 종류 중 하나인 사이프러스 잎을 사용해 크리스마스 분위기가 물씬 나는 램프를 만들 수도 있어요.

놀이 노하우

아이와 함께 직접 압화를 만들어 보세요!

아이와 함께 압화를 만드는 것도 즐거운 놀이 과정이 될 수 있습니다. 압화를 만들 꽃이나 나뭇잎은 색이 선명하고 얼룩이 없으며, 완전히 건조된 것이어야 합니다. 꽃의 모양이 평면적인 것이 압화 재료로 이상적입니다. 크고 입체적인 꽃을 사용할 때는 꽃잎을 모두 떼어 따로 건조하는 것이 좋습니다.

- 책을 이용하는 방법: 시간이 가장 오래 걸리지만, 결과물은 가장 훌륭한 방법입니다.
① 유산지를 반으로 접고 그 사이에 꽃과 나뭇잎을 넣습니다.
② 무거운 책 사이에 ①의 유산지를 넣고 책을 덮습니다.
③ 작은 꽃의 경우에는 약 2주, 큰 꽃의 경우에는 약 4주의 시간이 소요됩니다.

- 전자레인지를 사용하는 방법: 결과물은 훌륭하지만, 전자레인지 조작을 잘못할 경우 꽃을 태울 수 있으므로 주의합니다.
① 유산지 사이에 꽃잎의 얼굴이 아래로 향하게 놓습니다.
② 전자레인지에 ①의 유산지를 넣고, 그 위에 무거운 접시를 올립니다.
③ 고온에서 오랜 시간 전자레인지를 작동시키면 꽃이 타버릴 수 있습니다. 원하는 상태의 압화를 얻을 때까지 15초 간격으로 전자레인지를 작동시켜 가며 꽃이 마르는 정도를 확인합니다.

- 다리미를 사용하는 방법: 가장 빠르게 압화를 만드는 방법이지만, 결과물은 조금 아쉬울 수 있습니다. 급하게 압화가 필요할 때 유용한 방법입니다.
① 유산지 사이에 꽃잎을 넣고 무거운 책으로 누릅니다.
② 다리미를 저온으로 맞춥니다.
③ 유산지 위의 꽃잎을 다리미로 15초간 눌렀다가 15초간 식힙니다.
④ 원하는 상태의 압화를 얻을 때까지 ③의 과정을 반복합니다.

EXPLORE 32

계절의 변화를 한눈에 담는
나뭇잎 그러데이션

놀이난이도
★☆☆☆☆

정리난이도
★☆☆☆☆

이런 게 필요해요!

☐ 다양한 색깔의 나뭇잎
☐ 물
☐ 수건
☐ 테이프
☐ 시트지

여름내 푸르렀던 나뭇잎들은 노란색, 주황색, 빨간색으로 잎의 색을 바꾸며 가을이 왔음을 알립니다. 그래서 여름에서 가을로 넘어가는 시기는 그 어느 때보다도 자연의 변화가 아름답고 극적으로 일어나는 기간입니다. 아이들에게는 나뭇잎의 색깔 변화로 시간의 흐름과 계절의 변화를 알 수 있게 해 주는 시간이기도 하지요. 이 시기에 아이들과 바구니를 들고 나가 땅에 떨어진 여러 가지 색깔의 나뭇잎을 채집해 보세요. 그리고 집에 돌아와 자연이 매년 가을마다 선물해 주는 나뭇잎 색깔 그러데이션을 감상하는 시간을 갖습니다. 시트지가 있다면 채집해 온 나뭇잎을 이용해 작품으로 만들어 볼 수 있습니다.

#가을놀이 #자연의변화 #계절의변화 #나뭇잎수집가

 **아이의 놀이 과정**

1 나뭇잎의 색깔 변화를 관찰할 수 있도록 초록색, 주황색, 빨간색 나뭇잎 등을 채집하세요.

2 나뭇잎을 물로 헹구어 깨끗이 닦습니다.

3 수건 위에 젖은 나뭇잎을 올리고 두드려 건조시킵니다.

4 나뭇잎을 색깔별로 분류합니다.

5 시트지를 덮고 있는 종이를 벗긴 후 접착면이 밖으로 오도록 창문이나 벽에 붙입니다.

6 시트지 위에 초록색→주황색→빨간색 순으로 나뭇잎을 붙이세요.

★ 초록색-주황색-빨간색 순으로 나열하여 나뭇잎의 색이 변화하는 과정을 표현합니다. 아이들은 이 활동을 통해 색깔 인지 활동을 할 수 있습니다.

7 작은 잎 하나부터 시트지 전체 모습까지 나뭇잎의 색이 계절에 따라 변화하는 모습을 감상해 보는 시간을 가집니다.

놀이의 확장

나뭇잎 그러데이션 꼬치

나무에서 떨어진 단풍잎들을 주워서 꼬치에 끼우면 되는 간단한 놀이지만, 산책 길이 열 배는 더욱 재밌어지는 비결입니다. 나뭇잎 보물찾기 놀이를 함께 해 볼 수도 있습니다. 예를 들면, 가장 먼저 초록색 잎을 5장 찾아 꼬치에 끼우고, 노란색 잎 5장, 주황색 잎 5장, 빨간색 잎 5장 순서로 나뭇잎을 찾아 꼬치에 끼워 보는 것이죠. 아이는 스스로 만든 나뭇잎 그러데이션 꼬치를 자랑스러워할 것입니다.

나뭇잎 위에 그리는 그림

나뭇잎 위에 그림을 그릴 때는 초크 마커(chalk marker)를 사용하는 것을 추천합니다. 마커로 나뭇잎에 표정을 그려줄 수도 있고, 줄무늬 패턴을 그려볼 수도 있습니다. 잎맥을 따라 선을 그어줄 수도 있고, 아크릴 물감으로 나뭇잎에 색을 칠할 수도 있습니다.

나뭇잎 줄기 비즈 꿰기

나뭇잎의 줄기에 비즈를 꿰어 장식할 수 있습니다. 평소 비즈를 사용해서 팔찌나 목걸이를 만드는 것을 좋아하는 아이들이라면 분명히 이 놀이를 좋아할 것입니다. 알파벳 비즈를 사용하여 영어 단어를 만들어 볼 수도 있고 구슬 비즈를 사용할 수도 있습니다.

나뭇잎 디자인

나뭇잎의 테두리를 모양 가위로 잘라 봅니다. 모양 가위는 일자날 대신 톱날이 달린 가위로, 직선 대신 지그재그, 세모 모양, 네모 모양 등 다양한 패턴을 만들어줍니다. 부드러운 나뭇잎의 테두리가 모양 가위를 만나 사각사각 잘리는 느낌은 무척 특별하답니다. 나뭇잎의 모양이 멋스러워지는 효과도 있습니다..

투명 옷을 입은 나뭇잎
비즈 왁스 가랜더

이런 게 필요해요!

- □ 나뭇잎
- □ 비즈 왁스
- □ 집게
- □ 냄비
- □ 중탕용 믹싱볼
- □ 유산지
- □ 어린이용 안전칼

가을이면 예쁘게 물든 단풍잎들을 쉽게 볼 수 있습니다. 아이들은 땅에 떨어진 단풍잎을 줍는 것을 굉장히 좋아합니다. 하지만 단풍잎을 집에 가져오더라도 얼마 지나지 않아 바싹 말라버려서 곧 버리게 됩니다. 이때 비즈 왁스(밀랍)를 이용해 나뭇잎의 색깔과 모양을 그대로 보존하는 방법이 있습니다. '비즈 왁스'는 일벌의 배 아래쪽에서 분비되는 천연 왁스입니다. 일벌은 벌집을 짓고, 꿀을 모으고, 알을 낳을 때 모두 이 비즈 왁스를 사용한다고 합니다. 비즈 왁스는 천연 성분이기 때문에 양초, 화장품, 껌 등의 재료로도 사용됩니다. 게다가 집안을 비즈 왁스 특유의 부드럽고 달콤한 향으로 가득 채울 수도 있지요. 가을의 길목에 들어섰을 때, 아이들과 함께 비즈 왁스를 입힌 나뭇잎을 만들어 보세요. 시각적, 촉각적, 후각적으로 모두 즐거운 경험이 될 것입니다.

#가을놀이 #부드러움 #달콤함 #오감만족 #인테리어효과

엄마의 준비 과정

1. 아이와 함께 산책하며 나무에서 떨어진 지 얼마 되지 않은 싱싱한 나뭇잎들을 채집합니다.

★ 떨어진 지 너무 오래되어 형태나 색이 변형된 나뭇잎은 피하는 것이 좋습니다. 비즈 왁스에 담금질하는 과정이 있으니 나뭇잎 줄기까지 붙어 있는 것을 채집하세요.

2. 비즈 왁스의 입자가 작을수록 중탕할 때 왁스를 빨리 녹일 수 있습니다. 비즈 왁스의 크기가 큰 경우에는 어린이용 안전칼로 비즈 왁스를 작게 자를 수 있도록 알려 주세요.

3. 중탕용 믹싱볼에 유산지를 깔고 그 위에 비즈 왁스를 올립니다.

★ 비즈 왁스가 묻은 그릇은 세척이 어렵습니다. 유산지를 깔면 중탕 볼을 닦기 훨씬 쉬워지니 꼭 깔아 주세요.

4. 냄비에 물을 붓고 그 위에 중탕용 믹싱볼을 올립니다. 냄비의 물을 끓여 중탕용 믹싱볼 속의 비즈 왁스를 녹여 줍니다.

아이의 놀이 과정

1. 비즈 왁스가 모두 녹았다면 나뭇잎의 줄기 끝을 집게로 집어 올려 비즈 왁스 용액에 푹 담급니다. 이때 비즈 왁스 용액이 뜨거우니 반드시 주의하세요.

★ 아이가 집게를 사용하는 과정을 통해서 소근육을 단련시킬 수 있습니다.

2   비즈 왁스에 담갔던 나뭇잎을 꺼내어 실온에서 말립니다.

3   비즈 왁스를 입힌 나뭇잎이 모두 말랐다면 완성입니다.

4   나뭇잎들은 색과 모양이 변하지 않고 오랫동안 그 모습 그대로를 유지하며 부드러운 향을 냅니다.

5   비즈 왁스 옷을 입힌 나뭇잎을 줄에 매달아 가랜더를 만들어도 좋습니다. 가을의 자연을 그대로 담은 멋진 인테리어 소품이 될 것입니다.

놀이 노하우

비즈 왁스가 떨어져 나가지 않도록 주의하세요!

비즈 왁스를 입힌 나뭇잎을 구부리거나 함부로 다루면 비즈 왁스가 나뭇잎에서 떨어져 나갈 수 있습니다. 아이가 비즈 왁스 나뭇잎을 소중하게 다룰 수 있도록 알려 주세요. 나뭇잎을 소중하게 여기는 마음은 자연을 사랑하고 지구를 사랑하는 마음으로도 이어지니까요!

놀이의 확장

비즈 왁스 캔들 완드

중탕한 비즈 왁스로 완드를 만들어 보세요. 먼저, 쿠키커터나 실리콘 몰드에 비즈 왁스를 붓고, 양초 심지를 넣습니다. 이수는 나뭇잎을 가위로 잘게 잘라 양초 위에 뿌려 장식했습니다. 비즈 왁스가 모두 건조된 후에 끝이 뾰족한 나무 꼬치를 꽂아 비즈 왁스 완드를 만들었습니다. 해가 짧아져 어스름이 일찍 찾아오는 가을 밤, 아이와 함께 캔들 완드에 불을 붙이며 밤을 기다려 보세요.

준비물
비즈 왁스 | 쿠키커터 | 양초 심지 | 나뭇잎 | 나무 꼬치

EXPLORE 34

놀이난이도
★★★☆☆

정리난이도
★★★★☆

색칠한 나뭇잎으로 도장 찍기
나뭇잎 스탬프

이런 게 필요해요!

- 나뭇잎
- 물감이나 마커 등의 채색 도구
- 유리창(또는 거울, 아크릴, 종이) 등 스탬프를 찍어낼 표면

아이와 함께 나뭇잎 채집을 하게 되면 자연스럽게 나뭇잎을 자세히 관찰하게 됩니다. 나뭇잎을 자세히 들여다보면 잎의 주맥, 잎맥, 잎의 꼭지 등 잎을 구성하고 있는 구조를 볼 수 있습니다. 이를 더욱 잘 살펴보기 위해 프로타주 기법을 활용한 미술 놀이를 할 수 있습니다. 또는 프로타주 기법을 조금 변형하여 나뭇잎 표면에 직접 채색을 한 후 스탬프처럼 찍어볼 수도 있지요. 꼭 종이 위가 아니라 베란다 유리창이나 거울, 아크릴 이젤 등 다양한 곳에 나뭇잎을 찍어 보세요. 베란다 유리창에 찍어낸 나뭇잎의 모양과 창밖의 풍경이 어우러져 색다른 느낌을 준답니다.

#가을놀이 #프로타주기법 #스탬프 #자연재료 #도장찍기 #잎의구조

🙂 아이의 놀이 과정

1. 여러 가지 형태를 관찰할 수 있도록 다양한 모양의 나뭇잎을 채집합니다.

★ 갓 떨어져 싱싱한 나뭇잎일수록 좋습니다. 나무에서 떨어진 지 오래되어 바스러질 정도로 건조한 나뭇잎은 색칠할 때 부서질 수 있습니다.

2. 물감이나 마커 등 가지고 있는 채색 도구를 이용하여 나뭇잎을 색칠하세요. 주맥이나 잎맥은 나뭇잎의 뒷면에서 더욱 선명하게 관찰됩니다.

★ 템페라 페인트 스틱은 빠르게 건조되고, 질감이 부드러우며 색이 풍부해 나뭇잎 스탬핑에 적합합니다.

3. 유리창이나 안전 거울 등의 표면에 채색한 나뭇잎을 찍어 봅니다.

★ 가볍고 깨질 염려가 없는 안전 거울은 다양한 놀이에 활용할 수 있어 좋습니다.

4. 나뭇잎 스탬핑을 마친 후 풍경과 어우러진 나뭇잎 판화를 감상하는 시간을 가집니다.

★ 유리 표면의 물감을 지울 때는 스펀지에 비누를 묻혀 문질러 닦으면 됩니다. 매직 블록과 같은 멜라민 스펀지를 이용하는 것도 효과적입니다.

놀이의 확장

나뭇잎 스탬프 카드

종이 위에 나뭇잎 도장을 찍어 카드를 만들어 보세요. 흰색 도화지뿐만 아니라 검은색, 빨간색, 파란색 등 다양한 색의 도화지를 사용하면 더 좋습니다. 도화지 바탕색에 따라 서로 다른 느낌의 작품이 완성될 것입니다.

나뭇잎 프로타주

바위, 나무의 껍질, 나뭇잎, 직물 등의 사물에 종이를 대고 연필이나 물감으로 문질러 사물의 질감과 무늬를 종이에 옮겨내는 채색법을 '프로타주'라고 합니다. 나뭇잎은 프로타주를 하기에 아주 적합한 재료입니다. 나뭇잎 뒷면 위에 도화지를 올리고, 색연필로 문지르고 수채 물감을 칠합니다. 색연필의 왁스 성분은 수채 물감과 섞이지 않으므로 나뭇잎 프로타주에는 영향을 주지 않으면서도 조화로운 배경색을 입힐 수 있습니다.

· EXPLORE ·
35

놀이난이도
★☆☆☆☆

정리난이도
★☆☆☆☆

낙엽으로 만드는 스테인드글라스
낙엽 선 캐처

이런 게 필요해요!

- ☐ 낙엽
- ☐ 가위
- ☐ 칼
- ☐ 손 코팅지 혹은 시트지
- ☐ 색지
- ☐ 연필
- ☐ 양면테이프

'선 캐처(Sun catcher)'는 직사광선이나 밝은 빛을 받았을 때 이를 반사하거나 굴절시켜 빛을 내는 장식입니다. 우리가 잘 알고 있는 스테인드글라스가 선 캐처의 한 종류입니다. 선 캐처는 이름 그대로 '햇빛'을 잡는 역할을 하죠. 선 캐처를 만들기 위한 준비 작업과 마무리 작업만 도와주면 영유아도 혼자 충분히 해낼 수 있을 정도로 놀이 난이도가 낮습니다. 하지만 작품의 완성도가 높고 영롱한 빛이 투영되며 나타나는 색이 아름다워 아이도 엄마도 만족스러운 놀이입니다. 또한 선 캐처의 재료로 흔히 사용되는 셀로판지, 한지, 티슈 등을 다루는 과정이 아이의 소근육 발달에 효과적이라는 장점도 있습니다. 선명하고 색이 강한 셀로판지를 사용하면 선 캐처를 통해 비치는 빛도 선명하게 나타납니다. 한지와 티슈를 사용하면 은은하면서도 우아한 빛이 나타납니다. 흔한 재료인 종이 대신에 꽃잎이나 나뭇잎과 같은 자연물을 사용할 수도 있습니다. 낙엽을 활용한 선 캐처로 집 안을 가을 분위기로 가득 채워 보세요.

#가을놀이 #스테인드글라스 #자연재료 #소근육발달 #영롱함

엄마의 준비 과정

1. 색지에 연필로 나뭇잎 밑그림을 그립니다.
2. 가위로 나뭇잎 밑그림의 테두리를 따라 자릅니다.
3. 나뭇잎 테두리를 1cm 정도 남기고 칼로 안쪽을 파내어 나뭇잎 테두리만 남깁니다.
4. 손 코팅지(혹은 시트지) 위에 나뭇잎 테두리를 올립니다.

★ 손 코팅지는 시트지보다 두껍고 접착력이 뛰어납니다. 손 코팅지를 사용하면 선 캐처가 훨씬 견고하고 튼튼하게 만들어지며 원형 그대로의 모습으로 오랫동안 유지됩니다.

아이의 놀이 과정

1. 아이가 가위로 낙엽을 자를 수 있게 도와주세요.

★ 지나치게 마른 낙엽을 사용하면 바스러지기 쉬우니 나무에서 갓 떨어진 낙엽을 사용하세요.

2. 잘게 자른 낙엽을 나뭇잎 테두리의 안쪽에 하나씩 듬성듬성 붙이세요.

★ 손 코팅지의 접착력 덕분에 풀을 사용하지 않아도 나뭇잎이 잘 붙습니다.

3. 아이가 낙엽을 모두 붙였다면, 그 위에 손 코팅지를 덮어 올려 낙엽 선 캐처를 밀봉하세요.

4. 낙엽 선 캐처의 코팅지 테두리를 가위로 다듬어 깔끔하게 정리하세요.

5. 양면테이프를 낙엽 선 캐처의 뒷면에 붙인 후, 유리창에 붙이세요.

반딧불이 선 캐처

이수가 반딧불이를 좋아할 때 셀로판지를 사용해 만든 반딧불이 선 캐처입니다. 특히 어두운 방 안에서 반딧불이에 불을 비췄을 때 밝게 비치는 반딧불이를 보고 즐거워했던 기억이 납니다.

새 선 캐처

우리 집 창문에 날아온 듯한 새 선 캐처입니다. 셀로판지를 사용해 색이 선명합니다. 조금 더 입체적인 느낌을 주기 위해 나뭇가지를 붙여서 새가 나뭇가지에 앉아있는 듯한 모습으로 만들었습니다.

공룡 선 캐처

트리케라톱스, 티라노사우르스 등의 공룡 선 캐처를 만들었습니다. 산책할 때 선 캐처를 들고 나가 보도블록에도 비추어 보았습니다. 셀로판지를 사용해 선명한 색감을 관찰할 수 있는 것이 특징입니다.

바다 생물 선 캐처

셀로판지를 사용해 물고기, 해마, 불가사리, 해초 등의 바다 생물 선 캐처를 만들었습니다. 물고기 모양 선 캐처를 만든 것이 아니라 바다 전체의 풍경을 담은 것이 다른 선 캐처와 다른 점입니다.

바다와 사파리 선 캐처

습자지를 사용해 바다와 사파리를 표현했습니다. 동물 모양은 검은색 도화지를 오려 만들고, 전체 배경에 티슈 페이퍼를 붙여서 배경을 구성했습니다.

요정 선 캐처

이수의 사진을 이용해 날개 달린 요정 선 캐처를 만들었습니다. 아이의 사진을 사용했기 때문에 즐거움이 배가 되었습니다. 셀로판지를 사용했습니다.

곤충 선 캐처

나비, 벌, 사슴벌레 선 캐처를 만들었습니다. 습자지를 사용해 색감이 부드러워 보이는 것이 특징입니다. 습자지는 셀로판지처럼 강렬하고 선명한 색은 아니지만 온화하고 단정한 색을 띱니다.

꽃잎 선 캐처

꽃 모양으로 도화지를 자르고, 시트지 위에 꽃잎과 나뭇잎을 올려 만든 선 캐처입니다. 꽃에서 꽃잎을 한 장씩 떼는 활동으로 시작해서 창문에 선 캐처를 붙이고 감상하기까지 전체 과정이 예쁘고 사랑스러운 놀이입니다.

몬스테라 선 캐처

습자지를 이용해 몬스테라 나뭇잎 선 캐처를 만들었습니다. 부드러운 색감과 나뭇잎 모양이 꼭 온실에 들어온 것 같은 착각을 줄 정도로 정서적으로 안정감을 준 선 캐처입니다.

잭오랜턴 선 캐처

핼러윈에 만든 잭오랜턴 선 캐처입니다. 다양한 크기로 잭오랜턴 가족을 만들었습니다. 잭오랜턴을 생각하면 연상되는 주황색 셀로판지를 주로 사용했습니다.

핼러윈 선 캐처

잭오랜턴, 유령, 프랑켄슈타인, 박쥐, 유령의 집 선 캐처입니다. 낮에는 선 캐처를 창문에 붙여 감상하고, 밤에는 스마트폰의 플래시로 선 캐처를 비추어 감상합니다. 선 캐처의 또 다른 매력을 발견할 수 있습니다.

나비 선 캐처

봄을 맞이해 만든 나비 선 캐처입니다. 셀로판지를 사용해 선명한 색감을 연출했습니다. 나비가 집으로 날아오는 듯한 느낌이 아름답습니다.

EXPLORE 36

크리스마스 분위기가 물씬 나는
자연물 리스

놀이난이도 ★★★☆☆

정리난이도 ★☆☆☆☆

이런 게 필요해요!

- ☐ 피자 박스
- ☐ 컴퍼스
- ☐ 나무 꼬치
- ☐ 칼
- ☐ 나뭇잎이나 꽃 등의 자연물
- ☐ 테이프
- ☐ 리본

리스는 꽃, 나뭇잎, 과일, 나뭇가지, 리본 등을 동그라미의 형태로 구성하는 장식품입니다. 계절마다 리스에 사용되는 재료를 바꾸어가며 집의 분위기를 바꿀 수 있어서 장식용 인테리어 소품으로 많은 사랑을 받고 있습니다. 특히 크리스마스 장식으로 리스를 빼놓을 수 없습니다. 완성품 리스를 구매할 수도 있지만, 아이와 함께 리스를 직접 만들어 볼 수도 있습니다. 피자 박스에 겨울 자연물을 활용해서 만든 크리스마스 리스를 벽에 걸어주니 이수와 이현이가 정말 뿌듯해했습니다. 리스의 재료로 겨울 자연물을 사용하기 때문에 오랫동안 리스의 아름다움을 감상할 수 있다는 장점도 있습니다. 아이와 함께 간단한 재료로 예쁘고 의미 있는 리스를 만들며 연말 분위기를 내보세요.

#겨울놀이 #자연재료 #크리스마스장식 #연말분위기 #인테리어소품 #박스리스

엄마의 준비 과정

1 리스의 재료로 사용할 수 있는 자연물을 준비합니다.

2 줄기에 달린 나뭇잎을 정리합니다.

3 컴퍼스를 사용하여 박스에 큰 원과 그보다 작은 원을 그립니다. 큰 원과 작은 원 사이의 간격이 리스의 크기가 되며, 5~7cm 정도의 크기면 적당합니다.

★ 피자 박스의 깨끗한 윗면을 사용하면 좋습니다. 컴퍼스가 없다면 원형 그릇을 활용하거나 연필 끝에 실을 달아 원을 그릴 수도 있습니다.

4 칼을 이용하여 원을 잘라내어 리스의 형태를 만듭니다.

5 박스에 자연물의 줄기를 꽂을 수 있도록 나무 꼬치를 이용하여 구멍을 뚫어 줍니다. 자연물의 크기가 크다면 구멍의 개수가 적어도 되지만, 크기가 작은 편이라면 구멍을 촘촘하게 뚫는 것이 좋습니다.

놀이 노하우

리스의 재료로 어떤 자연물이 좋을까요?

빨간 겨울 열매가 열리는 죽철초도 좋고, 대표적인 크리스마스 식물인 포인세티아도 좋습니다. 솔잎과 같은 침엽수도 훌륭한 재료입니다. 솔방울이나 건조 오렌지 슬라이스도 리스의 훌륭한 장식이 될 수 있겠죠. 꽃 가게에서 쉽게 구할 수 있는 유칼립투스를 활용할 수도 있습니다.

아이의 놀이 과정

1 박스의 구멍에 채집한 자연물을 꽂습니다.

2 자연물을 다 꽂았으면 리스를 뒤집어 뒷면을 확인합니다.

3 테이프를 이용하여 구멍 속 줄기와 리스를 견고하게 고정합니다.

4 마지막으로 리스에 열매나 리본을 달아 장식합니다.

놀이 노하우

아이가 자연물의 줄기를 박스 구멍에 꽂는 것을 어려워해요!

고무줄을 활용해 보세요. 이때 리스의 원 모양이 이어지지 않도록 고리 부분을 칼이나 가위로 자르는 것이 중요합니다. 그리고 리스 중간중간 고무줄을 끼워 주세요. 마무리로 잘라낸 리스의 고리 부분을 테이프로 붙여 연결하면 됩니다. 아이는 고무줄 밑에 나뭇잎이나 솔잎 등의 자연물을 끼워 넣기만 하면 되니 리스를 만들기 한결 쉬워집니다. 또 다른 방법은 리스를 만들 박스 위에 목공용 풀을 뿌리거나 양면테이프(혹은 시트지)를 붙이는 것입니다. 접착제 위에 자연물을 접착시키면 간단하게 리스를 완성할 수도 있습니다.

색다른 리스를 만들어 볼까요?

리스를 만드는 방법에 정답은 없습니다. 가지고 있는 재료를 적극적으로 활용하세요. 아이가 솔방울을 많이 주웠다면 솔방울로 가득 채운 리스를 만들 수도 있고, 도토리를 많이 주웠다면 도토리 리스를 만들 수도 있습니다. 아이가 재료에 색칠을 하고 싶어 한다면 갈색 솔방울이 아닌 무지개 솔방울 리스를 만들어 볼 수도 있습니다.

EXPLORE 37

놀이난이도 ★★★☆☆

정리난이도 ★★☆☆☆

잘 굳는 점토를 활용한
클레이 프린트

이런 게 필요해요!

- 베이킹 소다 2컵
- 전분 가루 1컵
- 믹싱볼
- 냄비
- 숟가락
- 자연물
- 물 1.5컵
- 컵
- 롤링 핀
- 수채화 물감
- 빨대
- 키친타올
- 붓
- 끈

부엌에서 흔히 사용하는 베이킹 소다와 전분 가루를 이용해 아이들에게 안전한 점토를 만들어 줄 수 있습니다. 에어 드라이 클레이(Air Dry Clay)라고 불리는 이 점토는 오븐에서 구울 필요 없이 공기 중에서 잘 굳기 때문에 가정에서 아이들과 사용하기에 좋습니다. 직접 만든 클레이를 사용하여 점토 조각상, 접시, 오너먼트 등 다양한 작품을 만들 수 있습니다. 또는 자연물을 활용하여 자연의 아름다움을 클레이 안에 담을 수도 있지요. 이렇게 만든 자연물 클레이 프린트는 가랜더나 오너먼트로 활용할 수도 있으며 근사한 선물이 되기도 한답니다.

#겨울놀이 #가랜드 #오너먼트 #인테리어소품 #안전한점토

🧑‍🤝‍🧑 엄마의 준비 과정

1 아이와 함께 클레이 위에 무늬를 남길 수 있는 자연물을 채집합니다.
★ 잎맥의 질감이 도드라지는 나뭇잎은 훌륭한 재료가 됩니다.

2 베이킹 소다 2컵과 전분 가루 1컵을 믹싱볼에 넣고 골고루 섞습니다.

3 믹싱볼에 물 1.5컵을 붓고, 덩어리가 모두 없어질 때까지 골고루 섞으세요.
★ 만약 흰색이 아니라 다른 색의 클레이를 만들고 싶다면, 이 과정에서 색소를 넣으면 됩니다.

4 혼합물을 냄비에 넣고 달라붙지 않도록 계속 저어가며 중불에서 약 5분간 가열합니다.

5 반죽이 뭉쳐지기 시작하면 믹싱볼로 옮겨 식혀 줍니다.

6 물에 적신 키친 타올로 믹싱볼을 덮어 클레이의 수분이 날아가지 않도록 합니다.

7 아이가 손으로 만져도 될 정도로 식었다면 놀이를 시작합니다.

👶 아이의 놀이 과정

1 완성된 클레이를 반죽합니다. 클레이가 너무 되직하다면 물을 조금 더 넣고, 너무 묽다면 전분 가루를 조금 더 넣어 농도를 맞춰 줍니다.

2 롤링 핀으로 클레이를 넓게 펴 줍니다. 롤링 핀이 없다면 컵을 사용해도 좋습니다.

3 클레이 위에 채집해 온 자연물을 올립니다.

4 롤링 핀으로 자연물을 밀어 자연물의 전체적인 윤곽이 클레이에 고르게 찍힐 수 있도록 합니다.
★ 롤링핀이 없다면 컵을 사용할 수도 있고, 손바닥으로 눌러줄 수도 있습니다. 이때, 골고루 힘을 주어 클레이에 자연물의 전체적인 윤곽이 찍힐 수 있도록 합니다.

5 컵으로 클레이에 원 모양을 찍습니다.
★ 쿠키커터를 이용하여 다양한 모양을 만들어도 좋습니다.

6 원 밖의 클레이를 제거합니다.

7 빨대로 클레이의 윗부분에 구멍을 냅니다.

8 완성된 자연물 클레이 프린트를 24~48시간 정도 실온에서 건조합니다.

9 건조된 클레이에 각인된 자연물 윤곽을 수채 물감으로 색칠합니다.

10 클레이의 구멍에 끈을 넣고 묶어 오너먼트나 가랜드로 활용하면 좋습니다.

- EXPLORE 38 -

자연물의 그림자를 따라 그리는
그림자 본뜨기

놀이난이도 ★★★☆☆

정리난이도 ★☆☆☆☆

이런 게 필요해요!

☐ 흰 종이
☐ 꽃병 혹은 컵
☐ 꽃
☐ 나뭇잎 등의 자연물
☐ 연필
☐ 물감과 붓 등의 채색 도구(선택)

꽃이나 나뭇잎과 같은 자연을 가만히 보고 있으면 다양한 색깔, 모양, 크기에 경이로움을 느끼곤 합니다. 부드럽고 둥근 모양, 날카롭고 뾰족한 모양, 울퉁불퉁한 모양, 길쭉한 모양, 하트 모양 등 자연물은 서로 다른 모습으로 각자의 개성을 뽐냅니다. 그래서 자연물은 언제나 최고의 영감을 제공하는 놀이 재료가 된답니다. 햇빛이 잘 드는 날, 하얀 종이와 꽃병 그리고 자연물을 이용해 그림자 따라 그리기를 해 보세요. 아이는 자연물이 만들어내는 다양한 모양의 그림자를 관찰하며 그림자의 개념을 이해하고, 그림자의 경계선을 따라 선을 그려 볼 수 있습니다. 간단한 놀이지만 흑백의 대비를 관찰하며 아이들의 상상력이 자극되고, 문제 해결 능력, 소근육 발달, 집중력 향상까지 가능하여 아이들의 인지 능력 발달에 도움을 줍니다.

#그림자관찰 #흑백대비 #소근육발달 #집중력향상 #인지능력발달

아이의 놀이 과정

1. 꽃과 나뭇잎 등의 자연물을 준비합니다.

2. 꽃병이나 컵에 자연물을 꽂습니다.

3. 해가 잘 드는 곳에 흰 종이를 깔고 그 위에 꽃병을 올립니다.

4. 연필로 흰 종이 위의 자연물 그림자를 따라 선을 그립니다.

★ 그림자를 반드시 세밀하고 정확하게 따라 그릴 필요는 없습니다. 아이가 자유롭게 그림자를 탐색하고, 완벽하지 않더라도 그림자를 따라 선을 그리는 과정 자체를 즐길 수 있도록 하세요.

5. 물감이나 색연필 같은 채색 도구를 이용하여 그림자 안에 색을 칠해 볼 수도 있습니다.

★ 채색할 때는 실제 보고 그린 자연물과 같은 색을 사용해도 되지만, 전혀 다른 새로운 색을 사용할 수도 있어요.

6. 흰 종이 위에 아이가 좋아하는 장난감이나 피규어를 올려놓고 그림자를 따라 선을 그려볼 수도 있습니다. 모양이 단조롭지 않은 사물일수록 그림자도 흥미로워진답니다.

7. 다양한 사물의 그림자를 관찰해 봅니다. 실제 크기보다 확대되어 보이는 장난감의 그림자를 보며 아이들은 즐거워한답니다.

놀이 노하우
야외에서 그림자 본뜨기를 해 봐요!

분필을 들고 밖으로 나가 보세요. 집 앞의 큰 나무, 미끄럼틀, 시소, 돌담 등의 그림자를 살펴보고 그림자 본뜨기 활동을 할 수 있습니다. 평소 지나던 길이나 무심코 지나치던 사물을 새로운 시각으로 볼 수 있을 것입니다. 역동적이고 재미있는 자세는 아이들의 웃음보를 터뜨릴 거예요. 또 그림자가 실제 키보다 훨씬 크거나 작을 때, 그 이유에 관해 이야기해 보는 시간을 가질 수도 있습니다.

소근육 발달에 도움이 되는
콜랜더 꽃꽂이

이런 게 필요해요!

- ☐ 반구 형태의 플로랄 폼(오아시스)
- ☐ 조화 혹은 생화
- ☐ 가위
- ☐ 콜랜더

꽃을 활용한 놀이는 정말 많습니다. 이수는 꽃놀이를 참 좋아하는데, 그중에서도 꽃의 줄기를 가위로 자르고 다듬어 꽃병에 꽂는 꽃꽂이를 좋아합니다. 꽃꽂이를 하면 아이는 신중하고 섬세하게 행동하게 됩니다. 또 이따금 꽃의 향기를 맡아보거나, 꽃의 모양을 관찰하기도 합니다. 그래서 될 수 있으면 아이가 꽃꽂이 활동을 자주 할 수 있도록 준비하고 있답니다. 집에 구멍이 송송 뚫린 콜랜더가 있다면 누나가 하는 건 뭐든지 따라 하고 싶어 하는 이현이도 쉽게 꽃꽂이를 할 수 있습니다. 특히 콜랜더의 구멍 속에 꽃의 줄기를 넣는 과정은 아이들의 손과 눈의 협응 능력, 소근육, 집중력 발달에 도움이 됩니다.

#봄놀이 #꽃놀이 #소근육발달 #집중력향상 #섬세함 #꽃향기

아이의 놀이 과정

1. 반구 형태의 플로랄 폼을 준비합니다.

2. 콜랜더를 뒤집어 반구형의 플로랄 폼 위에 올립니다.

3. 조화(혹은 생화)의 줄기 끝을 콜랜더의 구멍에 꽂아 꽃꽂이를 합니다.

★ 아이가 어리다면 줄기가 단단한 조화를 사용하는 편이 더 쉬워요. 또 꽃꽂이를 마친 후에, 플로랄 폼에서 조화를 제거하고 아이가 원하는 만큼 계속해서 꽃꽂이를 반복할 수 있습니다.

4. 완성된 꽃꽂이 작품을 예쁘게 진열합니다.

놀이 노하우

예쁜 상자에 플로랄 폼을 넣고 꽃꽂이를 해 보세요!

생화로 플로랄 폼에 꽃꽂이를 할 수 있게 도와주세요. 어버이날, 스승의 날, 크리스마스 등 다양한 기념일에 멋진 선물로 활용할 수 있습니다

EXPLORE 40

놀이난이도
★☆☆☆☆

정리난이도
★☆☆☆☆

자연물의 조화로 완성되는
콜라주

이런 게 필요해요!

☐ 자연물
☐ 시트지
☐ 키친타올
☐ 펀치
☐ 끈

계절별로 자연물 콜라주를 만드는 활동은 사계절의 변화를 알 수 있게 해준다는 점에서 즐겁고 유익한 놀이입니다. 봄에는 민들레, 벚꽃, 진달래, 토끼풀, 수선화를 채집할 수 있고, 여름에는 구절초, 라벤더, 수국을 채집할 수 있습니다. 가을에는 단풍잎, 은행잎, 도토리, 코스모스를 채집할 수 있고, 겨울에는 솔잎, 솔방울, 동백꽃, 포인세티아, 죽절초를 채집할 수 있습니다. 이렇게 채집한 자연물들을 캔버스 천 위에 배열하거나, 시트지 위에 붙여 보세요. 계절의 색감, 질감, 향과 같은 특징이 담긴 자연물 콜라주로 사계절의 변화를 기록할 수 있습니다.

#계절기록 #사계절변화 #자연물채집 #조화로움 #색칠놀이

엄마의 준비 과정

1 아이와 함께 산책하며 자연물을 채집합니다.

2 필요하다면 채집한 자연물을 물에 헹궈낸 후, 키친 타올로 살짝 두드려 건조시킵니다.

3 시트지를 원하는 모양으로 2장 자릅니다.

★ 한 장은 자연물을 붙이는 용도로, 다른 한 장은 자연물을 붙인 시트지 위를 덮어 밀봉하는 용도로 씁니다.

4 자연물을 펼쳐 놓고 어떻게 배열할지 먼저 생각할 시간을 주면 더 깊이 있는 활동을 할 수 있습니다.

아이의 놀이 과정

1 시트지 위에 자연물을 배치해 콜라주를 만드세요.

2 시트지 위에 자연물 배치를 마쳤다면, 또 다른 시트지를 겹쳐 붙여 콜라주를 밀봉합니다.

3 펀치를 이용해 시트지의 끝부분에 구멍 2개를 뚫습니다.

4 모루에 비즈를 꿰어줍니다.

5 비즈를 꿴 모루를 시트지의 구멍에 넣고 고리로 만듭니다.

6 나뭇가지나 창가, 벽면 등 원하는 위치에 자연물 콜라주를 걸고 감상하세요.

놀이의 확장

자연물 콜라주 가방

종이 접시의 가운데 원형을 칼로 오리고 시트지나 테이프를 이용해 접착 면을 만듭니다. 종이 접시의 윗부분에는 구멍을 2개 뚫어 끈을 넣고 묶습니다. 아이는 산책하는 동안 자연물을 채집해 바로바로 콜라주 가방에 붙여 볼 수 있습니다.

자연물 콜라주 액자

도화지를 이용해서 간단한 콜라주 액자를 만듭니다. 먼저 도화지를 정사각형, 직사각형, 하트 모양 등 원하는 액자의 모양으로 자르고 액자의 가운데 부분을 칼로 오려낸 후, 시트지나 테이프를 이용해 접착 면을 만듭니다. 아이는 채집해 온 자연물을 이 접착면에 붙여 자연물 콜라주 액자를 완성합니다. 완성된 콜라주 액자는 벽에 붙이고 감상할 수 있습니다.

자연물 콜라주 수틀

수틀의 뒷면에 시트지를 붙이면, 자연물을 담은 액자로 활용할 수 있습니다. 조금 더 깔끔한 액자를 만들고 싶다면 시트지 대신 OHP 필름을 사용하는 것도 좋습니다. 글루건을 이용하여 자연물을 OHP에 접착하면 깔끔하면서도 완성도 높은 콜라주 수틀을 만들 수 있습니다.

상상 콜라주

오롯이 상상력에만 의존한 자연물 콜라주를 만들어 볼 수도 있습니다. 박스를 얼굴 모양으로 자른 후, 자연물을 배치해 가족의 얼굴을 만들어 보는 것처럼 말이죠. 동물, 괴물, 도깨비 등을 묘사해 볼 수도 있습니다. 준비해 놓은 박스가 없다면 땅에 동그라미로 그림을 그리거나 채집한 자연물을 이용해 땅 위에 둥근 그림인 만다라(Mandala)를 만들 수도 있습니다.

자연물 보물찾기 놀이

◆ 색깔 찾기 놀이

재활용 박스나, 팔레트, 달걀 상자 등에 크레파스나 색종이를 이용하여 색을 표시합니다. 계절별로 자연의 색은 다르므로 계절감을 고려하여 색을 선정합니다. 예를 들어, 봄이나 여름에는 밝고 선명한 무지개색을, 가을이나 겨울에는 톤 다운된 무지개색을 사용합니다. 그리고 아이가 목표 색에 해당하는 색의 자연물을 채집할 수 있도록 안내하세요. 채집한 자연물을 양면테이프를 이용하여 재활용 박스나 팔레트에 붙이거나, 집게를 이용해서 팔레트에 고정하거나, 달걀 상자에 담을 수 있도록 합니다.

◆ 특징 찾기 놀이

위에 언급된 재료(재활용 박스, 팔레트, 달걀 상자 등)에 원형 스티커나 라벨지를 활용하여 목표 단어를 씁니다. "둥근", "길쭉한", "거친", "부드러운"과 같은 단어들을 쓰고, 아이가 알맞은 자연물을 찾을 수 있도록 안내하세요. 아이는 이 단어들에 부합하는 자연물을 찾기 위해, 자연물을 조금 더 세심하게 관찰하게 되고 그 과정에서 목표 단어를 배울 수 있습니다.

PART 3

DISCOVER
발견하기

아이들은 모두 꼬마 과학자

이유식을 시작할 때 아이들은 유아 식탁에 앉아 계속해서 바닥으로 숟가락을 떨어뜨려 봅니다. 또 벽에 있는 스위치를 계속 딸깍이며 전등을 켰다 꺼보기도 합니다. 빛과 소리를 내는 장난감 버튼을 끊임없이 눌러 보며 반응을 살피기도 합니다. 그리고 변화가 생길 때마다 깔깔대며 웃지요. 얼핏 보기에는 의미 없는 장난을 치고 있는 것처럼 보이지만 사실 아이는 실험을 하는 중이랍니다. 이런 실험을 통해서 중력이나 인과 관계를 배우기도 하지요. 나름의 과학적이고 수학적인 추론을 하며 자신의 가설을 반복해서 실험하고 있는 것입니다.

이처럼 무엇이든 처음 경험하는 아이들에게는 모든 것이 실험과 발견의 연속입니다. 아이들은 자신도 모르는 사이에 끊임없이 무언가를 관찰하고, 가설을 세우고, 이것을 검증하고 있습니다. 아이가 주도적으로 이끄는 수많은 실험 과정을 바로 옆에서 지켜볼 수 있다는 것은 엄마로서 경험할 수 있는 즐거움 중 하나입니다. 여기에서 한 발짝 더 나아가, 엄마가 다양한 과학 실험 환경을 조성해 준다면 아이의 즐거움은 더욱 커질 수 있습니다.

그렇다면 과학 놀이의 장점은 무엇일까요?

첫째, 과학적 사고 능력과 개념을 자연스럽게 배울 수 있습니다. 중력, 관성, 탄성력, 마찰력과 같은 과학 원리는 거창하게 들리지만, 일상생활 속에서 쉽게 찾을 수 있습니다. 아이들은 엄마와 함께 매일 생활하는 가장 익숙한 공간인 집에서 친숙한 재료를 사용하여 과학 원리를 재미있고 즐거운 방법으로 접해 볼 수 있습니다. 과학 놀이를 하는 동안 아이들의 분석적 사고 능력, 관찰 능력, 추론 능력이 길러지고, 실험 도구를 사용하면서 손과 눈의 협응력과 일상 생활 능력 역시 향상될 것입니다.

둘째, 실수나 오류에 대한 두려움을 없앨 수 있습니다. 과학 놀이를 하는 동안 아이들은 가설을 세우고 검증하는 과정에서 수도 없이 많은 오류를 범하곤 합니다. 그리고 오류를 수정하고 새로운 것을 시도해 보며 다양한 방식으로 성장하게 되지요. 이는 세상을 대하는 아이들의 태도와도 연결됩니다. 아이들은 실수가 두려워 시도조차 하지 않으려 할 때가 있습니다. 하지만 실수를 통해 한 발짝 더 앞으로 나아갈 수 있다는 것을 알게 된다면 서투르거나 자신이 없어 도전하지 못했던 일에 과감하게 뛰어들 수 있는 용기를 갖게 됩니다.

셋째, 다양한 가설을 세울 줄 아는 아이들은 창의적입니다. 가설을 세우는 동안 아이들은 가지고 있는 지식을 총동원하여 이미 알고 있는 것과 알고 싶은 것 사이의 간극을 줄여 갑니다. 다양한 변수를 고려하고 분석하지요. 아이들은 이 과정을 통해 문제 해결 방식과 위기 대처 능력이 발달하여 주어진 상황에 다양한 방식으로 접근할 수 있습니다. 같은 상황에 직면하더라도 여러 가지 가설을 세워볼 수 있다면, 상황을 판단하고 해결하는 과정과 그에 따른 결과는 다를 수밖에 없습니다.

넷째, 호기심과 열린 마음을 가지고 다양한 관점으로 세상을 탐색할 수 있습니다. 탐구심이 많은 아이들은 질문하는 것을 즐깁니다. 그리고 이 질문들을 해결하며 관찰 능력이 발달하고, 지속적으로 호기심을 유지할 수 있게 됩니다. 더 나아가 자신들이 사는 환경에 대한 이해를 높이고 새로운 시선으로 세상을 바라볼 수 있게 됩니다. 아이의 관심사와 발달 단계를 가장 잘 알고 있는 엄마는 아이의 호기심을 자극하는 데 가장 적합한 사람입니다.

과학 놀이는 단순히 교과나 학문에 국한되는 것이 아니라 세상을 살아가는 시각과 자세에도 영향을 줍니다. 그래서 아이와 함께 일상생활에서 마주하는 크고 작은 과학원리를 살펴보는 것은 아이가 세상을 살아갈 때 꼭 필요한 도구를 제공해 주는 것과 같습니다. 하지만 과학이라는 말 자체가 다소 거창하게 들려 우리를 주눅 들게 할 때가 있습니다. 어렵게 생각하는 대신, 주변의 아주 작은 현상부터 생각해 보는 건 어떨까요? 비가 내리는 이유, 손을 비누로 씻어야 하는 이유, 기름 묻은 손이 물로는 깨끗하게 씻겨지지 않는 이유처럼요. 그리고 다양한 가설을 세우고 검증해 보는 거예요. 물과 기름 대신 식초와 기름을 섞어 보는 등의 방식으로 생각을 비틀고 상식을 깨보면서요. 실험의 결과가 늘 명확하게 맞아떨어질 필요는 없습니다. 이런 과정을 통해서 꼬마 과학자가 성장하는 것이니까요!

EXPLORE 41

냉장고 속 우유의 새로운 변신
우유 마블링

이런 게 필요해요!

- ☐ 트레이
- ☐ 우유
- ☐ 식용 색소
- ☐ 주방 세제
- ☐ 면봉
- ☐ 도화지

냉장고에 유통기한이 임박했거나 살짝 지난 우유가 있다면, 우유 마블링 실험에 제격입니다. 이 실험은 두 돌이 채 안되었던 이수가 눈을 떼지 못하고 집중하며 관찰하고 참여했던 과학 놀이기도 합니다. 눈 앞에 펼쳐지는 처음 보는 신비한 광경에 푹 빠졌던 이수의 반짝이던 눈 덕분에 지금까지도 아이들과 엄마표 감성 놀이를 하며 많은 추억을 만들 수 있었지요. 실험에 필요한 재료는 아주 간단합니다. 바로 우유와 세제입니다. 우유 마블링 실험은 과정이 아주 간단하고 직관적이기 때문에 영유아도 주도적으로 실험에 참여할 수 있습니다. 여러 번 반복하여 실험하고 싶어 할 아이의 호기심을 만족시키려면 우유를 넉넉하게 준비하는 것이 좋습니다.

#폭신폭신 #마블링실험 #우유재활용

🐾 아이의 놀이 과정

1. 트레이의 바닥이 보이지 않을 높이만큼 우유를 붓습니다.
   ★ 저지방 우유나 무지방 우유가 아닌 일반 우유를 사용해야 성공적으로 실험할 수 있습니다.

2. 우유에 식용 색소를 몇 방울 떨어뜨립니다.
   ★ 다양한 색을 사용해도 좋습니다.

3. 깨끗한 면봉으로 식용 색소가 떨어진 곳을 살짝 찍어 봅니다.

4. 이번에는 새 면봉에 주방 세제를 살짝 묻혀 식용 색소가 떨어진 곳을 찍어 봅니다.
   ★ 세제가 묻은 면봉을 우유에 넣으면 어떤 일이 생길 것 같은지 아이가 생각해 볼 수 있도록 질문해 봅니다.

5. **4**의 과정을 반복하며 놉니다.
   ★ 면봉 대신 별이나 하트 모양으로 자른 화장 솜에 주방 세제를 묻혀서 마블링을 만들어 볼 수도 있습니다.

놀이 노하우

수성 마커 마블링 실험을 해 보세요!

수성 마커가 마블링을 만드는 실험을 해 봅시다. 먼저 화장솜에 수성 마커로 점을 찍어준다는 느낌으로 색칠합니다. 이때 화장솜의 부드러운 면에 색칠해야 섬유가 일어나는 것을 방지할 수 있습니다. 다음으로 트레이에 물을 붓고 화장솜을 트레이의 중앙에 놓으면 수성 마커가 물에 녹으며 멋진 마블링을 만드는 모습을 관찰할 수 있습니다.

6 우유 위의 식용 색소 마블링 위에 도화지를 올린 후 손바닥으로 살짝 누른 다음 들어 올려 건조시킵니다.

7 쿠키커터를 사용해 색다른 느낌의 마블링도 만들어 보세요.

8 우유와 세제가 만났을 때 변화가 생긴 이유가 무엇인지 생각해 보세요.

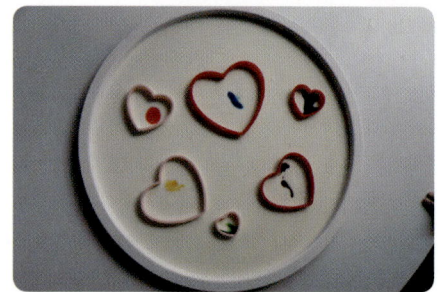

숨겨진 과학 원리

우유 마블링에 숨겨진 과학 원리

우유의 유지방은 다른 지방들처럼 물에 녹지 않습니다. 그러나 세제는 유지방을 분해합니다. 주방 세제가 묻은 면봉이 우유에 닿으면 세제의 분자들이 유지방 분자들과 결합합니다. 그 과정에서 유지방 분자가 구부러지고, 굴려지고, 비틀어지며, 모든 방향으로 움직이게 됩니다. 이때 식용 색소도 함께 움직이며 마블링을 만들게 되는 것입니다. 세제와 우유가 고르게 섞이면 마블링 현상은 느려지다 결국 멈추게 됩니다. 따라서 지방 함량이 높은 우유일수록 더욱 극적인 실험 효과를 얻을 수 있습니다. 저지방이나 무지방 우유의 경우 비누 분자와 결합할 수 있는 유지방이 적거나 없기 때문입니다.

EXPLORE
42

놀이난이도
★☆☆☆☆

정리난이도
★☆☆☆☆

혼자서 부풀어 오르는
살아있는 풍선

이런 게 필요해요!

☐ 목이 좁은 병(요구르트병, 음료수병 등)
☐ 베이킹 소다
☐ 식초
☐ 풍선
☐ 깔때기
☐ 숟가락

베이킹 소다와 식초의 화학 반응 실험은 아이들에게 언제나 인기 만점입니다. 화학 반응이 즉각적이고 극적으로 나타나기 때문에 아이들은 눈앞에서 벌어지는 신기한 현상에 푹 빠져듭니다. 아이가 주도적으로 실험에 참여할 수 있다는 점도 아주 매력적입니다. 과학 원리를 몰라도 얼마든지 실험을 즐길 수 있지만 가설을 세우고 추론하며 실험을 통해 가설을 검증하고 결론을 도출하는 진짜 과학자의 사고 과정을 거쳐 보면 어떨까요? 베이킹 소다를 활용한 실험들은 종류가 다양해서 여러 가지 방법으로 접근해 볼 수 있습니다. 활용 방법도 다양해 여러 방향으로 놀이 실험을 확장해나갈 수도 있습니다. 풍선을 사용한 이 과학 놀이는 이수가 두 돌이 되기 전에 처음 했는데 베이킹 소다 한 상자를 그 자리에서 모두 사용할 만큼 재밌어했습니다. 초등학생이 된 지금까지도 좋아하는 과학 놀이입니다.

#즉각적인반응 #사고의확장 #부글부글

아이의 놀이 과정

1 목이 좁은 병에 식초를 1/3 정도 채웁니다.
★ 화학물질을 이용한 실험 놀이를 할 때는 니트릴 장갑이나 비닐 장갑을 끼고 진행하는 것이 좋습니다.

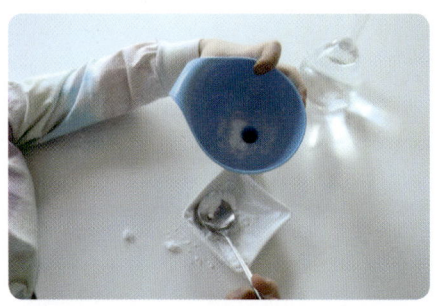

2 풍선 입구에 깔때기를 넣고 베이킹 소다 3t를 넣습니다.

3 풍선의 베이킹 소다가 새지 않도록 유의하며 풍선을 병의 입구에 덮어 씌웁니다.

4 병의 입구를 풍선으로 완전히 덮었다면, 풍선을 위로 올려 베이킹 소다가 병 속으로 떨어지도록 합니다.

5 베이킹 소다와 식초가 만나 풍선이 부풀어 오르는 것을 관찰합니다.

6 풍선이 부풀어 오른 이유가 무엇인지 생각해 봅니다.
★ 핼러윈 시즌에는 하얀색 풍선에 유령의 눈과 입을 그려보고, 크리스마스 시즌에는 빨간색과 초록색 풍선을 사용해 다양하게 실험할 수 있습니다.

숨겨진 과학 원리

보글보글 거품이 생기는 과학 원리

베이킹 소다(탄산수소 나트륨)는 빵이나 과자의 반죽을 부풀리고 풍미를 더하는 식품 첨가물로, 산성 물질을 만나면 이산화 탄소를 만들고 배출해 반죽을 팽창시키는 화학적 팽창제입니다. 식초, 레몬즙, 라임즙, 꿀, 커피, 요거트가 모두 이 산성 물질에 해당합니다. 그래서 베이킹 소다가 식초를 만나면 이산화 탄소가 만들어지면서 거품이 보글보글 생깁니다.

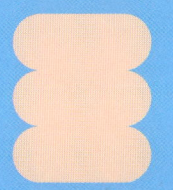

놀이의 확장

베이킹 소다 간단 실험

준비물
트레이 | 베이킹 소다 | 식초
식용 색소 | 스포이트

육아를 하다 보면 유난히 바쁘고 힘든 날이 있습니다. 그럴 때는 트레이에 베이킹 소다를 담고 색깔 식초 물과 스포이드만 준비해도 아주 근사한 놀이가 됩니다. 이렇게 가장 단순한 놀이가 가장 큰 재미를 주기도 합니다.

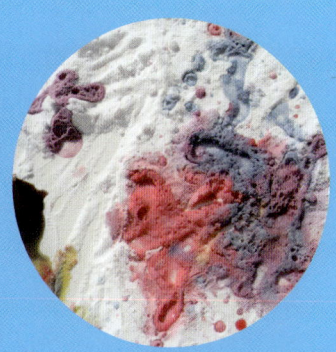

베이킹 소다 부활절 놀이

준비물
재활용 박스 | 칼 | 글루건
베이킹 소다 | 식용 색소
식초 | 스포이트

색다른 베이킹 소다 놀이를 하고 싶다면 재활용 박스를 활용해 보세요. 부활절 놀이로 재활용 박스를 잘라 부활절 달걀 모양을 만듭니다. 그리고 식용 색소로 물들인 베이킹 소다를 넣어서 안을 채웁니다. 같은 재료를 사용한 같은 실험이지만, 놀이의 모습에 변형을 주었기 때문에 아이들에게는 여전히 새롭고 즐거운 놀이가 된답니다. 크리스마스에는 트리 모양, 추석에는 보름달 모양 등으로 다양하게 응용할 수 있습니다.

EXPLORE 43

빵처럼 부풀어 오르는
뭉게뭉게 마법 물감

놀이난이도
★☆☆☆☆

정리난이도
★☆☆☆☆

이런 게 필요해요!

- 믹싱볼
- 밀가루 1컵
- 베이킹 소다 1/4컵
- 소금 1T
- 물 1컵
- 식용 색소
- 소스통
- 도화지

전자레인지는 주로 음식을 데우는 용도로 사용됩니다. 그러나 전자레인지를 활용하여 그림 그리기와 같은 다양한 놀이를 할 수도 있습니다. 전자레인지의 힘을 빌려 마법 물감 그림을 그려 볼까요? 마법 물감의 주재료로는 밀가루, 베이킹 소다, 소금이 사용됩니다. 이 물감을 전자레인지에 넣고 가열하면 물감이 빵처럼 부풀어 오르며 시각적, 촉각적, 후각적으로 매우 흥미로운 결과물을 얻을 수 있습니다. 베이킹 소다의 열분해로 인해 뭉게뭉게 피어오르는 마법 물감 그림 그리기를 시도해 보세요. 이러한 활동은 아이들에게 사물을 바라보는 창의적인 시각과 경험을 제공할 수 있습니다.

#열분해 #마법물감 #뭉게뭉게 #감각자극

😊 아이의 놀이 과정

1 믹싱볼에 밀가루 1컵, 베이킹 소다 1/4컵, 소금 1T, 물 1컵을 넣고 골고루 섞습니다.

2 **1**의 혼합물에 식용 색소를 넣고 골고루 섞습니다.

3 **2**에서 만든 물감을 양념통에 담습니다.

4 양념통을 짜서 두꺼운 도화지 위에 그림을 그리거나 색칠합니다.
★ 물감을 직선으로도 짜고, 곡선으로도 짜 볼 수도 있습니다. 엄마가 세모, 네모, 동그라미나 무지개, 공룡 등의 밑그림을 그리면 아이가 그 위에 물감을 짜 볼 수도 있습니다.

5 완성된 작품을 전자레인지에서 15초 간격으로 3~5번 가열합니다. 물감이 점점 위로 솟아오르는 현상을 관찰할 수 있습니다.

6 물감이 더 이상 높이 솟아오르지 않는다면, 도화지를 전자레인지 밖으로 꺼내 식힙니다.
★ 충분히 식기 전까지는 물감이 뜨거울 수 있으니, 아이가 만지지 않도록 주의합니다.

7 물감이 부풀어 오른 이유가 무엇인지 생각해 봅시다.

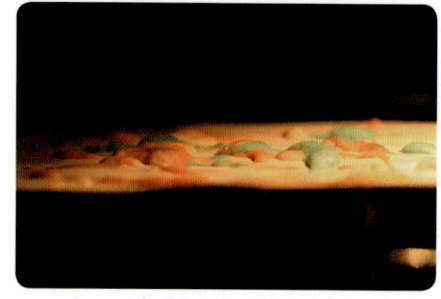

숨겨진 과학 원리

베이킹 소다를 가열했을 때 나타나는 현상

베이킹 소다(탄산수소 나트륨)에 80도 이상의 열을 가하면 탄산 나트륨, 물, 이산화 탄소 세 가지 화합물로 분해되기 시작합니다. 이때 소금은 베이킹 소다의 팽창제를 활성화하는 역할을 합니다. 이산화 탄소가 기포를 만들어 물감을 부드럽게 팽창시키기 때문에 우리 눈에는 마치 물감이 솟아오르는 것처럼 보입니다.

보글보글 비누 물감

아이보리 비누는 제조될 때 유난히 많은 공기를 포함하는 과정을 거칩니다. 그리고 이 공기는 작은 공기주머니에 갇힙니다. 아이보리 비누가 전자레인지에서 데워지면, 공기주머니들이 팽창하며 비누 전체가 구름처럼 뭉실뭉실 부풉니다. 아이와 나란히 전자레인지 앞에 앉아 비누가 구름처럼 되는 모습을 지켜보세요. 그리고 구름이 된 비누로 보글보글 거품이 나는 비누 물감을 만들어 보면 어떨까요?

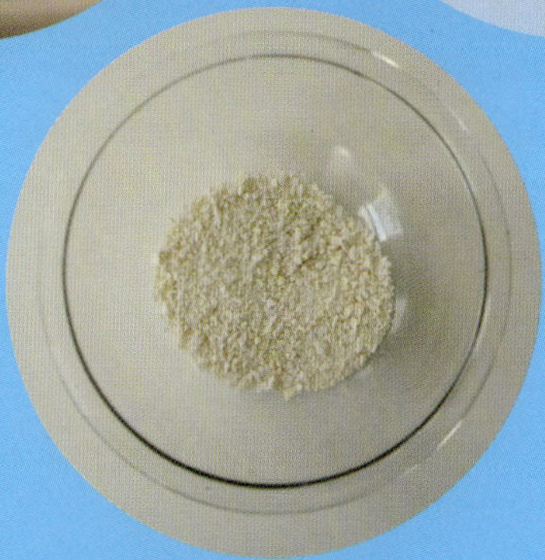

만드는 순서
① 아이보리 비누를 전자레인지에 넣고 1분 정도 가열합니다.
② 구름처럼 팽창한 비누를 잘게 조각내어 1컵 준비합니다.
③ 끓는 물을 조금씩 섞으며 비누를 부드럽게 풀어 크림처럼 만듭니다.
④ 비누 반죽을 믹서기에 넣은 후 느린 속도로 갈아 줍니다.
⑤ 원하는 점성으로 완성되었다면 식용 색소를 넣어서 물감의 색을 만듭니다.
⑥ 비누 물감으로 욕실에 그림을 그려 봅니다.
⑦ 놀이를 마친 후에는 물을 뿌려 깨끗이 정리합니다.

EXPLORE
44

놀이난이도
★★★☆☆

정리난이도
★★★☆☆

직접 만들어 세상에 하나뿐인
달걀 껍데기 분필

이런 게 필요해요!

- ☐ 달걀 껍데기 6개
- ☐ 뜨거운 물 1t
- ☐ 밀가루 1t
- ☐ 식용 색소
- ☐ 믹싱볼
- ☐ 유산지
- ☐ 숟가락
- ☐ 키친 타올

날씨가 좋고 시간이 느리게 흘러가는 날에는 아이들과 분필로 보도블록에 그림을 그리며 시간을 보내곤 합니다. 종이 위에 색연필이나 물감을 사용하여 그림을 그리는 것과는 다른 매력이 있기 때문이지요. 또한, 분필 그림은 종이 위의 그림과는 다른 촉감을 느낄 수 있어서 아이들에게 더욱 흥미로운 경험을 제공합니다. 비가 오면 깨끗이 사라지기 때문에 청소 걱정도 없습니다. 요리에 사용하고 남은 달걀 껍데기를 활용하여 처음부터 끝까지 직접 분필을 만들어 보면 어떨까요? 아이들은 직접 만든 분필로 그림을 그리며 큰 성취감을 느낄 것입니다.

#분필그림 #달걀껍데기 #그림그리기

아이의 놀이 과정

1. 달걀 껍데기를 깨끗이 씻어서 건조시킵니다.

2. 믹서기나 손절구, 커피 그라인더 등을 이용하여 달걀 껍데기를 곱게 갈아 줍니다.

3. 믹싱볼에 뜨거운 물 1t와 밀가루 1t를 넣고 골고루 섞습니다.

4. 믹싱볼에 달걀 껍데기 가루와 식용 색소를 넣고 골고루 섞습니다.

5. 달걀 껍데기 반죽을 손으로 다듬어 분필 모양을 만듭니다.
★ 필요한 경우에는 뜨거운 물을 1t를 추가로 넣습니다.

6. 분필 모양이 완성되었다면, 유산지 위에 분필을 올리고 오븐에 넣어 65℃(150℉)에서 20분간 가열합니다.

7 분필을 상온에서 건조시키고 싶다면 키친 타올로 분필을 감싼 후에 1~3일간 건조하면 됩니다. 키친 타올은 분필에 남아있는 수분을 흡수하고 모양을 잡아주는 역할을 합니다.

8 분필이 완성되었으면, 밖으로 나가 분필로 마음껏 그림을 그립니다.

9 달걀 껍데기로 분필을 만들 수 있는 원리가 무엇인지 생각해 봅니다.

숨겨진 과학 원리

달걀 껍데기로 분필을 만들 수 있는 이유

시중에서 판매하는 분필은 탄산칼슘, 석고, 실리카, 인, 철, 알루미나, 인, 황, 망간, 구리, 티타늄, 산화 나트륨, 불소, 스트론튬, 비소의 조합으로 만들어집니다. 주성분은 석회석의 일종인 탄산칼슘입니다. 바로 이 탄산칼슘 덕분에 분필로 그림을 그리거나 글을 쓸 수 있어요. 탄산칼슘은 진주와 조개 껍데기나 달걀 껍데기의 주성분이기도 합니다. 그래서 달걀 껍데기로 분필을 만드는 것이 가능한 것이지요.

놀이 노하우

스텐실을 활용해 다채로운 무늬를 그려 보세요!

보도블록에서 분필로 그림을 그릴 때 스텐실을 사용하면 놀이가 더욱 풍성해집니다. OPH 필름이나 재활용 박스를 칼로 오려 원하는 스텐실 모양을 만듭니다. 동그라미, 세모, 네모처럼 단순한 모양이 될 수도 있고 꽃이나 나비같이 조금 더 복잡한 모양이 될 수도 있습니다. 그리고 스텐실을 다양한 색으로 색칠합니다. 스텐실을 걷어낸 후에 드러나는 그림에 아이들은 마치 큰 것을 발견한 것처럼 즐거울 것입니다.

보글보글 폭발하는
레몬 화산

놀이난이도 ★★☆☆☆

정리난이도 ★★★☆☆

이런 게 필요해요!

- [ ] 트레이
- [ ] 레몬 여러 개
- [ ] 과도
- [ ] 주방 세제
- [ ] 포크
- [ ] 베이킹 소다
- [ ] 식용 색소

부엌에서 쉽게 찾을 수 있는 과학 놀이 재료로 레몬을 빼놓을 수 없습니다. 동글동글하고 샛노란 색의 레몬은 우리의 시선을 사로잡고, 새콤하고 신선한 맛은 입과 코를 매료시키지요. 이렇게 우리의 감각을 자극하는 레몬은 요리뿐만 아니라 청소와 놀이에도 유용하게 활용할 수 있습니다. 그 이유는 바로 레몬의 강한 산성 성분 때문입니다. 레몬즙은 자연적인 산성 성질을 가지고 있어 세정력이 뛰어나고, 산성과 염기성을 주제로 하는 다양한 놀이에 활용할 수 있습니다. 그래서 레몬은 화산 폭발 실험에도 알맞은 재료입니다. 레몬이 가지고 있는 고유한 특성에 더 큰 재미를 더해 즐겁고 흥미로운 과학 실험을 해 보세요.

#레몬볼케이노 #상큼함 #신맛 #산염기반응

아이의 놀이 과정

1 칼로 레몬을 반으로 자릅니다.

2 레몬을 세울 수 있도록 과도로 레몬의 한쪽 끝을 조금씩 자릅니다.

3 포크로 레몬 속을 찔러 레몬즙을 만듭니다.

4 레몬 속에 원하는 색의 식용 색소를 두세 방울 떨어뜨립니다.

5 레몬 속에 주방 세제를 뿌리고, 베이킹 소다를 한 숟가락 넣습니다.
★ 주방 세제는 풍성한 거품이 나오도록 도와주는 역할을 합니다.

6 포크로 레몬 속을 찌르며 레몬즙과 베이킹 소다가 섞이며 나타나는 화학 반응을 관찰합니다.

놀이 노하우

화산 폭발 실험도 해 보세요!

유리병 속에 베이킹 소다를 넣고 찰흙으로 유리병 위를 감싸 산 모양을 만듭니다. 그러고 나서 유리병 속에 빨간색 식용 색소를 섞은 식초를 부으면 화산 폭발 장면이 완성됩니다. 눈 오는 날에는 눈이 덮인 산을 만들 수 있고, 바다에서는 모래 화산을 만들 수도 있습니다. 다양한 재료를 활용해 화산을 표현해 보세요!

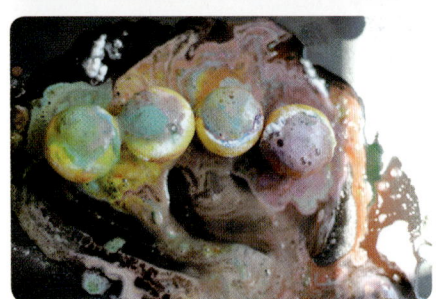

7 화학 반응이 멈출 때까지 베이킹 소다를 한 숟가락씩 레몬 속에 추가합니다.

8 레몬이 화산처럼 폭발하는 이유가 무엇인지 생각해 봅니다.

숨겨진 과학 원리
레몬 화산의 원리

레몬은 라임, 오렌지, 귤, 자몽 등과 함께 감귤류의 한 종류입니다. 이런 감귤류 과일은 신맛이 나는 구연산을 많이 함유하고 있습니다. 구연산에는 수소 이온이 포함되어 있는데 바로 이 수소 이온 때문에 신맛이 나는 것이지요. 구연산은 수산화 이온을 포함하고 있는 염기와 결합하면, 수소 이온을 제거하며 중화가 되는데 바로 이 과정을 '산-염기 중화 반응'이라고 합니다. 베이킹 소다는 대표적인 염기성 물질로, 수산화 이온을 포함하고 있습니다. 이 반응은 산을 중화시키고 이산화 탄소 가스를 방출합니다. 그리고 이산화 탄소 가스는 기포를 만듭니다. 즉, 레몬즙에 포함된 구연산이 베이킹 소다와 결합하면 이산화 탄소 기체가 배출되어 보글보글 화산 폭발을 일으키게 되는 것입니다. 중화가 모두 끝나면 베이킹 소다를 더 넣는다고 하더라도 레몬 화산의 폭발이 멈추게 됩니다.

EXPLORE
46

과일로 하는 전기 회로 실험
레몬 배터리

놀이난이도
★★★☆☆

정리난이도
★☆☆☆☆

이런 게 필요해요!

- 4개 이상의 레몬(감귤류)
- 과도
- 4개 이상의 아연 못(혹은 아연판, 알루미늄 포일, 음료수 캔 중 택1)
- 4개 이상의 10원짜리 구리 동전(혹은 구리판, 구리선, 은수저 중 택1)
- 빨간색 LED 발광 다이오드
- 5개 이상의 집게 전선
- 검전기(선택)

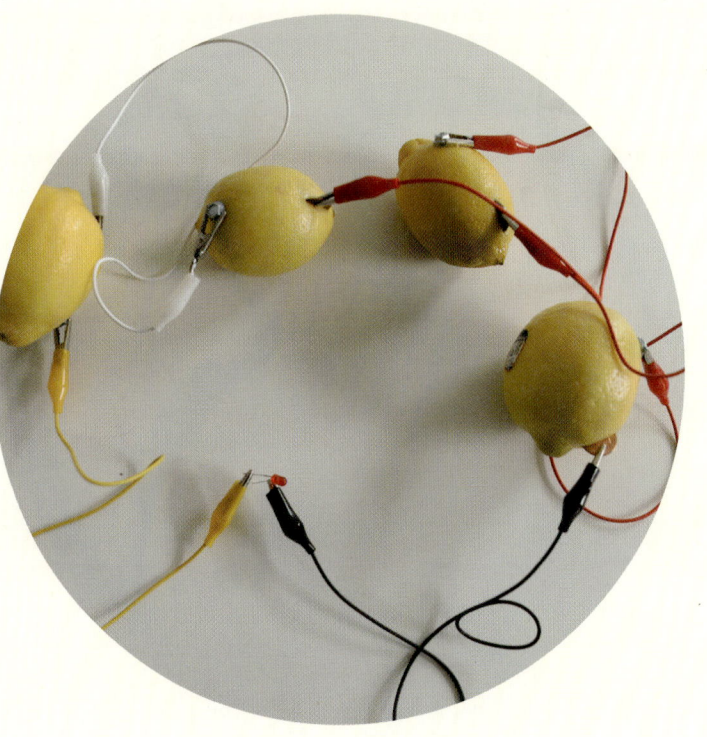

여름 방학을 이용하여 아이들과 어린이 박물관에 방문한 적이 있습니다. 어린이 박물관답게 물을 펌프질해 볼 수 있는 공간, 공을 굴려볼 수 있는 공간, 중력과 관성을 체험해 볼 수 있는 공간 등 어린이를 위한 다양한 체험 및 실험 공간이 마련되어 있었습니다. 그중에서 이수와 이현이가 가장 많은 시간을 보냈던 곳이 바로 전기 회로 실험 공간이었습니다. 건전지와 스위치의 양극에 집게 전선을 연결하여 전구에 불빛이 들어오게 하거나 선풍기 날개를 돌리는 등의 실험들이었습니다. 전선을 연결할 때마다 에너지가 생성되어 나타나는 변화에 아이들이 정말 신기해했습니다. 그래서 여행에서 돌아온 후, 아이들과 바로 이 레몬 배터리 실험을 해봐야겠다고 마음먹게 되었습니다. 과정을 천천히 살펴보며 한번 따라 해 보세요!

#전기회로실험 #전류 #배터리원리 #전기에너지 #전해질 #레몬배터리

🐻 아이의 놀이 과정

1 아연 못과 10원짜리 동전을 깨끗하게 씻은 후에 건조시킵니다.

2 레몬을 손바닥으로 힘껏 굴려 레몬 속의 세포벽을 느슨하게 만듭니다.
★ 레몬이 크고 싱싱해 과즙이 풍부할수록 실험에 성공할 확률이 높아집니다.

3 레몬을 가로로 길게 눕힌 상태에서 왼쪽과 오른쪽에 과도로 약 2cm 정도의 칼집을 냅니다.

4 왼쪽과 오른쪽에 난 칼집에 각각 구리 동전(+)과 아연 못(−)을 넣습니다.
★ 구리 동전과 아연 못은 전극의 역할을 하므로, 서로 닿지 않도록 유의합니다.

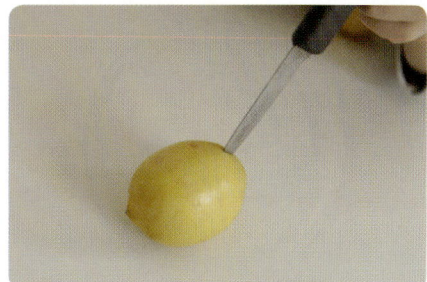

놀이 노하우
검전기로 전기의 흐름을 확인할 수 있어요!

집에 검전기가 있다면 집게 전선을 연결하여 전기의 흐름을 수치로 확인할 수 있습니다. 검전기의 빨간 접지 리드선을 구리 동전(+)에, 검정 접지 리드선을 아연 못(−)에 연결합니다. 레몬 배터리의 전압은 평균 0.9~1.0V입니다.

5 빨간색 LED의 불을 밝히기 위해서는 1.7~2.0V의 전압이 필요합니다. 전구를 켜려면 더 많은 전압이 필요하므로 레몬 배터리 3개를 추가로 더 만듭니다.

★ LED의 불을 밝히기 위해서는 보통 1.8~3.3V의 전압이 필요합니다. 전압이 가장 적게 필요한 빨간색과 달리 파란색 LED는 3~3.3V가 필요합니다.

6 집게 전선으로 레몬 배터리를 연결합니다. 첫 번째 레몬의 아연 전극을 두 번째 레몬의 구리 전극에 연결하고, 두 번째 레몬의 아연 전극을 세 번째 레몬의 구리 전극에 연결합니다. 이와 같은 방법으로 레몬 배터리 4개를 모두 직렬 회로로 연결합니다.

7 LED의 와이어를 확인합니다. LED의 와이어가 긴 쪽이 (+)극, 짧은 쪽이 (-)극입니다.

8 연결이 되지 않은 양끝의 집게 전선을 LED 조명에 연결합니다.

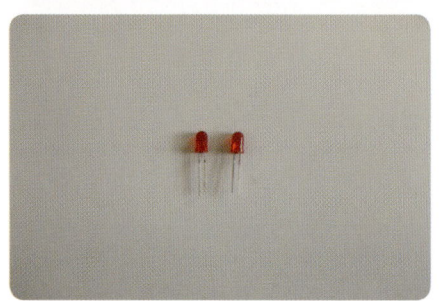

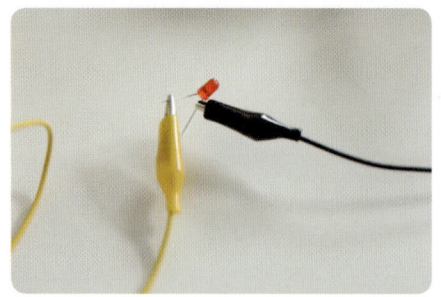

9 구리 전극(+)을 LED의 긴 와이어에 연결하고, 아연 전극(-)을 LED의 짧은 와이어에 연결합니다.

10 LED 전구에 불빛이 들어오는 것을 확인합니다.

11 레몬이 배터리와 같은 역할을 하는 이유가 무엇인지 생각해 봅니다.

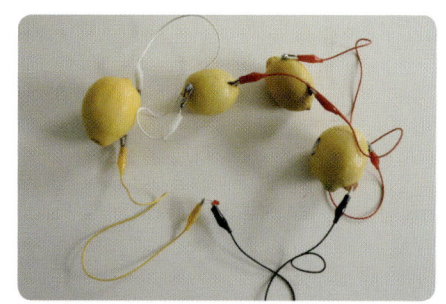

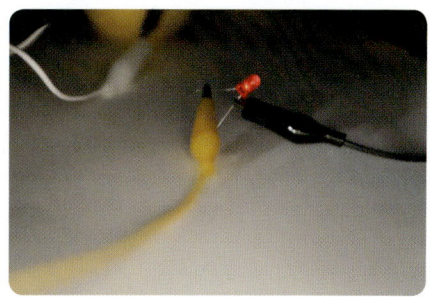

숨겨진 과학 원리

레몬즙의 전해질을 통해 전기가 흘러요!

배터리가 작동하기 위해서는 2개의 전극(양극과 음극)과 1개의 전해질이 필요합니다. 구리는 아연보다 전자를 더 많이 가져가므로 양극, 그리고 아연은 음극에 해당합니다. 이 실험에서 유의할 점은 레몬 배터리에서 전기를 만드는 것은 레몬이 아니라 구리와 아연이라는 점입니다. 그리고 수소 이온을 포함하고 있는 레몬즙의 구연산이 전류를 흐르게 하는 전해질의 역할을 하는 것입니다. 그리고 이 전해질을 통해 아연은 전기 음성도가 높은 구리로 이동합니다. 즉 레몬 배터리 실험의 원리는 레몬즙의 전해질을 통한 아연과 구리의 전기 음성도 차이에서 나오는 것입니다.

놀이 노하우

레몬이 아닌 다른 재료를 사용할 수도 있을까요?

레몬과 같은 감귤류인 라임, 오렌지, 자몽 등을 사용해 보는 것은 어떨까요? 혹은 감자는 어떨까요? 감자는 감귤류와 같이 즙이 풍부하지 않아서 배터리로 사용하기에 부적절하게 보일 수 있습니다. 하지만 감자 역시 감귤류와 마찬가지로 전해질의 역할을 할 수 있습니다. 그래서 감자 배터리도 얼마든지 가능합니다. 그렇다면 찐 감자는 어떨까요? 이렇게 질문을 해 보면서 아이와 함께 실험을 조금씩 확장해 보세요.

EXPLORE 47

통통 튀어 오르는
탱탱볼 달걀

놀이난이도 ★☆☆☆☆

정리난이도 ★★★★☆

이런 게 필요해요!
- ☐ 날달걀 여러 개
- ☐ 식초
- ☐ 식용 색소
- ☐ 컵 여러 개

달걀은 매우 깨지기 쉬워서 아이들이 다룰 때는 주의가 필요합니다. 아이들이 마음껏 바닥으로 던지고 튕겨볼 수 있는 달걀을 만들어 보면 어떨까요? 탱탱볼 달걀은 언제 만들어도 인기만점입니다. 필요한 재료가 식초와 달걀뿐이니 준비가 간단해서 좋습니다. 꽤 높은 높이와 강도로 떨어뜨려도 달걀이 멀쩡하고 오히려 위로 튀어 오르기까지 하니 아이들의 호기심을 자극하기에 충분합니다. 탱탱볼 달걀도 여느 달걀처럼 결국엔 깨집니다. 하지만 탱탱볼 달걀이 언제 깨질까 조마조마한 마음으로 달걀을 계속해서 던져보는 데 바로 그 재미가 있답니다. 달걀이 깨지면 식초 냄새가 꽤 지독할 수 있으니 환기가 잘되는 곳에서 실험하는 것을 추천합니다.

#탱탱볼달걀 #식초 #통통 #탄산칼슘 #중화반응

아이의 놀이 과정

1 컵에 날달걀을 넣고 달걀이 잠길 때까지 식초를 붓습니다.

2 식초에 식용 색소를 뿌려 원하는 색을 만듭니다.

3 식초 속에 담긴 달걀 껍데기에 생기는 거품을 관찰합니다.

4 48시간이 지난 후에 식초 물에서 달걀을 꺼냅니다.

5 식초에서 건진 달걀을 물에 깨끗하게 헹굽니다.

6 이제 딱딱한 달걀의 껍데기는 사라지고 얇은 난각막만 남습니다.

7 달걀의 촉감을 느껴 봅니다.
★ 손전등 불빛으로 달걀을 비추면 노른자가 움직이는 모습을 관찰할 수 있습니다.

8 달걀을 살짝 떨어뜨리고 반응을 관찰합니다.

9 높이와 강도를 달리하여 달걀이 깨질 때까지 계속해서 달걀을 던져 봅니다.

10 오랫동안 깨지지 않는 달걀이 있다면 이쑤시개나 바늘로 터뜨려 봅니다.

11 달걀이 쉽게 깨지지 않은 이유가 무엇인지 생각해 봅니다.

숨겨진 과학 원리

달걀이 통통 튀어 오르는 원리

달걀 껍데기의 주성분은 탄산칼슘입니다. 식초에 달걀을 넣으면 식초의 아세트산 성분과 달걀 껍데기의 탄산칼슘이 만나 산-염기 중화 반응이 일어납니다. 달걀 껍데기에서 관찰할 수 있는 거품은 바로 이 중화 반응의 결과로 만들어진 이산화 탄소입니다. 그리고 시간이 지날수록 달걀 껍데기는 점차 녹기 시작합니다. 결국 달걀의 껍데기는 모두 녹아 사라지고, 껍데기 속에 있는 얇은 막만 남게 되는 것입니다. 이 막은 달걀 껍데기와는 달리 쉽게 깨지지 않고 통통 튀어오르게 합니다. 마지막으로, 식초가 막 안으로 스며드는 삼투 현상으로 인해 달걀이 부풀어 오릅니다. 그래서 실험 전과 비교했을 때 달걀의 크기가 훨씬 더 커져 있는 것을 확인할 수 있습니다.

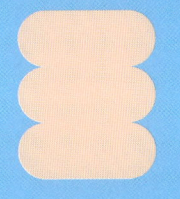

놀이의 확장

식초와 물엿의 삼투 현상 실험

준비물
컵 | 껍데기를 제거한 달걀 | 물 | 식초 | 물엿 | 식용 색소

달걀 껍데기 속의 난각막은 단백질로 이루어진 반투과성 막입니다. 따라서 식초처럼 용액의 농도가 낮은 경우에는 삼투 현상으로 인해 식초가 난각막을 가로질러 달걀의 수분으로 이동해 달걀의 크기가 부풀어 오릅니다. 반대로 물엿처럼 수분 함량이 매우 적어 용액의 농도가 높은 경우에는 달걀의 수분이 난각막을 가로질러 물엿으로 이동해 달걀의 크기가 작아집니다. 식초를 만나 팽창하는 달걀, 물엿을 만나 축소하는 달걀, 그리고 대조군으로 물속에 달걀을 넣어 세 가지 실험 표본을 만들어 보세요.

조개껍데기 식초 실험

준비물
컵 | 식초 | 조개껍데기

달걀 대신에 조개를 사용하면 어떨까요? 조개의 성분도 달걀처럼 탄산칼슘입니다. 따라서 달걀을 식초에 넣었을 때와 마찬가지로, 조개를 식초에 넣으면 산-염기의 중화 반응이 일어나게 되지요. 중화 반응의 결과로 만들어진 이산화 탄소는 조개껍데기에 맺히는 거품으로 확인할 수 있습니다. 식초에 조개를 넣고, 48시간이 지난 후에 조개를 꺼내 확인해 보세요. 손에 조그만 힘을 줘도 부러질 정도로 조개껍데기가 녹은 것을 확인할 수 있습니다.

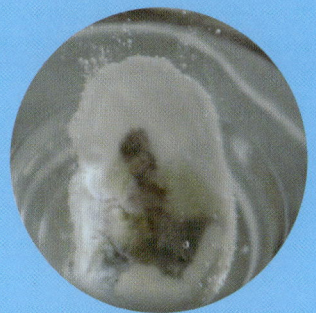

나만의 광물을 만드는
달걀 껍데기 자수정

놀이난이도
★★★☆☆

정리난이도
★★★☆☆

이런 게 필요해요!

☐ 날달걀 여러 개
☐ 끓는 물
☐ 붕사
☐ 냄비
☐ 날달걀 개수만큼의 유리컵
☐ 식용 색소
☐ 돋보기(선택)

▸ 이수와 이현이는 돌을 수집하는 것을 좋아합니다. 돌 중에서도 반짝이거나 투명하거나 색깔이 있는 돌은 마치 보석이라도 되는 것처럼 아끼곤 합니다. 아이의 옷을 빨려고 보면 주머니에서 돌이 나오는 일도 종종 있습니다. 이렇게 돌을 좋아하는 아이들에게 꼭 추천하고 싶은 놀이가 바로 달걀 껍데기 자수정 만들기입니다. 자수정은 광물의 한 종류로, 암석의 비어있는 공간 안으로 미네랄이 함유된 물이 채워져 형성된 결정입니다. 달걀 껍데기와 붕사를 이용해 나만의 자수정을 만들어 보세요.

#달걀보석 #자수정만들기 #달걀놀이 #대조실험

아이의 놀이 과정

1 깨끗하게 씻은 날달걀을 세로 방향으로 길게 깹니다. 이때 달걀의 막도 모두 제거합니다.
★ 평소 요리할 때 달걀 껍데기를 조금씩 모아 세척 후 건조시켜두면 좋습니다.

2 끓는 물에 붕사를 넣어 과포화 용액을 만듭니다. 물과 붕사 가루의 비율은 2:1입니다.

3 **2**의 용액에 식용 색소를 넣어 원하는 색을 만듭니다.

4 용액이 뜨거운 상태일 때 달걀 껍데기를 컵 속에 넣습니다. 이때 달걀 껍데기가 용액에 모두 잠기고, 껍데기의 안쪽이 위로 올라오도록 합니다.
★ 용액이 식으면 결정이 균일하게 만들어지지 않습니다.

다양한 용질 대조 실험을 해 보세요!

붕사 대신 소금, 설탕, 베이킹 소다와 같은 다양한 용질을 사용해 보면 어떨까요? 달걀 껍데기 자수정을 만드는 것과 동일한 방법으로 실험을 진행하되, 용질의 종류만 바꿉니다. 크리스탈의 색이나 모양이 용질에 따라서 조금씩 다르게 형성되는 것을 관찰할 수 있습니다.

5 48시간 동안 상태를 유지하며, 달걀 속에서 크리스탈이 형성되는 모습을 관찰합니다.
★ 관찰한 내용을 아이와 관찰 일기로 작성해도 좋습니다.

6 크리스탈이 잘 형성되었다면, 달걀을 컵에서 꺼내고 실온에서 건조시킵니다.

7 형성된 크리스탈을 관찰합니다. 돋보기가 있다면 더 자세히 관찰할 수 있습니다.

숨겨진 과학 원리

결정을 만드는 역할을 하는 과포화 용액

이 실험에서는 과포화 용액의 역할이 중요합니다. 더 이상 녹지 않을 정도의 붕사 가루가 포함된 물이 바로 과포화 용액이지요. 물의 온도가 높을수록 용해도는 높아지고 물의 온도가 낮을수록 용해도는 낮아집니다. 그래서 컵에 담긴 용액의 온도가 낮을수록 과포화 상태가 되는 것입니다. 과포화 상태의 용액은 불안정합니다. 그래서 용해되지 않은 붕사의 분자가 유리컵의 바닥이나 달걀 속에 가라앉으며 결정을 형성합니다. 이 결정은 규칙적이고 반복된 모양을 띠고 있으니 돋보기로 자세히 관찰해 보세요.

놀이 노하우

크리스탈 크리스마스 오너먼트를 만들어요!

붕사 가루가 들어있는 과포화 용액을 이용하여 크리스탈 크리스마스 오너먼트를 만들 수 있습니다. 만드는 과정은 달걀 껍데기 자수정을 만들 때와 같지만 모루를 사용해 원하는 모양을 만들 수 있다는 점에서 보다 아이 주도적인 놀이라고 할 수 있습니다.

EXPLORE 49

숲속에 숨겨진
공룡알 보물찾기

놀이난이도 ★☆☆☆☆

정리난이도 ★☆☆☆☆

공간활용하기

이런 게 필요해요!

- ☐ 믹싱볼
- ☐ 밀가루 2컵
- ☐ 커피 가루 1컵
- ☐ 소금 1컵
- ☐ 물 1컵
- ☐ 공룡 피규어 7~8개
- ☐ 트레이
- ☐ 장난감 망치

아이들의 관심사는 나이, 성별, 경험 등 다양한 요인의 영향을 받아 변화하는데, 그중 많은 아이들이 관심 갖는 주제 중 하나가 공룡입니다. 그래서 엄마와 아빠도 길고 어려운 공룡 이름을 줄줄 외우게 되지요. 바로 이 시기에 아이와 함께 즐길 수 있는 멋진 놀이가 바로 공룡알을 만들고, 들판에 숨긴 후에 찾아보는 '공룡알 보물찾기' 놀이입니다. 이수는 두 살부터 매년 이 놀이를 하고 있습니다. 공룡알을 찾을 때마다 아이가 좋아하며 지르던 탄성이 아직도 생생하게 기억납니다. 지금은 이수와 이현이 모두 이 놀이를 즐기며 재미있게 참여하고 있습니다. 보물찾기를 좋아하지 않는 사람이 어디 있겠어요! 그리고 그 보물이 공룡알이라면 더욱 흥미진진할 수밖에 없습니다.

#공룡 #보물찾기 #야외놀이

아이의 놀이 과정

1. 믹싱볼에 밀가루 2컵, 커피 가루 1컵, 소금 1컵, 물 1컵을 넣고 반죽합니다.
   ★ 원두커피 가루, 인스턴트커피 가루, 캡슐커피 가루를 사용해도 좋습니다. 혹은 모래나 흙을 사용할 수도 있습니다.

2. 반죽을 공룡알 크기로 떼어낸 후 공룡 피규어를 넣고 공룡알 모양으로 빚습니다.

3. 공룡알을 트레이 위에 올리고 상온에서 24시간 이상 건조합니다.
   ★ 알이 전체적으로 고르게 건조될 수 있도록 가끔 알의 방향을 돌려 주세요.

4 공룡알이 완성되었다면 공원이나 숲과 같이 열린 장소로 나가 공룡알을 여기저기에 숨깁니다.

5 공룡알을 찾은 후에는 장난감 망치로 공룡알을 깨 봅니다. 공룡알의 겉면은 딱딱하더라도, 공룡알의 속은 촉촉하므로 어렵지 않게 피규어를 꺼낼 수 있 습니다.

6 공룡알에서 부화한 공룡의 이름을 책에서 찾아보 거나 그림으로 그려 활동을 마무리합니다.

숨겨진 과학 원리

공룡은 알을 낳아 번식했어요!

공룡은 파충류이기 때문에 거북이, 악어, 뱀과 마찬가지로 알을 낳아 번식했습니다. 공룡알 화석이 발견된 것은 비교적 최근의 일입니다. 1990년대에 들어 여러 대륙에서 공룡의 알과 둥지가 화석으로 발견되었거든요. 그래서 그 이후에 공룡의 종류와 공룡알에 대한 연구가 더욱 활발하게 진행되었다고 합니다. 화석 발견으로 공룡의 번식과 행동에 대한 이해도가 높아진 것으로 알려져 있습니다.

놀이 노하우

공룡 화석을 만들어요!

공룡알을 만들고 남은 반죽이 있다면 화석을 만들어 보세요. 반죽을 밀대로 밀어 평평하게 만든 후에, 공룡 피규어를 반죽 위에 올리고 누르면 피규어 모양이 찍힙니다. 그대로 반죽을 굳히면 근사한 화석이 만들어집니다. 화석을 여러 개 만들었다면, 피규어와 화석의 짝을 맞춰보는 퍼즐 놀이를 해 볼 수도 있습니다.

EXPLORE
50

보글보글 끓어오르는 요술램프
라바 램프

놀이난이도
★☆☆☆☆

정리난이도
★★★☆☆

이런 게 필요해요!

- ☐ 식용유
- ☐ 물
- ☐ 식용 색소
- ☐ 발포 소화제
   또는 발포 비타민
- ☐ 컵 등의 용기

아이들이 눈앞에서 용암처럼 부글부글 끓어오르는 물을 본다면 어떨까요? 라바 램프는 아이가 아주 어릴 때부터 참여하고 관찰할 수 있는 과학 놀이입니다. 색다른 반응이 즉각적으로 나오기 때문에 아이들이 눈을 떼지 못하고 집중합니다. 라바 램프를 만드는 핵심 재료는 바로 발포제입니다. 아이들이 계속 실험을 이어가고 싶어 하는 바람에 발포제 한 통을 거의 다 사용했었던 기억이 있답니다. 그 이후로는 항상 충분한 양의 발포제를 준비하고 놀이를 진행합니다. 아이와 함께 한 번 시작하면 멈추기 어려운 재미로 가득 찬 라바 램프를 만들어 보세요.

#발포제활용 #용암놀이 #참여형실험 #즉각적인반응 #요술램프

아이의 놀이 과정

1 컵의 1/4을 물로 채웁니다.

2 컵에 식용 색소를 넣어 원하는 색을 만듭니다.

3 컵의 3/4을 식용유로 채웁니다.

4 발포 소화제를 2~3조각으로 자릅니다.
★ 발포 소화제를 구하기 어렵다면 발포 비타민을 사용해도 좋습니다.

5 컵에 담긴 색깔 물과 식용유가 완전히 분리되면 발포 소화제 조각을 컵 속에 넣고 물방울이 용암처럼 움직이는 모습을 관찰합니다.
★ 식용유 대신 투명한 베이비 오일과 하얀색 물감을 이용해 눈보라가 치는 듯한 라바 램프를 만들어 볼 수도 있습니다.

6 컵의 뒷면에 손전등을 비추거나 라이트 테이블 위에서 실험하면 라바 램프가 만들어지는 모습을 더욱 잘 관찰할 수 있습니다.

7 라바 램프에 부글부글 끓어오르는 기포가 생긴 이유가 무엇인지 생각해 봅시다.

숨겨진 과학 원리

물과 기름의 밀도 차이를 이용한 실험

이 실험에서 가장 중요한 핵심은 바로 '밀도'입니다. 물과 식용 색소는 밀도가 비슷합니다. 따라서 물과 식용 색소는 서로 섞여 색깔 물이 만들어지지요. 반면 물과 기름은 밀도가 달라 서로 섞이지 않고 층을 형성합니다. 기름은 물보다 밀도가 작으므로 물보다 가벼운 기름은 컵의 윗부분에 뜨고, 무거운 색깔 물은 컵의 아랫부분으로 가라앉습니다.

발포 소화제는 물과 반응하면 용해가 되면서 가스인 이산화 탄소를 만듭니다. 가스는 물보다 가벼워서 색깔 물의 기포가 컵의 아랫부분에서 윗부분으로 올라가게 되는 것이지요. 그러나 기포가 터지면 물방울은 다시 무거워지므로 컵의 바닥으로 떨어집니다. 발포 소화제가 물에 모두 용해될 때까지 계속해서 이 현상이 반복되며 부글부글 끓어오르는 용암이 만들어지는 것입니다.

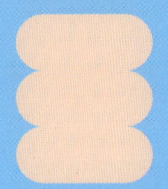 

놀이의 확장

소금을 이용한 라바 램프

준비물
식용유 | 물 | 식용 색소 | 소금 | 컵 등의 용기

라바 램프 실험을 해 보고 싶은데, 발포 소화제나 발포 비타민을 구하기 어렵다면 소금을 사용해서 만들 수 있습니다. 컵의 3/4을 물로 채우고, 나머지 1/4은 식용유로 채웁니다. 컵에 식용 색소를 넣고, 물과 색소가 섞이는 것을 관찰합니다. 라바 램프의 효과가 나올 때까지 계속해서 컵에 소금을 넣습니다.

베이킹 소다와 식초를 이용한 라바 램프

준비물
식용유 | 물 | 식용 색소 | 베이킹 소다 | 식초 | 깔때기 | 컵 등의 용기

베이킹 소다와 식초가 만나 만들어내는 산-염기의 중화 반응을 이용해 라바 램프를 만드는 방법도 있습니다. 베이킹 소다와 식초의 화학 반응으로 만들어지는 이산화 탄소는 라바 램프 실험의 발포 소화제와 같은 역할을 합니다. 컵의 1/4을 베이킹 소다로 채우고 베이킹 소다가 바닥에 평평하게 깔리도록 합니다. 베이킹 소다층을 방해하지 않도록 주의하며 컵의 3/4을 식용유로 천천히 채웁니다. 또 다른 컵에 식초를 붓고 식용 색소를 3-4방울 떨어뜨려 색깔 식초 물을 만듭니다. 스포이트를 사용해 색깔 식초 물을 베이킹 소다가 담긴 컵에 한 방울씩 뿌려가며 일어나는 반응을 효과가 멈출 때까지 반복하며 관찰합니다.

점차 색이 변하는
레인보우 플라워

놀이난이도 ★★★☆☆
정리난이도 ★★★★☆

이런 게 필요해요!

- 흰색 꽃(장미, 백합, 국화, 카네이션 등)
- 컵 여러 개
- 물
- 가위
- 식용 색소

저녁 준비를 위해 알배추를 손질하면서 가장 바깥의 배춧잎을 몇 장 떼어냈는데 버리기에는 조금 아까웠습니다. 그래서 식용 색소를 섞은 물에 배춧잎을 꽂아놓고 잎의 색이 점점 변해가는 과정을 아이들과 함께 관찰하였습니다. 색소 물을 빨아들여 색깔이 변한 배춧잎을 보고, 다음에는 국화꽃을 무지개색으로 물들여 보았습니다. 본연의 흰색 꽃잎이 아니라 색소 물의 색깔과 똑같이 변화한 꽃잎을 보는 것은 굉장히 흥미로운 경험이었습니다. 배추나 꽃 이외에도 셀러리 등 다양한 식물을 사용하여 아이와 함께 식물의 색을 바꿔보는 실험을 해 보세요. 수시로 식물의 색 변화를 관찰하다 보면, 식물이 물을 빨아들이는 원리를 쉽게 이해할 수 있을 것입니다.

#알배추 #배춧잎 #국화꽃 #식물의색변화 #삼투현상 #모세관현상 #광합성 #증산작용

아이의 놀이 과정

1. 실험을 시작하기에 앞서 꽃을 1시간 정도 물 밖에 꺼내어 실온에 둡니다.

2. 컵에 미지근한 물을 채웁니다.

3. 각각의 컵에 빨강, 주황, 노랑, 초록, 파랑, 보라 등의 식용 색소를 넣어 색깔 물을 만듭니다.
★ 식용 색소를 많이 넣어 물의 색깔이 진할수록, 꽃의 색도 선명하게 나타납니다. 충분한 양의 식용 색소를 넣는 것이 좋습니다.

4. 꽃의 줄기 부분을 사선으로 자르고, 꽃의 줄기에 붙어 있는 잎이 있다면 제거합니다.

5. 색깔 물이 든 컵에 꽃을 넣고 시원한 곳에 2~3일 동안 보관하며 꽃의 색이 점차 변하는 것을 관찰합니다. 꽃잎의 색깔이 변한 이유가 무엇인지도 생각해 봅니다.

놀이 노하우

왜 미리 꽃을 물 밖에 꺼내둬야 하나요?

우리가 목이 마를 때 물을 많이 마실 수 있는 것처럼, 물 밖에 꺼내두었던 꽃은 색깔 물에 넣었을 때 수분을 많이 흡수하여 반응을 더욱 쉽고 빠르게 관찰할 수 있습니다.

숨겨진 과학원리

식물이 물을 흡수하고 전달하는 과정

이 실험으로 삼투 현상, 모세관 현상, 그리고 증산 작용을 모두 확인할 수 있습니다. 식물은 뿌리를 통해 삼투 현상을 이용하여 토양에 있는 물과 영양분을 흡수합니다. 그리고 이렇게 흡수된 물과 영양분은 모세관 현상으로 인해 식물 줄기에 있는 관을 통해 식물의 줄기와 잎으로 전달됩니다. 식물이 뿌리를 통해 흡수한 물은 증산 작용으로 나뭇잎 뒷면의 공기 구멍을 통해 공기 중으로 날아가는데, 이때 물은 증발해 공기 중으로 날아가지만, 식물 안에 존재하는 색소나 염료는 그대로 남아있어 꽃잎의 색이 변하는 것입니다.

놀이의 확장

레인보우 꽃송이

컵 2개에 미지근한 물을 넣고 2가지 색의 식용 색소를 넣습니다. 흰색 꽃의 머리와 줄기 사이에 여유를 두고 꽃의 줄기를 세로로 길게 잘라 2등분합니다. 2등분한 줄기를 컵 2개에 각각 넣습니다. 24시간 이상 꽃을 컵에 꽂아두고 색의 변화를 관찰합니다. 꽃 한 송이에서 다양한 색을 관찰할 수 있습니다.

다양한 야채를 사용한 실험

꽃뿐만 아니라 배추나 셀러리처럼 다양한 야채를 사용해 실험해 보세요. 김장철에 남는 배춧잎을 이럴 때 사용하면 제격입니다. 잎맥을 따라 색깔 물이 든 야채를 보며 식물이 물을 흡수하고 전달하는 과정을 이해할 수 있습니다.

EXPLORE 52

액체가 딱딱한 플라스틱이 되는
우유 플라스틱

 놀이난이도 ★★★☆☆

 정리난이도 ★★☆☆☆

이런 게 필요해요!

- ☐ 믹싱볼
- ☐ 우유 1컵
- ☐ 식초 4t
- ☐ 컵
- ☐ 체
- ☐ 키친타올
- ☐ 숟가락
- ☐ 식용 색소(선택)
- ☐ 쿠키커터(선택)
- ☐ 실리콘 몰드
- ☐ 글리터(선택)

액체인 우유가 고체인 플라스틱이 된다니! 아이들은 눈앞에서 액체였던 우유가 몽글몽글 고체로 뭉쳐지는 과정을 관찰하며 무척 신기해했습니다. 손으로 우유 덩어리를 뭉치며 반죽하면 고소한 우유 냄새와 함께 두부처럼 부드러운 감촉을 느낄 수 있습니다. 그래서 우유로 플라스틱을 만드는 이 실험은 시각, 촉각, 후각이 모두 즐겁습니다. 우유로 만든 플라스틱이 현대에는 굉장히 생소하게 느껴지지만 실제로 1900년대에는 우유 플라스틱을 이용해 단추, 비즈, 만년필, 빗 등을 만들었다고 합니다. 현대에 들어서는 석탄, 석유, 혹은 천연가스를 사용해서 플라스틱을 만드는 것이 더 저렴하여 비용적인 측면에서 우유 플라스틱을 제조하지 않지만요. 아이들과 함께 친화적이고 생분해성 속성을 가져 더욱 특별한 천연 플라스틱인 카제인 플라스틱을 만들어 보세요.

#우유두부 #천연플라스틱 #카제인플라스틱 #자연친화적 #생분해성속성

아이의 놀이 과정

1. 우유 1컵을 뜨거워질 때까지 데웁니다. 전자레인지에서 2분 정도 가열하면 적당합니다.
★ 너무 많이 끓으면 응고가 되므로 따뜻한 차를 만드는 정도의 온도를 생각하고 데우면 좋습니다.

2. 컵에 식초 4t를 넣은 후, 우유와 골고루 섞습니다.

3. 숟가락으로 우유를 저으며 우유가 뭉치는 모습을 관찰합니다.

4. 우유와 식초의 혼합물을 체에 부어 우유 덩어리만 남도록 거릅니다.

5. 키친 타올 위에 우유 덩어리를 올려 여분의 수분을 흡수시킵니다.
★ 수분을 너무 많이 제거하면 플라스틱 모양을 만들기가 어렵습니다. 반대로 우유 덩어리에 수분이 너무 많으면 건조하는 데 시간이 오래 걸립니다.

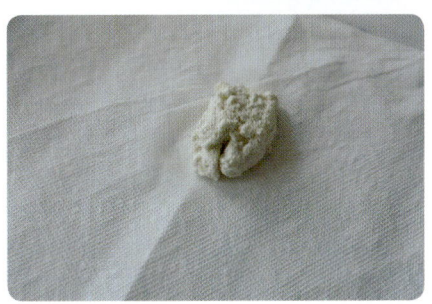

6 우유 덩어리를 손으로 주물러 충분히 오래 반죽합니다. 반죽에서 나는 우유 향도 맡아 보고, 반죽의 부드러운 감촉도 느껴 보세요.
★ 반죽에 식용 색소를 넣어 색을 추가하거나 바이오 글리터를 추가할 수도 있습니다.

7 원하는 모양으로 반죽을 빚습니다. 실리콘 몰드에 넣어 원하는 모양을 만들 수도 있습니다.
★ 쿠키커터를 사용해서 모양을 찍어낼 수도 있습니다.

8 우유 반죽을 48시간 이상 건조시킵니다.

9 건조된 우유 플라스틱 위에 색을 칠하거나 그림을 그려 봅니다.

10 액체인 우유가 딱딱한 고체가 된 이유가 무엇인지 생각해 봅니다.

놀이 노하우
식초의 양을 조절하며 실험해 보세요!

식초를 2t 넣은 컵, 4t 넣은 컵, 8t 넣은 컵과 같이 대조군을 설정하여 실험해 볼 수 있습니다. 혹은 식초 대신 산 성분이 있는 레몬, 라임, 오렌지 등을 사용해 실험해 보세요.

숨겨진 과학원리
우유로 만든 플라스틱인 '카제인 플라스틱'

우유 속에는 카제인 단백질 성분이 들어 있습니다. 카제인은 열과 산에 약하기 때문에 가열하거나 식초를 넣으면 응고합니다. 그래서 우유 덩어리가 생기게 되는 것이지요. 우유 속의 카제인은 분자입니다. 그리고 이 분자는 식초의 산 성분과 결합하여 체인으로 재구성됩니다. 흩어져 있던 카제인이 뭉쳐지면서 모양을 만들 수 있게 되는 것입니다. 홈메이드 리코타 치즈를 만들어본 적이 있다면 이 과정이 친숙하게 느껴질 거예요.

놀이의 확장

바이오 플라스틱① _ 전분 플라스틱

준비물
비 | 물 10ml | 글리세린 0.5~1.5g | 옥수수 전분 1.5g | 식초 1ml | 실리콘 몰드 | 식용 색소(선택)

집에서 흔히 사용하는 전분이나 젤라틴(혹은 한천)으로도 플라스틱을 만들 수 있습니다. 카제인 플라스틱처럼 모두 천연 플라스틱이기 때문에 환경을 보호할 수 있지요. 먼저 믹싱볼에 물 10ml, 글리세린 0.5~1.5g, 옥수수 전분 1.5g, 식초 1ml, 식용 색소를 넣고 골고루 섞습니다. 혼합물이 걸쭉해질 때까지 중약불로 가열합니다. 뜨겁게 가열된 혼합물을 실리콘 몰드에 붓습니다. 혼합물을 48시간 이상 건조한 후 몰드에서 꺼내면 완성입니다.

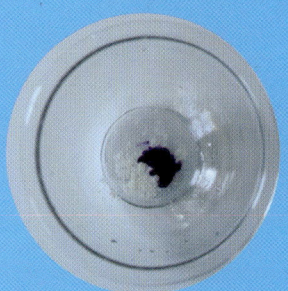

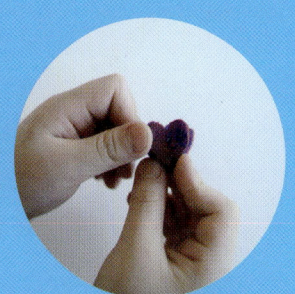

바이오 플라스틱② _ 젤라틴 플라스틱

준비물
냄비 | 젤라틴(혹은 한천) 12g | 글리세린 3g | 뜨거운 물 60ml | 실리콘 몰드 | 식용 색소(선택)

믹싱볼에 젤라틴(혹은 한천) 12g, 글리세린 3g, 뜨거운 물 60ml, 식용 색소를 넣고 골고루 섞습니다. 혼합물에서 거품이 생길 때까지 중약불로 가열합니다. 거품이 나기 시작하면 불을 끄고 거품을 모두 제거합니다. 실리콘 몰드에 혼합물을 붓고 48시간 이상 건조한 후 몰드에서 꺼냅니다. 젤라틴 플라스틱은 먹을 수 있는 플라스틱으로 케이크 장식이나 사탕 제작에도 사용된답니다.

EXPLORE 53

물과 기름이 섞이지 않는 원리를 이용한
오일 페인팅

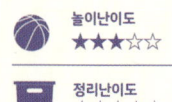

놀이난이도
★★★☆☆

정리난이도
★★★★★

이런 게 필요해요!

- ☐ 오일
- ☐ 물
- ☐ 식용 색소
- ☐ 컵
- ☐ 스포이트
- ☐ 도화지
- ☐ 샬레와 같은 얕은 그릇 혹은 오목한 접시

물과 기름은 섞이지 않는다는 원리를 이용한 오일 페인팅은 간단하고 재미있는 과학 놀이입니다. 준비물도 간단하고 놀이 방법도 간단하지만 아무래도 오일을 사용한다는 점 때문에 청소가 힘들어 조금은 망설여지는 놀이기도 합니다. 하지만 우려했던 것보다 놀이의 진행이 훨씬 깔끔하고 뒷정리도 쉬웠답니다. 이현이가 세 살이 되면서 놀이 규칙을 전보다 잘 지키고, 작업을 더 섬세하게 수행할 수 있게 되어 오일 페인팅에 도전할 수 있었습니다. 오일이라는 재료가 주는 청소에 대한 부담감 때문에 놀이가 주는 재미를 놓치지 마세요. 폐신문지 등을 놀이 테이블 위에 깔면 뒷정리가 훨씬 쉬워집니다.

#오일페인팅 #간단한놀이

아이의 놀이 과정

1 샬레에 물을 따른 후 식용 색소를 넣어 색깔 물을 만듭니다.

2 컵에 오일을 따릅니다.

3 스포이트로 오일을 빨아들입니다.

4 샬레 위의 색깔 물에 스포이트로 오일을 떨어뜨립니다.

5 도화지를 색깔 물 위에 살짝 얹어 표면의 색깔 물과 오일 방울이 묻어나도록 합니다.

6 도화지를 들어 올려 완성된 오일 페인팅을 확인합니다.

7 오일 페인팅을 만들 수 있는 이유가 무엇인지 생각해봅니다.

숨겨진 과학 원리

물과 기름이 섞이지 않는 성질

물을 이루고 있는 두 개의 수소는 양 전하(+)이고, 산소는 음 전하(-)입니다. 이렇게 한쪽 끝이 양 전하를 이루고 다른 한쪽 끝이 음 전하를 이루는 분자를 극성 분자라고 합니다. 극성 분자는 분자 구조가 대칭으로 배열되지 않아 전자적 균형을 이루지 않습니다. 반대로 분자 구조가 대칭으로 배열되어 극성을 나타내지 않는 분자를 비극성 분자라고 합니다. 극성 분자인 물과 비극성 분자인 기름은 서로 섞이지 않아 기름 분자는 물 분자보다 다른 기름 분자에 더 끌리고, 물 분자는 기름 분자보다 물 분자에 끌립니다.

놀이의 확장

물과 오일을 이용한 불꽃놀이

준비물
컵 | 따뜻한 물 | 오일 | 식용 색소 | 작은 접시 | 포크

물과 기름이 섞이지 않는다는 점을 이용해 또 다른 과학 놀이를 진행해 볼 수 있습니다. 실험을 위해 접시에 오일을 따르고 여러 가지 색깔의 식용 색소를 몇 방울씩 뿌린 뒤 포크로 식용 색소를 휘저어 작은 알갱이로 분해합니다. 따뜻한 물로 컵의 3/4 정도 채웁니다. 그리고 접시에 담긴 식용유를 컵 위에 천천히 부어 봅니다. 물과 기름의 밀도 차이로 인해 무거운 물은 아래로 가라 앉고 가벼운 오일은 위로 떠오릅니다. 식용 색소의 밀도는 기름보다 크고 물과 비슷하죠. 따라서 식용 색소는 기름층에 잠시 머무른 후, 컵의 밑바닥으로 점점 가라앉으며 물에 녹습니다. 그래서 멋진 불꽃놀이 장면을 연출할 수 있는 것입니다.

EXPLORE
54

소금이 얼음을 녹여서 만드는
얼음 비밀 그림

놀이난이도
★☆☆☆☆

정리난이도
★☆☆☆☆

이런 게 필요해요!

- ☐ 얕은 트레이
- ☐ 물
- ☐ 얼음
- ☐ 쿠키커터
- ☐ 소금
- ☐ 물감
- ☐ 붓

얼음은 아주 훌륭한 놀이 재료 중 하나입니다. 딱딱하고 차가운 고체 얼음이 점점 녹아 액체인 물로 모습을 바꾸는 장면은 꽤 극적입니다. 이러한 얼음의 변화무쌍한 모습에서 아이들은 재미를 느낍니다. 얼음을 활용한 놀이를 할 때 빠질 수 없는 것이 바로 물과 소금입니다. 물과 소금의 도움을 받으면 얼음이 녹는 속도를 더욱 빠르게 조절할 수 있으니까요. 얼음 비밀 그림은 어는 점을 낮추는 소금의 특성을 이용한 놀이입니다. 비밀 그림으로 아이가 좋아하는 주제, 예를 들면 공룡, 자동차, 유니콘 등의 소재를 활용해 보세요. 비밀을 밝혀가는 과정에서 자신이 좋아하는 사물의 형체가 드러날수록 아이의 즐거움도 커질 것입니다.

#물과소금 #녹는점 #비밀그림 #어는점

아이의 놀이 과정

1. 얕은 트레이에 물을 채운 후 냉동실에 넣어 물을 얼립니다.

2. 얼음이 만들어졌다면 트레이를 꺼내고 그 위에 쿠키커터를 올립니다.

3. 쿠키커터 안에 소금을 솔솔 뿌립니다.
★ 쿠키커터 안에 넣은 소금이 고르게 퍼질 수 있도록 붓으로 정리해도 좋습니다.

4. 소금이 녹을 때까지 조금 기다립니다.

5. 원하는 색감의 물감과 붓을 이용해 트레이 위에 있는 얼음을 색칠하면 쿠키커터의 모양대로 숨겨져 있던 그림이 나타나는 것을 확인할 수 있습니다.

6. 얼음 위에 비밀 그림을 그릴 수 있는 이유가 무엇인지 생각해 봅니다.

숨겨진 과학 원리

소금을 뿌린 곳의 얼음이 더 빨리 녹는 현상

소금의 이온 성분은 물 분자가 얼음으로 결합하는 것을 방해하는 역할을 합니다. 이 원리로 겨울철에 눈이 많이 내리면 도로에 염화 칼슘을 뿌려 눈이 녹을 수 있도록 합니다. 위의 실험에서는 쿠키커터 안에 소금을 뿌려서 쿠키커터 안쪽의 얼음이 바깥쪽의 얼음보다 빠르게 녹게 됩니다. 그래서 쿠키커터 안쪽과 바깥쪽 얼음의 높이에 차이가 생깁니다. 이 상태에서 물감으로 색을 칠하게 되면, 안쪽과 바깥쪽의 경계가 확연하게 드러나 숨겨져 있던 모양이 나타나게 되는 것입니다.

EXPLORE 55

무지개떡처럼 층층이 쌓는
무지개 물

 놀이난이도 ★★★☆☆

 정리난이도 ★★☆☆☆

이런 게 필요해요!

- 뜨거운 물
- 설탕
- 숟가락
- 실험용 눈금 실린더(혹은 기다란 컵)
- 스포이트(혹은 주사기)
- 컵 6개
- 식용 색소(빨강, 주황, 노랑, 초록, 파랑, 보라)
- 계량컵
- 계량숟가락

색깔 물을 만드는 방법은 아주 간단합니다. 물에 식용 색소나 물감을 첨가하여 섞으면 되지요. 그런데 색깔 물을 층층이 쌓는 건 어떨까요? 색깔 물감을 마구 섞으면 갈색 물감이 만들어지는 것처럼 색깔 물끼리 서로 섞여서 갈색 물이 되어버리진 않을까요? 보통의 물이라면 그냥 섞여 버리겠지만 설탕물을 사용하면 색이 다른 물을 층층이 쌓을 수 있습니다. 무지개색으로 만들어진 물이 햇빛을 받아 만드는 그림자는 참 예쁩니다. 그래서 무지개 물 쌓기는 아이들이 좋아할 요소가 가득한 실험입니다. 아이와 함께 실험에 앞서 색깔 물이 어떻게 될지 추론하고 실험을 진행하면 더욱 재미있을 것입니다.

#밀도차이 #분자이해 #시각적자극

아이의 놀이 과정

1 계량컵을 이용해 컵 6개에 뜨거운 물을 1컵씩 따릅니다.

2 첫 번째 컵에 빨간색 식용 색소와 설탕 1T를 넣습니다.

3 두 번째 컵에 주황색 식용 색소와 설탕 2T를 넣습니다.

4 세 번째 컵에 노란색 식용 색소와 설탕 3T를 넣습니다.

5 네 번째 컵에 초록색 식용 색소와 설탕 4T를 넣습니다.

6 다섯 번째 컵에 파란색 식용 색소와 설탕 5T를 넣습니다.

7 여섯 번째 컵에 보라색 식용 색소와 설탕 6T를 넣습니다.

8 설탕이 물에 모두 용해될 수 있도록 숟가락으로 잘 저어 줍니다.

9 눈금 실린더에 색 설탕물을 쌓기 시작합니다.
★ 실험용 눈금 실린더가 없다면 집에 있는 컵 중 가장 가느다란 컵을 사용하세요. 컵이 가늘수록 실험 성공률이 높아집니다.

10 설탕이 가장 많이 포함된 보라색 설탕물을 첫 번째로 넣습니다.

★ 스포이트를 실린더의 안쪽 면에 붙여서 물을 흘려보낸다는 생각으로 쌓아 줍니다.

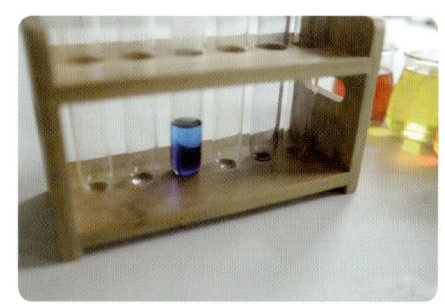

11 보라색 설탕물 위에 파란색-초록색-노란색-주황색-빨간색 순으로 설탕물을 쌓아 줍니다.

12 빨간색-주황색-노란색-초록색-파란색-보라색 설탕물이 층을 이루어 쌓인 것을 관찰할 수 있습니다.

13 색깔 설탕물이 서로 섞이지 않고 층이 생긴 이유가 무엇인지 생각해 봅니다.

놀이 노하우
쉽게 실험하고 싶어요!

영유아와 실험한다면 2가지 색이나 3가지 색만 사용하여 실험의 난이도를 낮출 수 있습니다. 그리고 이 실험이 원활하게 진행되었다면 색깔의 개수를 점차 늘려가며 아이의 도전 의식을 자극시켜 주세요.

숨겨진 과학 원리
밀도 차이를 이용한 무지개 물 쌓기

이 실험에서 가장 중요한 것은 바로 '밀도 차이'입니다. 물의 밀도를 바꾸는 방법 중 하나가 바로 설탕을 사용하는 것입니다. 물에 설탕을 섞으면 설탕 분자가 물 분자 사이의 공간을 차지하면서 밀도가 높아지기 때문이지요. 설탕을 많이 넣으면 넣을수록 밀도는 더욱 높아집니다. 위의 실험에서 우리는 색깔 물마다 설탕의 양을 달리해서 설탕물을 만들었습니다. 물의 양은 같지만 설탕의 양은 점점 늘어났기 때문에 설탕물의 색깔마다 밀도 차이가 생긴 것이지요. 설탕이 가장 많이 들어간 보라색 설탕물은 밀도가 가장 높아서 바닥에 가라앉습니다. 그리고 설탕이 가장 적게 들어간 빨간색 설탕물은 밀도가 낮아서 가장 위에 뜨게 되는 것입니다.

EXPLORE 56

 놀이난이도 ★★★☆☆

 정리난이도 ★★☆☆☆

특별한 색감의 면 요리가 먹고 싶은 날
유니콘 누들

이런 게 필요해요!

- ☐ 적색 양배추
- ☐ 냄비
- ☐ 물
- ☐ 파스타 면, 국수, 소면 중에서 택1
- ☐ 레몬

아이들은 면 요리를 좋아합니다. 우동, 파스타, 잔치 국수, 그리고 라면까지도요! 이수와 이현이도 면 요리를 참 좋아합니다. 그런데 아이들이 조리된 면의 색을 바꿀 수 있다면 어떨까요? 적색 양배추를 끓여 물들인 보라색 면이 레몬즙을 만나 분홍색으로 변하는 과정은 마치 유니콘의 갈기 색깔을 연상시켜서 '유니콘 누들'이라고 불리지요. 특별한 색감의 면 요리가 먹고 싶은 날 혹은 아이에게 과학 원리를 맛있는 방법으로 알려 주고 싶은 날에는 유니콘 누들을 만들어 보세요! 유니콘 누들은 먹을 수 있는 pH 농도 지표 역할을 하며 아이들의 호기심을 자극할 것입니다.

#면활용놀이 #색변화과정 #시각자극 #PH농도

🙂 아이의 놀이 과정

1 냄비의 3/4을 물로 채웁니다.

2 냄비에 적색 양배추 잎 4~5장을 넣고 센 불에서 끓입니다.

3 물이 끓어오르면 냄비 뚜껑을 덮고 양배추 잎을 중불에서 20분 정도 더 익힙니다.

4 물이 보라색으로 변했는지 확인하고 적색 양배추 잎을 물에서 건져냅니다.
★ 이렇게 만든 적색 양배추즙은 천연 pH 농도 지표 역할을 합니다.
★ pH가 7보다 작으면 산성, 7보다 크면 알칼리성임을 의미합니다.

5 냄비에 국수 면을 넣고 끓입니다.

6 보라색으로 물든 국수 면을 체에 걸러 물기를 빼고 그릇에 담습니다.

7 레몬을 반으로 자르고, 레몬즙을 짭니다.

8 보라색 국수에 레몬즙을 뿌리면 국수가 분홍색으로 변하는 모습을 관찰합니다.

9 국수에 드레싱을 뿌리고 재료를 더해 특별한 식사를 해 보세요.

10 국수 면의 색깔이 변한 이유가 무엇인지 생각해 봅니다.

숨겨진 과학 원리

pH 조건에 따라 달라지는 안토시아닌

적색 양배추에는 수용성 색소인 안토시아닌이 들어있습니다. 배추가 끓는 물에 데워지면 수용성 색소인 안토시아닌이 물로 새어 나옵니다. 그리고 국수 면이 이 물을 흡수해 보라색으로 물들게 되는 것이지요. 그런데 이 안토시아닌은 pH 조건에 따라 구조가 달라집니다. 이 실험에서 적색 양배추즙은 pH가 변화함에 따라 색이 변하는 천연 pH 농도 지표의 역할을 합니다. 산성을 만나면 붉은색 계열로, 염기성을 만나면 파란색 계열로 변합니다. 그래서 보라색을 유지하던 국수 면이 산성을 띤 레몬즙과 접촉하여 분홍색으로 변하게 되는 것입니다. 반대로 염기성 용액을 뿌린다면 국수 면이 파란색으로 변합니다.

놀이의 확장

양배추 지시약 실험

준비물
컵 여러 개 | 양배추 지시약 | 스포이트 | 주스 | 식초 | 구연산 | 베이킹 소다 | 세제 | 치약 등

먼저 오렌지 주스, 식초, 구연산, 베이킹 소다, 세제, 치약과 같은 재료들을 모읍니다. 그리고 양배추 지시약을 담은 컵 여러 개에 실험 재료들을 숟가락이나 스포이트를 사용하여 떨어뜨리며 지시약의 색깔 변화를 살펴봅니다. 산성 성분인 오렌지 주스, 식초, 구연산은 지시약을 붉은색으로 변하게 합니다. 반면 베이킹 소다, 가루 세제, 치약은 염기성 성분을 포함하고 있어 지시약이 푸른색으로 변하는 것을 관찰할 수 있습니다.

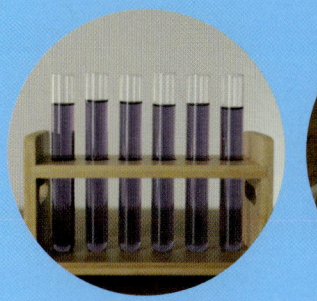

색이 바뀌는 핑크 레모네이드

준비물
블루베리 | 물 | 냄비 | 믹서기 | 레몬 | 설탕

핑크 레모네이드를 만들기 위해서는 안토시아닌이 포함된 블루베리를 사용할 수 있습니다. 먼저, 블루베리를 깨끗이 씻어 냄비에서 물과 함께 뭉근하게 끓인 후 믹서기에 갈아 퓨레를 만듭니다. 완성된 블루베리 퓨레를 냉장고에 넣고 식힙니다. 물 4컵, 레몬즙 1컵, 그리고 설탕 1/2컵을 섞어 레모네이드를 만듭니다. 마지막으로 레모네이드에 블루베리 퓨레를 넣어 핑크 레모네이드를 만듭니다.

스스로 자라는 검은색의 커다란 뱀
카본 슈가 스네이크

이런 게 필요해요!

- 은박 포일 접시
- 모래
- 설탕 4T
- 베이킹 소다 1T
- 숟가락
- 믹싱볼
- 소독용 에탄올(혹은 라이터 용액) 50㎖
- 캔들 라이터

"검은색의 커다란 뱀이 점점 커져요", "이렇게 큰 불은 처음 봤어요!" 이수와 이현이의 반응이 딱 이랬습니다. 무럭무럭 자라는 카본 슈가 스네이크는 갑자기 확 커지는 것이 아니라 느린 속도로 조금씩 자랍니다. 그래서 설탕이 타오르며 점차 팽창하는 모습을 천천히 관찰하면 됩니다. 카본 슈가 스네이크 실험은 평소에 집에서 쉽게 할 수 있는 간단한 과학 놀이는 아닙니다. 에탄올과 불을 사용하기 때문에 특별히 더 주의를 기울여야 하기 때문이지요. 그러나 일단 한번 경험해 보면, 잊지 못할 추억이 될 것입니다. 불을 사용하는 실험이므로 바람이 불지 않는 날 야외에서 실험을 진행하고, 반드시 주변에 소화 도구를 준비해 두세요. 온 가족이 모두 실험에 참여해 안전하게 실험하세요!

#화상주의 #반드시보호자참여 #소화기준비 #열분해반응

아이의 놀이 과정

★ 반드시 보호자와 함께 놀이하도록 하며, 화상에 주의하세요! 바람이 많이 불지 않는 날 야외에서 실험하도록 합니다.

1. 은박 포일 접시에 모래를 채우고 가운데에 모래 언덕을 만듭니다.

2. 믹싱볼에 설탕 4T와 베이킹 소다 1T를 넣고 골고루 섞습니다.

★ 더 크고 긴 카본 슈가 스네이크를 만들고 싶다면 설탕과 베이킹 소다의 양을 4:1의 비율로 늘리면 됩니다.

3. 에탄올을 모래 언덕 주위에 골고루 뿌립니다.
★ 반드시 어른의 도움을 받아 진행합니다.

4 에탄올을 뿌린 모래 언덕 위에 **2**의 혼합물을 넣습니다.

5 캔들 라이터를 이용해 혼합물 근처의 모래에 조심스럽게 불을 붙입니다.
★ 반드시 어른의 도움을 받아 진행합니다.

6 불꽃이 생각보다 클 수 있으니 반드시 아이들은 1~2m 정도 물러나 있도록 합니다.

7 설탕과 베이킹 소다의 혼합물이 거품을 내며 검게 변하며 커지는 모습을 관찰합니다.
★ 10~20분 이상 계속해서 탈 수도 있으니 혼합물의 형태에 더 이상 변화가 없을 때까지 천천히 관찰하세요.

8 카본 슈가 스네이크가 만들어진 원리를 생각해 봅니다.

숨겨진 과학 원리

열분해 반응을 이용한 카본 슈가 스네이크

이 실험에서 크고 무시무시한 검은색 뱀이 만들어지는 이유는 바로 열분해 반응 때문입니다. 라이터 용액에 불을 붙였기 때문에 설탕과 베이킹 소다의 혼합물은 점점 뜨거워지지요. 탄소, 수소, 산소로 이루어져 있는 설탕은 뜨거워지면 탄소와 수증기를 만듭니다. 베이킹 소다(탄산수소 나트륨) 역시 뜨거워지면 탄산 나트륨, 이산화 탄소, 수증기를 만듭니다. 설탕에서 발생한 탄소와 베이킹 소다에서 발생한 탄산 나트륨이 이산화 탄소와 수증기의 공기주머니 안에 갇힌 채로 팽창하면서 우리가 볼 수 있는 뱀이 만들어지는 것입니다.

EXPLORE
58

맛있는 크리스탈
레인보우 락캔디

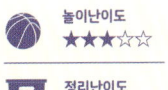

놀이난이도
★★★☆☆

정리난이도
★★★☆☆

이런 게 필요해요!

- ☐ 나무 꼬치 6개
- ☐ 컵 6개
- ☐ 집게 6개
- ☐ 물 6컵
- ☐ 설탕 12컵
- ☐ 깔때기
- ☐ 숟가락
- ☐ 접시
- ☐ 설탕 1T
- ☐ 식용 색소
- ☐ 냄비

여러 가지 종류의 젤리와 사탕을 판매하는 사탕 전문점에 가면, 이수와 이현이는 꼭 락 캔디를 사달라고 합니다. 크리스탈처럼 보이는 락 캔디를 만드는 것은 사실 간단합니다. 재료도 물과 설탕만 있으면 되니 준비하기도 쉽습니다. 하지만 시간이 꽤 많이 소요된다는 단점이 있습니다. 당장 락 캔디를 만들고 먹고 싶어 하는 아이들에게는 기다리는 시간이 어렵게 느껴질 수 있어요. 하지만 막대에 크리스탈 결정이 형성되며 점차 락 캔디의 형태를 갖추는 것을 보면 기다림도 지루하지 않을 것입니다. 크리스탈 결정들이 점차 커지는 것을 관찰하며 락 캔디를 먹을 수 있는 날을 기다리는 시간은 정말 설레거든요. 아이가 락캔디를 좋아한다면, 혹은 맛있는 과학 놀이를 해 보고 싶다면 꼭 추천합니다.

#막대사탕 #크리스탈결정 #과포화용액 #온도차이 #용해도차이

아이의 놀이 과정

1. 냄비에 물 6컵을 넣고 끓입니다.

2. 끓는 물에 설탕 6컵을 넣고 녹을 때까지 젓습니다.

3. 설탕이 모두 녹았다면 나머지 설탕 6컵을 더 넣고 녹을 때까지 젓습니다.

4. 설탕물을 20분 동안 식혀 줍니다.

5. 설탕물이 식을 동안 나무 꼬치의 3/4 정도를 설탕물에 담급니다.

6. 접시 위에 설탕 1T를 골고루 뿌려요.

7. 설탕물에 담갔던 꼬치 6개를 접시 위에서 굴려 꼬치에 설탕이 달라붙게 합니다.

★ 꼬치에 붙은 이 설탕들이 바로 락 캔디 크리스탈의 시작인 작은 결정이 됩니다.

8. 꼬치에 붙은 설탕이 모두 건조될 때까지 기다립니다.

9 컵 6개에 식용 색소 6종류를 넣습니다.

10 식혀둔 설탕물을 컵 6개에 나누어 붓습니다.

11 꼬치의 끝이 바닥에 닿지 않도록 집게로 꼬치를 고정해 컵의 입구에 걸칩니다.
★ 꼬치의 끝과 컵의 바닥 사이에 약 2.5cm 정도 여유를 남겨둡니다.

12 흔들림이나 온도 변화가 적은 장소에 컵 6개를 두고, 일주일 동안 기다리며 크리스탈 결정이 자라나는 모습을 관찰합니다.

13 일주일 동안 락 캔디가 얼마나 자랐는지 확인합니다.

14 설탕물 표면의 설탕층을 살짝 두드려 깬 후, 꼬치를 들어 올려 락 캔디를 꺼냅니다.

15 설탕물에서 꺼낸 락 캔디를 하루 동안 건조합니다.

16 락 캔디가 만들어진 원리를 생각해 봅니다.

숨겨진 과학 원리

온도 차이와 용해도 차이로 형성되는 과포화 용액

이 실험에서 끓는 물(용매)에 설탕(용질)을 녹였기 때문에 용해도가 커져서 많은 양의 설탕을 녹일 수 있었습니다. 그런데 뜨거웠던 설탕물이 식으면 어떻게 될까요? 설탕물이 식으면 용해도 차이만큼 설탕이 석출되어 과포화 용액이 만들어집니다. 그리고 석출된 설탕은 액체가 아닌 고체 상태가 되어 나무 꼬치에 있는 설탕에 달라붙습니다. 물이 식을수록, 그리고 물이 증발할수록 물속에 포함된 설탕의 양은 더욱 많아집니다. 그래서 락 캔디의 크리스탈이 계속해서 자랄 수 있는 환경이 만들어지는 것입니다.

특별한 목욕 시간을 위한
배쓰밤

놀이난이도
★★★★☆

정리난이도
★★★☆☆

이런 게 필요해요!

- ☐ 믹싱볼
- ☐ 뚜껑이 있는 컵(메이슨 자)
- ☐ 베이킹 소다 1컵
- ☐ 구연산 1/2컵
- ☐ 엡솜 소금 1/2컵
- ☐ 옥수수 전분 1/2컵
- ☐ 물 3/4T
- ☐ 에센셜 오일 2T
- ☐ 오일 2T   ☐ 식용 색소
- ☐ 배쓰밤 몰드   ☐ 유산지
- ☐ 드라이드 플라워,
    허브, 피규어 등(선택)

배쓰밤은 물속에서 시원하게 녹으며 시각, 후각, 촉각적으로 아이들의 마음을 사로잡습니다. 또 피로를 완화하고 피부 보습에도 효과적이라고 하지요. 그렇지만 시중에 판매되는 배쓰밤은 성분이 걱정되어 쉽게 손이 가질 않더라고요. 그런데 베이킹 소다, 구연산, 엡솜 소금(Epsom Solt)이 있으면 집에서도 쉽게 배쓰밤을 만들 수 있습니다. 아이와 엄마의 취향껏 신나게 배쓰밤을 만들고, 목욕에 사용하면 평소보다 목욕 시간이 훨씬 더 즐겁게 느껴질 것입니다. 사용하는 재료에 따라 천차만별로 다른 나만의 배쓰밤을 만들어 보세요. 배쓰밤 만들기는 아이들의 놀이용, 선물용으로도 좋답니다.

#목욕놀이 #엡솜소금 #선물용추천

아이의 놀이 과정

1. 믹싱볼에 가루 재료(베이킹 소다 1컵, 엡솜 소금 1/2컵, 옥수수 전분 1/2컵)를 넣고 골고루 섞습니다.
   ★ 이때 구연산은 넣지 않는다는 점에 유의합니다.

2. 뚜껑이 있는 컵에 액체 재료(물 3/4T, 에센셜 오일 2T, 오일 2T, 식용 색소)를 넣고 흔들어 섞습니다.

3. **2**의 액체 혼합물과 구연산 1/2컵을 **1**의 믹싱볼에 넣고 모든 재료를 골고루 섞습니다.

4. 재료가 골고루 섞이면 푸석푸석한 질감이 만들어집니다.
   ★ 드라이 플라워, 허브 등을 넣어 더욱 특별하게 만들 수 있습니다.

5 반구형 몰드에 **4**의 가루를 가볍게 쌓아 채웁니다.

★ 피규어를 넣은 배쓰밤을 만든다면 이 단계에서 피규어를 배쓰밤 몰드에 넣습니다.

6 반구형 몰드를 각각 채운 후 두 반구를 꾹 눌러 구 형태로 모양을 만듭니다.

7 몰드를 세게 눌러 모양이 잡히도록 한 후, 몰드의 윗 뚜껑을 열어 1시간 동안 건조시킵니다.

8 몰드의 윗 뚜껑을 덮어 씌운 후, 몰드를 뒤집어 반대편 뚜껑을 열고 1시간 동안 건조시킵니다.

★ 배쓰밤 가루가 완전히 건조되지 않은 상태에서 몰드를 제거하면 배쓰밤의 형태가 바스라집니다. 반대로 몰드에서 장시간 방치하면 가루가 몰드 안에서 단단하게 굳어 빼낼 수가 없습니다.

놀이 노하우

남은 배쓰밤 가루를 활용하세요!

남은 배쓰밤 가루를 실리콘 몰드에 넣어서 작은 배쓰밤을 만들 수도 있습니다.

9 몰드에서 배쓰밤을 꺼내 이틀 동안 건조시킵니다.

10 욕조에 배쓰밤을 넣었을 때 생기는 화학 반응을 관찰하며 즐거운 목욕 시간을 보냅니다.
★ 배쓰밤의 사용기한은 약 6개월입니다. 만들고 빨리 사용할수록 화학 반응을 더욱 잘 관찰할 수 있습니다.

11 배쓰밤이 물과 만났을 때 나타난 화학 반응이 일어난 이유를 생각해 봅니다.

숨겨진 과학 원리

베이킹 소다와 구연산의 화학 반응

① 배쓰밤을 사용하면 베이킹 소다와 구연산의 화학 반응을 관찰할 수 있습니다. 탄산수소 나트륨인 베이킹 소다는 약염기성을 띠고, 구연산은 강산성을 띱니다. 따라서 베이킹 소다와 구연산이 만나면 산-염기의 중화 반응을 일으키게 됩니다. 그리고 그 결과로 이산화 탄소 가스가 만들어집니다.

② 배쓰밤을 만드는 재료에 포함된 엡솜 소금은 소금이라는 이름이 붙었지만, 성분은 황산 마그네슘입니다. 황산 마그네슘은 물에 쉽게 용해됩니다. 그리고 용해 과정에서 황산염과 마그네슘으로 분해되지요. 그리고 이 성분들이 체내에 흡수되어 디톡스, 미네랄 흡수, 근육통 완화, 관절염 등에 도움이 되는 것으로 알려져 있습니다. 하지만 신장이 매우 약한 사람에게는 엡솜 소금에 포함된 마그네슘이 걸러지지 않고 체내에 축적되어 역효과가 생길 수 있다고 하니 유의하세요.

EXPLORE
60

코끼리야, 우리 같이 양치하자
코끼리 치약

놀이난이도
★★★☆☆

정리난이도
★★★★☆

이런 게 필요해요!

- ☐ 페트병 등의 용기
- ☐ 3% 과산화 수소 1/2컵
- ☐ 이스트 1T
- ☐ 따뜻한 물 3T
- ☐ 액체 주방 세제
- ☐ 계량컵
- ☐ 숟가락
- ☐ 트레이
- ☐ 식용 색소

코끼리는 양치질을 할까요? 이름부터 상상력을 자극하는 코끼리 치약 실험은 아이들이 좋아할 수 밖에 없는 놀이입니다. 실험 속도가 무척 빠르고, 실험의 결과는 극적이기 때문이지요. 그런데 왜 코끼리 치약이라는 이름이 붙었을까요? 이름에서 알 수 있듯이 코끼리 치약 실험에서는 코끼리가 사용할 수 있을 정도의 큰 거품을 만들 수 있습니다. 평소에 잘 사용하지 않는 과산화 수소를 재료로 사용하기 때문에 심리적으로 조금 거리감이 느껴질 수 있습니다. 하지만 한 번쯤은 꼭 해볼 만한, 오래도록 아이들에게 기억되며 추억으로 남을 실험이므로 과학 놀이의 끝판왕을 깬다는 느낌으로 도전해 보세요!

#코끼리실험 #과산화수소분해 #과학놀이끝판왕 #도전놀이

아이의 놀이 과정

1. 과산화 수소 1/2컵을 준비하고 액체 주방 세제를 두 번 크게 짜 넣고 골고루 섞습니다.
   ★ 페트병, 입구가 좁은 플라스크, 길쭉한 비커 등 다양한 용기를 사용해 거품이 어떻게 나타나는지 관찰해볼 수 있습니다.

2. 계량컵에 원하는 색의 식용 색소를 넣고 골고루 섞습니다.

3. **2**에서 만들어진 용액을 실험 용기에 담습니다.

4. 컵에 이스트 1T와 따뜻한 물 3T를 넣고 약 30초 동안 골고루 섞습니다.

놀이 노하우

실험 효과를 조절할 수 있지만 유의하세요!

우리가 약국에서 쉽게 구입할 수 있는 과산화 수소의 농도는 3%입니다. 전문적인 과학 실험용으로는 30% 과산화 수소를 사용하기도 합니다. 과산화 수소의 농도가 높아질수록 실험의 효과는 극대화되지만 그만큼 위험 요소가 늘어날 수 있습니다. 실험 환경이나 상황을 고려하여 3%, 10%, 30% 등 다양한 과산화 탄소 농도 중 적합한 것을 선택하세요. 이스트 대신 요오드화 칼륨을 사용하는 것도 실험의 효과를 높일 수 있지만, 요오드화 칼륨을 사용할 경우 코끼리 치약 거품의 온도가 높아져 아이에게는 위험할 수 있습니다. 그러므로 어린이와 실험할 때는 요오드화 칼륨 대신 안전한 이스트를 사용하세요.

5 이스트 용액을 과산화 수소가 담긴 용기에 재빠르게 넣고 뒤로 물러납니다.

6 거품이 솟아오르며 코끼리 치약이 만들어지는 모습을 관찰합니다.

7 코끼리 치약이 만들어진 이유가 무엇인지 생각해 봅니다.

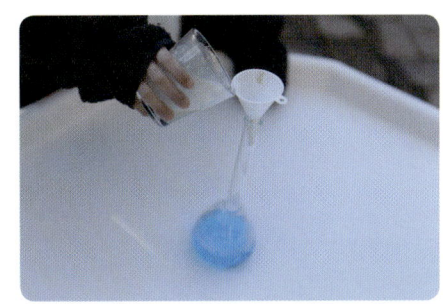

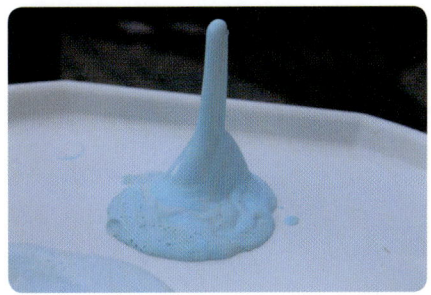

숨겨진 과학 원리

과산화 수소가 분해될 때 주방 세제의 역할

과산화 수소는 상처를 소독하는 효과가 있습니다. 그래서 약국에서 저농도인 3% 과산화 수소를 쉽게 구입할 수 있는 것이지요. 과산화 수소가 분해되면 산소와 물로 변합니다. 이 분해 과정은 보통 매우 천천히 이루어집니다. 그런데 촉매제를 첨가하면 그 반응 속도를 빠르게 만들 수 있습니다. 위의 실험에서는 촉매제로 이스트를 사용했습니다. 이스트에 포함된 카탈라아제 성분이 과산화 수소의 분해를 가속화시켜 물과 산소로 분해되는 것이지요. 산소 가스는 기포를 형성하며 터지는 것이 보통입니다. 하지만 액체 주방 세제의 표면 장력 때문에 산소 가스가 터지지 못한 채 거품에 갇히고, 과산화 수소의 분해가 끝날 때까지 계속 거품이 만들어지는 것이랍니다.

PART 4

PLAY
놀기

노는 게 제일 좋아

아이들이 좋아하는 만화 〈뽀롱 뽀롱 뽀로로〉의 주제가에는 "노는 게 제일 좋아!"라는 가사가 있습니다. 아이나 어른이나 노는 게 제일 신나고 좋은 건 같은 마음일 거예요. 그렇다면 놀면서 배운다는 말은 어떤 의미일까요? 우리가 제일 좋아하는 '놀이'를 통해 배움을 얻을 수 있다니, 그보다 좋은 배움의 방법이 어디에 있을까요? 아이들은 놀이를 통해서 무엇을, 어떻게 배울까요? 물감으로 색칠하거나, 블록을 쌓거나, 낙서하는 것과 같은 놀이 활동들이 과연 배움과 어떤 관련이 있을까요?

우리들의 놀이는 세상에 태어나기 전, 엄마 뱃속에서부터 시작됩니다. 양수 속에서 팔과 다리를 움직이기도 하고, 엄마 배 밖에서 나는 소리에 귀를 기울이기도 하지요. 그래서 엄마의 자궁은 태아의 감각 놀이터라고도 불립니다. 출생 후 하루에 깨어 있는 시간이 몇 시간 되지 않는 신생아 시기에도 아이들은 계속 놉니다. 그러다 스스로 목을 가누고 팔과 다리를 조절하는 능력이 길러지면서 아이들의 놀이는 더욱 다양해집니다. 유아기에는 팔, 다리, 등, 허리와 같은 대근육을 사용하는 놀이 시간이 많습니다. 바닥을 기어 다니고, 걸어 다니는 등의 대근육 운동을 통해 아이들의 두뇌, 신체, 정서도 함께 발달하지요. 그리고 이러한 대근육의 발달을 토대로 소근육도 점차 발달합니다. 그래서 아이가 성장함에 따라 정교한 신체 조절이 가능해지고 소근육을 활용한 놀이 시간도 많아지는 거예요. 놀이 시간은 3세부터 8세까지의 아이들에게 특히 중요하다고 하죠. 이 시기에 아이들의 놀이에는 우리가 생각하는 것보다 더욱 특별한 힘이 있기 때문입니다.

그렇다면 놀이의 장점은 무엇일까요?

첫째, 소근육을 발달시킬 수 있습니다. 아이들은 놀면서 손, 손목, 팔 등의 근육을 계속해서 사용합니다. 단추 끼우기, 색칠하기, 가위질하기, 풀칠하기, 낙서하기, 반죽하기와 같은 놀이 활동을 통해 손과 눈의 협응력, 두 손의 협응력, 사물을 조작하는 능력, 손가락의 민첩성과 힘이 길러지지요. 더 나아가 운필력과 같이 학습에 필수적인 힘을 기를 수도 있습니다. 이러한 소근육 발달을 통해 아이들이 스스로 문제를 해결할 수 있는 자조 능력 또한 향상되고 높은 자존감을 갖게 됩니다.

둘째, 언어 발달을 이끄는 역할을 합니다. 놀이에 앞서 엄마와 아이는 어떤 재료를 사용하고 싶은지, 무슨 색깔을 사용하고 싶은지, 무엇을 표현하고 싶은지 등에 대해 브레인스토밍합니다. 그리고 이 과정에서 이미 신나고 즐거운 대화를 나누게 되지요. 본격적인 놀이를 시작하게 되면 엄마의 설명을 듣고 이해가 안 되는 부분은 되묻기도 하면서 아이들의 의사소통 기술은 자연스럽게 향상됩니다. 또 놀이의 주제에 따라 다양한 어휘에 자연스럽게 노출되며 즐거운 방식으로 새로운 표현을 습득할 수 있어요. 이러한 구두 언어의 발달은 문자 언어의 발달로 자연스럽게 이어집니다.

셋째, 수학적 사고 능력을 기를 수 있습니다. 놀이와 수학은 사실 떼려야 뗄 수 없는 관계입니다. 레오나르도 다 빈치는 과학자, 화가, 건축가, 조각가, 엔지니어 등 다양한 분야에서 업적을 이루었어요. 그리고 그 업적들은 과학, 수학, 예술이 모두 긴밀하게 연결되어 만들어진 산물입니다. 황금 비율, 원근법, 기하학이 모두 수학과 예술의 접점에 있는 것처럼요. 수학 개념은 비단 위대한 예술가의 작품에서만 찾을 수 있는 것이 아닙니다. 아이들은 미술 도구의 분류, 재료의 길이와 크기, 채색 도구의 색깔 분류처럼 놀이를 시작하기도 전부터 수많은 수학 개념들에 노출됩니다. 놀이 중에는 어떨까요? 대칭, 패턴, 도형, 분류, 비율을 고려하게 되고 이러한 놀이 과정을 통해서 수학적 사고 능력도 점차 향상됩니다.

넷째, 메타인지 능력을 기를 수 있습니다. '메타인지'란 자신의 인지 과정을 전략적으로 생각하는 상위 인지 과정입니다. 인지 과정에 대한 계획, 관찰, 발견, 판단, 평가 등이 모두 이 메타인지에 포함됩니다. 그런데 이 인지 과정들은 아이가 놀이 중에 거치는 과정들과 매우 닮아 있습니다. 우리는 놀이에 앞서서 계획을 세우고 원하는 결과물에 대해서 예측합니다. 자신 혹은 타인의 작품을 관찰하며 자신만의 발견을 하기도 하지요. 또 놀이 후에는 놀이의 과정이나 완성된 작품을 판단하고 평가하며 보완에 대해서 생각하기도 합니다. 이렇게 자신의 놀이 활동을 계획하고 진행하고 마무리하는 과정을 통해 아이들의 메타인지 능력이 향상됩니다.

낙서를 하거나, 물감으로 색칠하거나, 블록을 쌓는 등의 놀이 활동이 때로는 굉장히 사소하거나 의미 없이 느껴질 수 있어요. 하지만 이러한 활동의 이면에는 아이들을 인지적, 정서적, 사회적으로 발달시키고 성숙하게 하는 놀이의 힘이 숨겨져 있답니다. 놀이의 힘은 우리가 생각하는 것보다 훨씬 더 크고 강력합니다.

PLAY 61

쿵쾅쿵쾅 망치질로 만드는
고슴도치의 가시

 놀이난이도
★★☆☆☆

 정리난이도
★☆☆☆☆

이런 게 필요해요!

- ☐ 재활용 박스
- ☐ 유아용 망치
- ☐ 도화지
- ☐ 마커
- ☐ 골프 티

망치를 생각하면 무거운 공구 가방이 떠오릅니다. 그리고 뭔가 위험하고 조심해야 할 것 같은 느낌도 듭니다. 하지만 유아용으로 나온 가벼운 나무망치를 주의하여 사용한다면 즐거운 놀잇감이 될 수 있습니다. 망치를 사용하는 놀이는 재미뿐만 아니라 아이들의 스트레스를 해소하는 데도 탁월합니다. 아빠나 엄마가 다루던 망치를 다룰 수 있다니, 아이들은 스스로 제법 큰 어른이 된 것 같은 느낌을 받을 거예요. 이수도 망치 놀이를 좋아하지만, 이현이의 망치 사랑은 못 말릴 정도입니다. 아이들과 함께한 망치 놀이 중, 가장 기억에 남는 것이 바로 고슴도치의 뾰족 가시를 만드는 활동입니다. 아이가 망치를 다룰 때 손을 다치지 않도록 가까이에서 관찰하며, 아이가 고슴도치의 가시를 만드는 모습을 지켜보세요.

#나무망치#스트레스해소#고슴도치가시#대근육발달

🧒 아이의 놀이 과정

1 골프 티의 길이보다 높이가 높은 재활용 박스를 준비합니다.

★ 높이와 두께가 모두 적당한 신발 상자를 추천합니다.

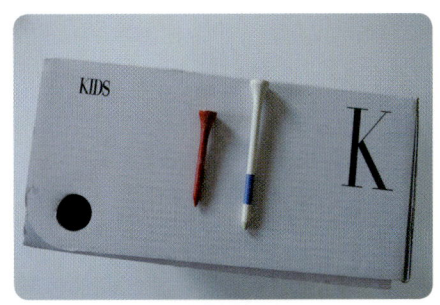

2 마커로 재활용 박스 위에 고슴도치 그림을 그립니다.

★ 고슴도치 그림을 출력하여 재활용 박스 위에 붙일 수도 있습니다.

3 마커로 고슴도치의 몸통 중간중간에 점을 찍어 아이가 망치질할 수 있는 지점을 만듭니다.

★ 점을 찍어주지 않아도 좋지만, 점을 찍으면 아이가 목표 의식을 가지고 놀이에 집중합니다.

4 마커로 표시한 점 위에 골프 티를 올려놓고 망치질해서 고슴도치의 뾰족한 가시를 만듭니다.

5   마커로 표시한 점에 골프 티를 모두 꽂아 고슴도치의 가시를 완성합니다.

놀이 노하우
'골프 티'가 무엇인가요?

'골프 티'는 골프공을 올려놓는 도구입니다. 생김새는 못과 비슷하지만, 금속이 아닌 나무나 우레탄 등의 소재로 만들어집니다. 두께가 두껍고 끝은 적당히 뾰족하여 아이들이 망치질할 때 못 대용으로 사용하기 적합합니다.

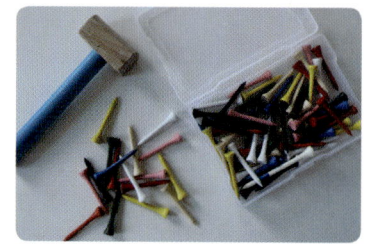

놀이 노하우
고슴도치 가시로 수 세기 연습을 해요!

골프 티로 고슴도치의 가시를 만드는 동안 가시가 몇 개 있는지 수 세기를 해볼 수 있습니다. 자연스럽게 수와 양의 일치에 대해서 배울 기회이지요. 더 나아가 고슴도치의 가시를 더하거나 빼며 간단한 덧셈과 뺄셈을 해 보세요.

놀이의 확장

고슴도치와 사과

고슴도치는 실제로 가시에 과일을 꽂아 모으기도 합니다. 고슴도치 가시가 된 골프 티 위에 집게를 이용해 빨간 폼폼을 올려 사과를 표현해 보세요. 아이들의 소근육과 집중력을 발달 시킬 수 있는 활동이 될 것입니다.

색깔 인지 원형 스티커

고슴도치의 몸 부분에 빨강, 주황, 노랑 등 다양한 색깔의 원형 스티커를 붙입니다. 그리고 스티커의 색깔과 같은 색깔의 마커 혹은 스티커로 골프 티의 윗부분에 색을 표시하세요. 아이는 고슴도치 몸에 붙어있는 원형 스티커의 색깔과 같은 색깔의 골프 티 색깔의 짝을 맞추며 색깔 인지 활동을 할 수 있습니다.

울퉁불퉁 호박

가을이 되면 흔하게 볼 수 있는 호박은 골프티를 이용한 망치질 연습에 좋은 재료 중 하나입니다. 겉은 딱딱하지만 속이 깊고 손잡이로 쓸 수 있는 꼭지도 있지요. 호박에 망치질을 하고 골프 티를 꽂아 울퉁불퉁한 호박을 만들어 보세요. 그리고 고무줄로 골프 티를 연결해 다각형을 만들어 볼 수도 있습니다.

PLAY
62

먹이를 유추할 수 있는
달팽이의 무지개 똥

놀이난이도
★★★☆☆

정리난이도
★★☆☆☆

이런 게 필요해요!

☐ 도화지
☐ 마커
☐ 마트 전단지
☐ 가위
☐ 딱풀
☐ 색연필
☐ 소금
☐ 목공용 풀
☐ 수채 물감
☐ 붓

동물의 똥에는 많은 정보가 담겨 있습니다. 똥의 모양이나 색깔, 크기 등을 통해서 육식 동물인지, 채식 동물인지, 혹은 잡식 동물인지를 알 수 있고, 동물의 크기도 가늠해 볼 수 있습니다. 그래서 호랑이, 코끼리, 토끼, 지렁이의 똥을 구별하는 건 그리 어렵지 않은 일입니다. 그렇다면 혹시 달팽이의 똥은 어떨까요? 달팽이 똥 색깔은 먹이의 색깔이 무엇이냐에 따라 달라집니다. 수박을 먹었다면 빨간색, 당근을 먹었다면 주황색, 오이를 먹었다면 초록색이 되지요. 목공용 풀과 소금으로 만든 소금길이 바로 달팽이가 똥을 누며 지나간 길이 될 거예요. 달팽이가 먹은 먹이를 유추하며 소금길을 따라 달팽이의 똥 색깔을 완성하세요.

#동물의똥 #먹이유추 #먹이의색깔 #소금길 #과일이름익히기

🧒 아이의 놀이 과정

1 도화지에 달팽이 그림을 그립니다.

2 달팽이 그림에 색연필로 색칠합니다.

3 마트 전단지에 있는 채소나 과일 사진을 가위로 오립니다.
★ 빨간색 사과, 주황색 오렌지, 초록색 시금치, 파란색 블루베리, 보라색 포도 등과 같이 색깔 구분이 쉬운 사진을 선택하세요.

4 꼬불꼬불한 선을 그려 달팽이가 똥을 싸고 지나간 길을 표현하고 선 위에 목공용 풀을 짭니다.

5 목공용 풀 위에 소금을 뿌려 풀 위에 소금이 달라붙게 합니다.
★ 풀 위에 소금을 뿌릴 때는 스푼을 사용해서 골고루 뿌립니다. 소금이 충분히 풀에 달라붙을 수 있도록 소금의 양을 넉넉히 하세요.

6 도화지를 수직으로 들고 소금을 털어 풀에 달라붙지 않은 여분의 소금을 정리합니다.

7 소금 선 주변에 **3**에서 준비한 채소나 과일 사진을 풀로 붙입니다.

8 수채 물감을 준비합니다.
★ 수채 물감 대신에 희석하지 않은 식용 색소를 사용하여 선명한 색감을 연출할 수도 있습니다

9 도화지에 붙인 음식의 색깔과 같은 색깔의 수채 물감이나 색소를 붓에 묻혀 소금 선 위에 찍습니다.

★ 풀 위에 소금을 뿌린 직후 바로 색소나 물감으로 소금을 물들입니다.

10 소금이 색깔 물을 흡수합니다.

11 **10**의 과정을 반복하여 달팽이가 눈 등의 색깔을 완성합니다.

놀이의 확장

다양한 소금 그림

목공용 풀과 소금을 이용하여 더욱 다양한 그림을 그려볼 수 있습니다. 도화지 위에 꽃, 나뭇잎, 공룡, 별, 하트 등 원하는 그림을 그린 후, 소금과 목공용 풀로 소금 선을 만듭니다. 도화지의 색깔은 흰색에만 국한하지 말고, 노란색, 검은색 등으로 다양하게 선택해 보세요.

준비물
도화지 | 연필 | 목공용 풀 | 소금 | 수채 물감 | 붓

① 해양 생물 소금 그림

② 태양계 소금 그림

③ 은하수 소금 그림

④ 잭오랜턴(Jack-o'-lantern) 소금 그림

PLAY 63

여름밤 하늘을 수놓는
반짝반짝 반딧불이

이런 게 필요해요!

- ☐ 도화지
- ☐ 블리딩 티슈 페이퍼
- ☐ 가위
- ☐ 마커
- ☐ 형광 물감
- ☐ 붓
- ☐ 물
- ☐ UV 라이트

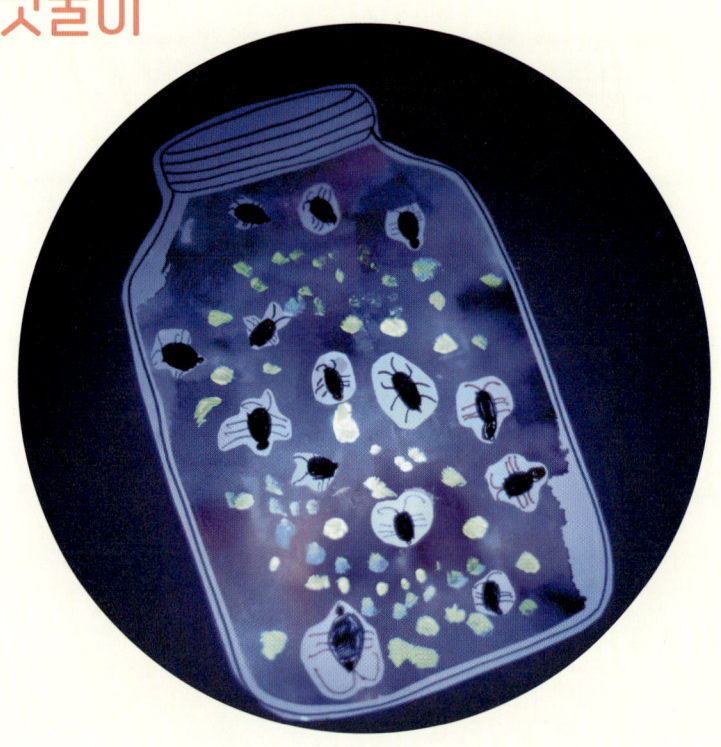

여름밤 하늘을 반짝반짝 수놓는 운치 있는 곤충이 있습니다. 바로 반딧불이지요. 물이 맑고 깨끗한 곳에 산다는 반딧불이는 아쉽게도 이제는 쉽게 볼 수 없게 되었습니다. 아이들에게는 반딧불이가 자연 관찰 책 속에 등장하는 신비로운 곤충으로 익숙할 거예요. 미국에서 살면서 아이들과 처음으로 반딧불이를 실제로 봤을 때의 즐거움은 상상 이상으로 컸습니다. 어둠을 가르는 노란 빛이 계속해서 움직이며 반짝이는 광경이 굉장히 신비롭게 느껴졌습니다. 그래서 집으로 돌아온 후에 아이들과 반딧불이의 빛을 다시 재현해 만들어보는 놀이를 했습니다. 집에서 반딧불이 빛을 만들어보는 건 어떨까요? 형광 물감과 UV 라이트만 있으면 집에서도 반딧불이를 만날 수 있습니다.

#여름놀이 #반딧불이 #신비함 #형광물감 #UV라이트 #시각자극

아이의 놀이 과정

1 도화지에 병 모양의 그림을 그립니다.

2 블리딩 티슈 페이퍼를 작게 잘라 병 모양 그림 위에 올려놓습니다.

3 물에 충분히 적신 붓으로 블리딩 티슈 페이퍼를 적셔 줍니다.
★ 붓을 조작하는 것이 어렵다면 스포이트나 분무기로 물을 뿌릴 수도 있습니다.

4 물에 젖은 블리딩 티슈 페이퍼의 색소가 도화지에 스며드는 것을 관찰합니다.

5 **4**의 작업을 반복하여 병 안을 색으로 채웁니다.
★ 블리딩 티슈 페이퍼는 습자지와 비슷하게 생겼습니다. 하지만 물에 젖으면 블리딩 티슈 페이퍼의 색소가 빠져나와 도화지를 물들인다는 차이가 있습니다.

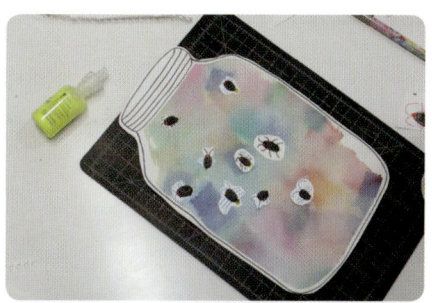

6 가위로 병 모양 그림의 테두리를 따라 오립니다.

7 새 도화지에 반딧불이 그림을 그립니다. 반딧불이는 머리, 가슴, 배로 이루어져 있고, 한 쌍의 더듬이와 겹눈, 세 쌍의 다리, 두 쌍의 날개를 가지고 있어요.
★ 아이가 곤충의 특징을 이해하고 마커로 반딧불이 그림을 그릴 수 있도록 안내하세요.

8 반딧불이 그림을 가위로 오려서 병 모양 안에 풀로 붙입니다.

9 반딧불이의 배면에 형광 물감을 색칠합니다.

10 불을 끄고 그림에 UV 라이트를 비추어 반딧불이가 빛을 발하는 모습을 관찰합니다.

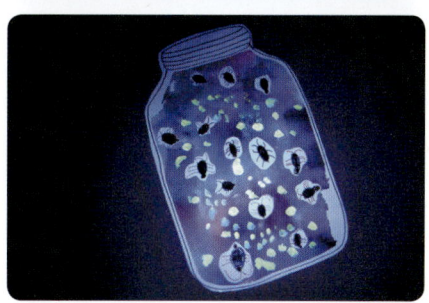

| PLAY 64 |

분필 가루를 이용해 만드는
마블링 고래

놀이난이도
★★★☆☆

정리난이도
★★☆☆☆

이런 게 필요해요!

- 도화지
- 마커
- 트레이
- 물
- 분필
- 플라스틱 칼(케이크용 빵칼)
- 젓가락

아이들이 좋아하는 해양 동물로 바다의 포식자 '상어'와 바다의 수호자 '고래'를 빼놓을 수 없습니다. 그래서 상어와 고래 모두 아이들 놀이의 단골 소재가 됩니다. 이수는 특히 고래를 좋아해서 고래의 종류를 구분하고 특징을 살펴보는 것을 좋아합니다. 고래가 상어의 공격으로부터 다른 동물을 구해 주는 다큐멘터리를 본 이후로는 고래를 더욱 좋아하게 되었지요. 바다를 유영하는 고래는 굉장히 신비로운 느낌을 냅니다. 이런 고래의 느낌을 표현하기에 아주 적합한 활동이 있습니다. 바로 분필 가루를 이용한 마블링 기법을 활용한 놀이입니다. 몽환적이면서도 마법같이 신비로운 느낌을 풍기는 분필 가루 마블링으로 고래가 사는 바다의 모습을 표현해 보세요. 아이들은 평소와 다른 재료와 방법으로 그림에 색을 더하는 분필 마블링의 매력에 푹 빠지게 될 것입니다.

#바다의포식자 #상어 #바다의수호자 #고래 #몽환적 #분필가루 #마블링

🧒 아이의 놀이 과정

1 도화지에 고래 그림을 그립니다.
★ 고래 그림을 프린터로 인쇄하는 방법도 있습니다. 아이가 원하는 만큼 계속해서 놀 수 있도록 도화지를 넉넉히 준비합니다.

2 깊이가 얕은 트레이에 물을 1cm 정도 채웁니다.

3 물이 담긴 트레이 위에서 플라스틱 칼로 분필을 갈아줍니다.
★ 강판을 사용할 수도 있지만, 플라스틱 칼을 이용하면 더 안전합니다.

4 트레이 위에 담긴 물 표면에 분필 가루가 쌓이면 또 다른 색깔의 분필들을 갈아서 다양한 색깔의 분필 가루가 물 표면에 떠 있도록 합니다.
★ 분필 가루의 일부는 트레이 바닥에 가라앉을 수도 있습니다. 하지만 물 표면 위에 분필 가루가 충분히 있다면 분필 가루의 일부가 가라앉더라도 괜찮습니다.

5 젓가락으로 분필 가루를 조심스럽게 휘저어 원하는 패턴을 만들 수도 있습니다.

6 도화지를 트레이 위의 물 표면에 조심스럽게 올립니다.

7 물 표면의 분필 가루가 도화지에 묻어날 수 있도록 손바닥으로 종이를 살짝 누릅니다.

8 도화지를 들어 올려 분필 가루가 마블링된 고래 그림을 확인합니다.

9 완성된 마블링 그림은 건조시킵니다.

놀이의 확장

분필 스텐실

분필 가루로 마블링을 하고 남은 분필이 있다면, 검은색 도화지 위에 스텐실을 해볼 수 있습니다. 놀이 방법은 간단하지만, 아이가 손을 계속해서 움직이며 소근육을 발달시킬 수 있는 놀이입니다. 먼저, 원하는 그림을 흰색 도화지 위에 그리고 가위로 오립니다. 오려낸 그림을 검은색 도화지에 올리고 마스킹 테이프로 도화지 안쪽을 고정합니다. 흰 도화지 주변을 여러 가지 색깔의 분필로 두껍게 색칠합니다. 도화지에 색칠한 분필을 손가락이나 면봉으로 문질러 번지는 효과를 연출합니다. 마스킹 테이프로 고정한 흰색 도화지를 떼어내면 분필 스텐실이 완성됩니다.

준비물

분필 | 검은색 도화지 | 흰색 도화지 | 마스킹 테이프 | 가위

분필 가루 스프레이

아이가 분필 가루를 만드는 과정을 즐거워하여 계속해서 반복하고 싶어 하거나 이미 만들어 놓은 분필 가루가 많이 남았다면, 스프레이에 분필 가루와 물을 넣고 골고루 섞어 분필 가루 스프레이를 만들 수 있습니다. 분필 가루 스프레이를 도화지, 보도블록, 아스팔트 등 다양한 곳에 뿌려 보세요. 고체 상태일 때와는 또 다른 액체 상태의 분필을 즐길 기회가 됩니다.

PLAY
65

놀이난이도
★★☆☆☆

정리난이도
★☆☆☆☆

싹이 난 감자로 할 수 있는 도장 놀이
하트 감자 도장

이런 게 필요해요!

- ☐ 감자
- ☐ 쿠키커터
- ☐ 과도
- ☐ 물감
- ☐ 롤러
- ☐ 트레이
- ☐ 도화지
- ☐ 마스킹 테이프
- ☐ 알파벳 스탬프

놀이할 때 아이들에게 붓이나 손이 아닌 색다른 사물을 미술 도구로 사용하는 것을 적극적으로 권합니다. 고정관념에서 벗어나 새로운 시도를 하고 창의적으로 생각해 볼 기회가 되기 때문이지요. 우리가 평소에 음식으로만 생각하는 과일이나 채소 역시 재미있는 채색 도구가 될 수 있습니다. 옥수수를 롤링핀처럼 잡고 굴려서 그림을 그리는 것처럼요. 다양한 채소 중에서도 감자는 크기가 다양하고, 원하는 모양을 만들기도 쉬워서 도장으로 만들기에 아주 적합한 재료입니다. 감자 도장을 만들 때 감자를 반으로 자른 후 단면에 간단한 패턴을 조각할 수도 있고, 쿠키커터를 활용하여 재미있는 도장 모양을 만들 수도 있습니다. 포크로 감자를 찍어서 손잡이를 만들면 아주 어린 나이의 아이들도 쉽게 조작할 수 있으니 참고하세요.

#새로운채색도구 #과일도장 #단면관찰 #다양한활용

엄마의 준비 과정

1. 감자 도장을 만들 때 쿠키커터의 크기보다 큰 감자를 고릅니다.

2. 칼로 감자를 반으로 자릅니다.

3. 쿠키커터를 감자의 단면에 깊게 눌러 꽂습니다.

4. 과도로 쿠키커터의 바깥 면의 감자를 1cm 정도 도려냅니다.

★ 감자를 반으로 잘라 도장을 만들었기 때문에 손으로 잡고 도장을 찍기 한결 쉽습니다. 감자가 작다면 포크를 꽂아서 손잡이를 만들면 좋습니다.

5. 감자에서 쿠키커터를 빼내고 감자 도장의 모양을 확인합니다.

아이의 놀이 과정

1. 트레이에 물감을 짭니다.

2. 감자 도장에 물감이 골고루 묻을 수 있도록 롤러로 물감을 밀어 줍니다.

★ 도화지의 가장자리에 마스킹 테이프를 붙이고, 그림을 완성한 후에 마스킹 테이프를 떼어내 보세요. 마스킹 테이프로 가려진 부분은 깨끗하게 유지되어 마치 액자와 같은 효과가 나타납니다.

3. 롤러를 이용하여 감자 도장에 물감을 바릅니다.

4. 도화지 위에 감자 도장을 찍습니다.

5 도화지 위에 붙인 마스킹 테이프를 떼어냅니다.

6 알파벳 스탬프를 이용해 하트 안에 문구를 써넣을 수 있습니다.

7 완성된 작품은 핸드 메이드 카드로 활용할 수 있습니다.

놀이의 확장

감자 나뭇잎 도장

먼저 감자를 반으로 잘라 세로로 길쭉한 형태를 만듭니다. 그리고 과도를 이용해 감자의 중앙을 세로 방향으로 길쭉하게 팝니다. 이렇게 해서 나무의 큰 나뭇가지를 만들었다면, 큰 나뭇가지를 중심으로 왼쪽과 오른쪽에 각각 작은 나뭇가지를 2~3개 정도 더 팝니다. 도화지에 나무 그림을 그리고 계절에 알맞은 색감의 물감을 사용하여 감자 나뭇잎 도장을 찍으면 됩니다.

감자 튤립 도장

튤립이 만개하는 봄에 할 수 있는 놀이로 감자 튤립 도장을 만들어 볼 수 있습니다. 감자를 반으로 잘라 세로로 길쭉한 형태로 잡고 과도를 이용해 감자 단면의 윗부분을 V자 모양으로 반복해서 팝니다. 그럼 간단하게 튤립 모양이 완성됩니다. 빨간색, 노란색, 주황색, 분홍색, 보라색 등 다양한 색깔의 물감을 활용해 멋진 튤립 꽃밭을 만들어 보세요.

PLAY
66

편식하는 아이가 채소와 친해질 수 있는
채소 과일 도장

놀이난이도
★★☆☆☆

정리난이도
★★★☆☆

이런 게 필요해요!

☐ 다양한 채소나 과일
☐ 물감
☐ 롤러
☐ 트레이
☐ 도화지

내 아이가 모든 음식을 골고루 잘 먹는 것은 많은 엄마들의 바람입니다. 하지만 아쉽게도 채소나 과일을 편식하는 아이들이 많습니다. 편식을 고치는 데 가장 좋은 방법 중 하나가 바로 아이가 음식 재료와 친해지도록 하는 것입니다. 채소의 냄새를 맡아 보고, 손으로 만져도 보고, 다양한 방법으로 놀아 보면 채소에 대한 거부감을 없애고 친숙한 마음을 가질 수 있습니다. 우리 주변의 채소나 과일들을 자세히 보면 본연의 모습 자체로 멋진 도장이 되는 재료들이 무궁무진합니다. 청경채는 탐스러운 장미꽃이 되고, 오크라는 앙증맞은 꽃이 되지요. 이밖에 어떤 채소를 도장으로 쓸 수 있을지 함께 살펴봅시다.

#편식해결 #거부감제로 #채소친구 #채소도장

아이의 놀이 과정

1 청경채/배추/상추 장미꽃

청경채나 배추, 상추의 밑동을 도장으로 활용해 찍으면 예쁘고 탐스러운 장미꽃 모양이 만들어집니다. 장미꽃을 가위로 오리고 습자지와 초록색 펠트 나뭇잎을 더해서 부케를 만들어 보세요. 혹은 빨대로 장미꽃 줄기를 만들어 꽃꽂이를 할 수도 있습니다.

2 셀러리

셀러리의 단면을 도장으로 찍으면) 모양이 만들어집니다. 물감의 색을 다양하게 활용해 물고기의 비늘을 무지개색으로 만들어 보세요. 혹은 무지개, 꼬불꼬불한 라면, 엄마의 펌 머리를 만들어 볼 수도 있습니다.

3 오크라

오크라의 단면은 마치 꽃이나 별 모양 같습니다. 도화지 위에 다양한 색의 물감을 사용하여 오크라 꽃밭이나 오크라 은하수를 만들 수 있습니다. 모양을 더욱 깔끔하게 표현하고 싶다면 오크라 단면에서 씨를 한두 개 빼고 활용합니다.

4 방울 양배추

방울 양배추를 반으로 자른 단면을 활용해 초록색 물감으로 녹음이 짙은 여름 나무를 표현할 수도 있고, 빨간색 물감으로 단풍이 곱게 든 가을 나무를 표현할 수도 있습니다. 혹은 달팽이, 무당벌레 등의 곤충을 표현해 볼 수도 있습니다.

5 양파

반으로 자른 양파의 껍질을 몇 꺼풀 벗겨내면 마치 아직 피지 않은 꽃봉오리와 같은 모양이 나타납니다. 양파 꽃봉오리를 이용해 꽃이 담긴 화병이나 부케를 만듭니다. 또는 양파를 반원 모양으로 잘라 무지개 도장으로 만듭니다.

6 상추

상춧잎에 물감을 칠하면서 상추의 줄기와 잎맥을 관찰할 수 있습니다. 상춧잎에 연두색이나 초록색뿐만 아니라 과감하게 검은색 물감을 칠해 도화지에 찍어 보세요.

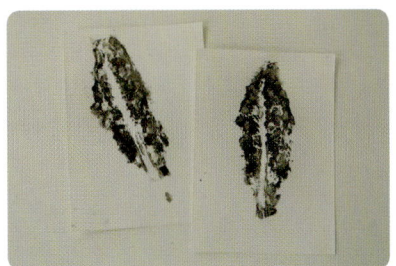

7 순무

순무를 가로로 자르면 동그라미 모양, 세로로 자르면 줄기와 뿌리가 잘 나타나는 순무 모양의 도장을 찍을 수 있습니다. 순무는 수분이 적고, 단면이 깔끔하므로 물감 대신 잉크 스탬프를 사용해 완성도 높은 작품을 만들 수 있습니다.

8 파프리카

파프리카의 단면을 잘라서 세잎클로버 혹은 네잎클로버 도장을 찍을 수 있습니다. 파프리카의 단면은 두껍고 견고하여 도장으로 쓰기에 안정적입니다. 파프리카의 꼭지는 아이가 도장 손잡이로 사용할 수 있어 좋습니다. 파프리카의 씨를 미리 제거하면 더욱 깔끔한 작품을 만들 수 있습니다. 완성된 세잎클로버에는 펜으로 귀여운 표정을 그려 완성하세요.

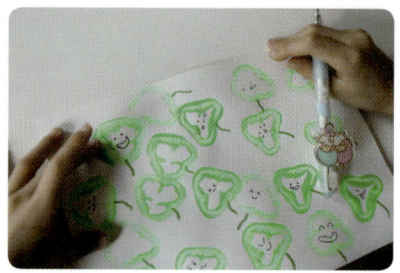

9 오렌지/라임/자몽

감귤류의 과일은 수분이 많으므로 완전히 익어 말랑해진 상태일 때보다 덜 익고 단단할 때 과육을 관찰하기 쉽습니다. 다양한 색깔의 물감으로 도장을 찍으면 불꽃놀이를 연상케 하는 화려한 무늬를 확인할 수 있습니다.

10 버섯

양송이 버섯의 줄기를 잘라내고 버섯의 갓을 도장으로 활용할 수 있습니다. 버섯은 부드럽고 아이의 손에 알맞은 크기를 찾기도 쉬워 아주 훌륭한 도장이 됩니다.

11 사과

사과를 가로로 자르면 마치 꽃 모양 같은 사과의 단면이 나오며, 세로로 자르면 사과의 씨 부분과 꼭지 부분을 잘 관찰할 수 있습니다. 사과를 활용한 도장 놀이는 사과의 해부학적 구조를 알아보기에도 좋은 활동입니다.

12 음식 콜라주

파스타는 곱슬곱슬한 머리카락이 되고, 둥그런 양파는 눈썹이 되며, 짙은 색의 블루베리는 눈이 될 수 있습니다. 레몬이나 라임 조각은 웃는 입이 될 수 있지요. 방울토마토의 단면은 무당벌레가 되고, 당근은 잠자리의 날개가 되기도 합니다. 아이가 창의력을 발휘할 수 있도록 다양한 재료를 준비하세요.

PLAY
67

만지면 톡 터지는 비눗방울을 이용한
버블 아트

놀이난이도
★★★☆☆

정리난이도
★★★★☆

이런 게 필요해요!

☐ 비눗방울 용액
☐ 식용 색소
☐ 도화지
☐ 아이의 사진이나 그림
☐ 가위
☐ 풀

아이들은 비눗방울 놀이를 참 좋아합니다. 공기 중을 부드럽게 떠다니며 무지갯빛으로 영롱하게 빛나다가 어느 순간 '톡!'하고 터지는 비눗방울은 아이들의 마음을 사로잡습니다. 이수와 이현이가 걸음마를 시작하고 비눗방울을 쫓아다닐 수 있게 되었을 때, 외출 시 비눗방울은 필수품이었습니다. 그래서인지 조금씩 쓰다 만 비눗방울 용기가 꽤 여럿 모이더라고요. 애매하게 남은 비눗방울 용기와 용액이 있다면 버블 아트의 재료로 사용해 보세요. 아이가 스스로 비눗방울을 불어가며 작품을 조금씩 완성해 나갈 때 느끼는 성취감은 무척 크답니다.

#비눗방울놀이 #집중력향상 #버블아트

아이의 놀이 과정

1 비눗방울 용액이 담긴 용기에 식용 색소를 몇 방울 떨어뜨린 후 골고루 섞습니다.

★ 비눗방울 용액의 색을 다양하게 만들수록 다채로운 작품을 완성할 수 있습니다. 선명한 색을 원한다면 식용 색소의 양을 늘려 줍니다.

2 비눗방울 완드를 이용해 도화지 위에 비눗방울을 붑니다.

★ 바람이 부는 야외보다는 실내에서 놀이를 진행하는 것이 좋습니다.

3 도화지 위에 만들어진 비눗방울의 흥미로운 패턴을 관찰합니다.

4 아이의 사진에서 배경을 오립니다.

5 도화지 위에 아이의 사진이나 그림을 풀로 붙여 버블 아트를 완성합니다.

놀이의 확장

거품이 풍성한 버블 아트

준비물
유리컵 | 비눗방울 용액 | 식용 색소 | 주름 빨대 | 가위 | 도화지

비눗방울을 하나씩 후후 부는 것이 어린이에게는 어려울 수도 있습니다. 그럴 때는 빨대를 이용해 보글보글 풍성한 거품을 만들 수 있는 버블 아트를 해 보세요. 이 비눗방울 놀이 방법은 작고 섬세한 비눗방울보다 크고 풍성한 비눗방울을 만들기에 적합해서 구름이나 수국꽃을 표현하기에 알맞습니다.

★ 주름 빨대의 주름 부분에 가위집을 내어 아이가 비눗방울을 삼키는 일이 없도록 예방합니다.

형광 비눗방울

비눗방울 용기에 형광 물감을 몇 방울 넣어 형광 비눗방울을 만들 수 있습니다. 실내를 어둡게 만들고 UV 라이트를 켠 상태로 비눗방울을 붑니다. 어둠 속에서 밝게 빛나는 비눗방울이 공기 중에 떠다니다 터지는 모습은 굉장히 신비로운 느낌을 준답니다.

다양한 크기의 원을 그리는
컴퍼스 아트

놀이난이도 ★★★★★
정리난이도 ★★☆☆☆

이런 게 필요해요!
- □ 컴퍼스
- □ 붓
- □ 수채 물감
- □ 템페라 물감
- □ 마커
- □ 색연필
- □ 도화지

학창 시절에 각도기와 컴퍼스를 자주 사용했던 기억이 있어요. 어느 날 서랍을 정리하다 어릴 때 사용하던 컴퍼스를 찾았어요. 컴퍼스로 원하는 크기의 동그라미를 얼마든지 그릴 수 있다는 것을 이수에게 알려주면 정말 좋아할 것 같았습니다. 이수에게 컴퍼스로 동그라미를 그리는 방법을 보여주었더니 정말 재미있어 하며 당장 해보고 싶어 했습니다. 하지만 보는 것과 달리 이수가 컴퍼스를 직접 조작하여 원을 그리기는 쉽지 않았어요. 하지만 여러 번 반복하면서 컴퍼스를 사용하는 방법을 습득하고 다양한 색깔과 크기의 동그라미를 그릴 수 있게 되었지요. 컴퍼스는 평소 아이가 사용할 일이 없는 도구이고, 또 놀이와도 상관이 없어 보이는 도구이지만 가끔은 이런 색다른 놀이가 아이에게 성취감을 느끼게 해주는 즐거운 도전이 되기도 한답니다.

#원그리기 #반복놀이

엄마의 준비 과정

1 컴퍼스로 원을 그리는 방법을 아이에게 보여 주세요.

2 아이가 직접 컴퍼스를 조작할 수 있도록 도와주세요.

★ 반원을 그리기는 비교적 쉽지만, 전체 원을 완성하는 부분은 아이에게 어려울 수 있으니 두 손을 이용해 컴퍼스를 조작할 수 있도록 안내합니다.

아이의 놀이 과정

1 다양한 색채 도구를 사용해 도화지에 컴퍼스로 원을 그려 봅니다.

2 색연필이나 마커, 붓을 이용해 다양한 원을 그립니다.

★ 수채 물감을 사용할 때와 템페라 물감을 사용할 때의 과정과 결과물 또한 다르니 다양하게 시도해 보세요.

수채 물감

3 컴퍼스의 반지름을 조절하며 다양한 크기의 원을 그립니다. 원끼리 겹쳐가며 그려볼 수도 있고, 원의 중심은 같지만 반지름이 다른 두 개 이상의 동심원을 반복해서 그려볼 수도 있습니다.

템페라 물감

4 원 안에 색을 칠하거나 원을 이용한 그림을 그려 봅니다.

놀이의 확장

자를 이용해 원의 크기 재기

컴퍼스 아트에서 한발 더 나아가 자로 원의 지름과 반지름을 재 보는 건 어떨까요? 눈으로 보았을 때, 어떤 원이 크고 작은지 비교하고, 자로 원의 크기를 재봅니다. 원의 성립 조건, 지름, 반지름, cm, mm 등 다양한 수학적 개념을 알아볼 수 있는 알찬 시간이 됩니다.

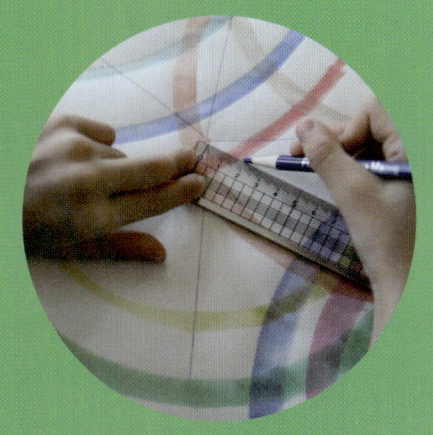

병뚜껑 동그라미

동생 이현이도 누나가 컴퍼스로 동그라미를 그리는 모습을 보며 놀이에 참여하고 싶어했지만 컴퍼스를 다루기에는 아직 어렸습니다. 그런데 컴퍼스를 사용하지 않고도 얼마든지 동그라미 작품을 만들 수 있습니다. 병뚜껑, 유리컵 등 집 안에서 동그란 모양을 가진 사물을 모아 다양한 크기의 동그라미 도장을 찍어 봅니다. 강력한 독을 가진 파란 고리 문어도 그리거나, 하늘에 떠다니는 비눗방울을 그려 볼 수도 있습니다.

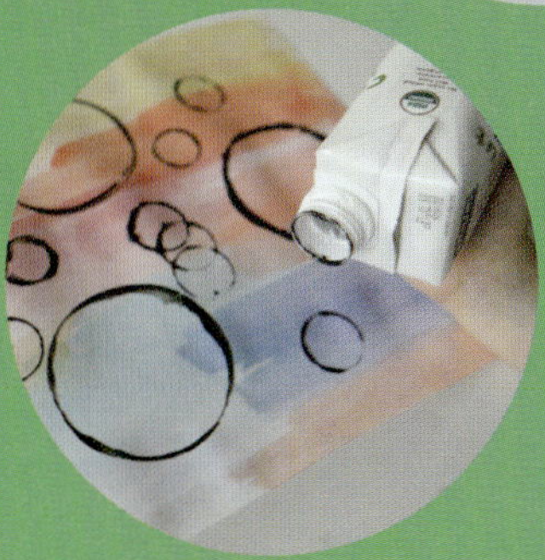

PLAY 69

하늘이 비치는 거울 위에 그리는
구름 그림

놀이난이도
★☆☆☆☆

정리난이도
★☆☆☆☆

이런 게 필요해요!

☐ 아크릴 거울
☐ 쉐이빙 폼
☐ 그릇
☐ 붓

파란 하늘 위를 떠다니는 하얀 구름을 보면 평화로움이 느껴집니다. 그래서 이수와 이현이도 구름에 관해 자주 이야기하는 편입니다. 뭉게구름(적운), 새털구름(권운), 양털구름(권적운)으로 구름의 모양을 구분하기도 하고, 구름의 높낮이나 색깔을 보며 날씨를 예측해 보기도 하지요. 구름을 주제로 할 수 있는 여러 가지 활동 중 하나가 바로 거울 위에 구름 그림을 그리는 것입니다. 날씨가 좋은 날이나 흐린 날에 아크릴 거울을 들고 밖으로 나가서 거울을 땅에 놓으면, 거울 위로 하늘이 비칩니다. 그리고 예쁜 구름도 관찰할 수 있습니다. 거울 속에 펼쳐진 파란 하늘 위에 또 다른 구름 그림을 그려 봅시다.

#구름관찰 #뭉게구름 #새털구름 #양털구름 #거울놀이

엄마의 준비 과정

잔디밭이나 땅 위에 아크릴 거울을 올려 놀이를 준비합니다.
★ 깨지기 쉬운 유리 거울과 달리 아크릴 거울은 충격에 강하고 가벼워 다루기 쉽고 아이들이 안전하게 사용할 수 있습니다.

아이의 놀이 과정

1 거울에 비친 구름의 모양을 관찰하면서 특징을 이야기합니다.
★ 아이와 함께 구름의 크기, 모양, 밀도, 색깔 등에 대해서 이야기해 보세요.

2 그릇에 쉐이빙 폼을 짭니다.

3 붓에 쉐이빙 폼을 찍습니다.
★ 쉐이빙 폼은 하얗고 풍성한 구름 역할을 합니다.

4 붓에 묻은 쉐이빙 폼으로 아크릴 거울에 구름을 그립니다.

5 붓 대신 손을 사용해도 좋고, 발을 사용해도 좋습니다. 혹은 물풍선을 만들어 사용해 볼 수도 있습니다. 아이가 쉐이빙 폼으로 하늘과 구름에 관련된 모든 자극을 즐겁게 탐색할 수 있도록 도와주세요.

놀이 노하우

쉐이빙 폼을 이용해 먹구름을 표현해요!

흐린 날에도 쉐이빙 폼을 이용해서 먹구름을 표현할 수 있습니다. 쉐이빙 폼에 검은색 식용 색소를 조금 더해서 회색빛 먹구름을 만들고 아크릴 거울 위에 표현해 보세요.

놀이의 확장

구름 뷰파인더

난층운, 적운, 층운, 층적운, 고층운, 고적운, 권층운, 권적운, 권운, 적란운의 사진을 넣은 구름 뷰파인더를 만듭니다. 아이가 어리다면 구름의 종류를 3~4가지로 간소화할 수도 있습니다. 뷰파인더를 이리저리 돌려가며 같은 종류의 구름을 찾고, 그 구름의 이름이 무엇인지 확인합니다.

비밀 그림으로 만드는 구름

흰 도화지 위에 흰색 크레용으로 다양한 구름의 모양을 그립니다. 그리고 파란색 물감으로 도화지에 푸른 하늘을 색칠하면 도화지 속에 숨겨져 있던 구름이 나타납니다. 흐린 하늘의 먹구름을 나타내기 위해서는 파란색 대신 회색이나 검은색의 물감을 사용해 도화지를 색칠합니다.

화장 솜으로 만드는 구름

화장 솜을 손으로 찢어서 새털구름을 만들고, 뭉쳐서 뭉게구름을 만듭니다. 난층운, 적운, 층운, 층적운, 고층운, 고적운, 권층운, 권적운, 권운, 적란운 이렇게 10가지 종류의 구름을 서로 다른 높이와 모양으로 도화지 위에 나타내볼 수 있습니다. 목공용 풀을 이용해 도화지 위에 화장 솜 구름을 고정하고 이름을 적어 줍니다.

비 오는 날을 환하게 밝히는
무지개 비

놀이난이도
★★☆☆☆

정리난이도
★★★☆☆

이런 게 필요해요!

☐ 흰색 또는 검은색 도화지
☐ 연필
☐ 가위
☐ 풀
☐ 물감
☐ 스퀴저(혹은 플라스틱 카드)
☐ 테이프

저는 어릴 적 빗소리를 들으면서 좋아하는 책을 읽는 것을 참 좋아했습니다. 비가 오면 맡을 수 있는 흙냄새도 반가웠습니다. 또 비가 온 후에 물기를 머금은 세상이 평소보다 더욱 선명하게 보이는 것을 정말 좋아했습니다. 그런데 엄마가 되고, 아이를 키우게 되니 날씨가 생각보다 더 중요한 역할을 하더라고요. 날씨가 맑고 화창한 날에는 아이와 놀이터도 갈 수 있고, 산책도 할 수 있고, 무엇이든 할 수 있을 것 같은 기분 좋은 자신감이 있습니다. 반대로 비가 오는 날에는 뭔가 집에 갇힌 것처럼 답답하고 막막한 기분이 들기도 했습니다. 그래서 비 오는 날에는 비와 관련된 놀이를 하면서 더욱 특별한 하루를 보내고 있습니다. 무지개 비 놀이 역시 비 오는 날 하기 좋은 놀이 중 하나랍니다.

#비오는날 #집안놀이 #무지개비 #스퀴저

엄마의 준비 과정

1 검은색 도화지에 우산을 든 아이 실루엣을 스케치 합니다.

2 가위로 실루엣을 오립니다.

3 **2**에서 오린 실루엣을 흰 도화지 위에 풀로 붙입니다.

4 우산을 쓴 아이가 비에 젖지 않는 모습을 나타내기 위해서 색 도화지를 잘라 우산 위에 테이프로 붙입니다.

아이의 놀이 과정

1 흰 도화지의 상단에 다양한 색깔의 물감을 한 방울씩 짭니다. 빨간색-주황색-노란색-초록색-파란색-남색-보라색 순으로 물감을 짜면 무지갯빛 비를 표현할 수 있습니다.
★ 혹은 아이가 원하는 대로 도화지에 자유롭게 물감을 짜도 좋습니다.

2 스퀴저(혹은 플라스틱 카드)를 이용하여 물감을 위에서 아래 방향으로 긁어내듯 쓸어내립니다.

3 **2**의 동작을 반복하여 흰색 도화지 전체를 채웁니다.

4 흰색 도화지가 물감으로 모두 채워졌다면, 우산 위에 붙여둔 색 도화지와 테이프를 제거합니다.

5 무지개 비가 내리고 있지만 우산을 든 아이는 비를 하나도 맞지 않은 모습을 확인할 수 있습니다.

잡지를 재활용한 스퀴저 놀이

모양을 활용한 스퀴저 놀이

PLAY 71

짧게 남은 크레용도 멋진 재료가 되는
크레용 아트

놀이난이도
★★★★☆

정리난이도
★★★☆☆

이런 게 필요해요!

☐ 믹싱볼 등의 용기
☐ 물
☐ 유산지
☐ 크레용
☐ 휴대용 연필깎이
☐ 테이프
☐ 다리미
☐ 티 타올 등의 천
☐ 가위

연필꽂이에 사용하지 않고 오랜 시간 방치되고 있는 크레용이 있나요? 크레용이 부러지거나, 길이가 짧아지면 아무래도 아이들이 전처럼 사용하지 않습니다. 이럴 때는 크레용을 그냥 버리지 말고, 작은 지퍼백에 모아 보세요. 그리고 꽤 많은 양의 크레용이 모였다면 이 크레용을 활용해서 재밌는 놀이를 합니다. 다리미의 뜨거운 열기와 크레용이 만나면 아주 재미있는 일이 벌어집니다. 다리미는 평소에 아이들이 반드시 주의를 기울여야 하는 물건입니다. 그래서 놀이에 다리미를 사용하면 약간의 긴장감과 함께 아이들의 놀이 집중력이 무척 높아지는 모습을 볼 수 있습니다. 다리미의 힘을 빌려, 쓸모를 잃고 버려질 위기에 처했던 크레용을 재활용하여 멋있는 작품을 만드세요.

#크레용재활용 #다림질 #도전의식 #소근육운동

아이의 놀이 과정

1. 믹싱볼 등의 용기에 크레용을 넣고 물을 채워 10분 간 담가 놓습니다.

2. 물에 흠뻑 젖은 크레용의 껍질은 쉽게 벗길 수 있습니다.
★ 아이들은 크레용 껍질 벗기는 것을 정말 재미있어합니다. 동시에 훌륭한 소근육 운동이 되기도 합니다.

3. 유산지를 같은 크기로 2장 자릅니다.

4. 휴대용 연필깎이를 이용해서 크레용을 깎습니다.

5. 한 가지 색깔의 크레용을 다 깎았다면, 다른 색깔의 크레용도 차례대로 깎습니다.

스스로 연필을 깎아 보세요!

연필깎이를 처음 사용하는 아이들에게는 크레용을 깎는 과정도 신나는 도전이자 놀이가 됩니다. 연필을 깎을 때는 한 손으로는 연필깎이를 고정해야 하고, 다른 한 손으로는 크레용을 조작해야 해서 소근육 발달에 도움이 되며, 아이가 성취감을 느끼는 데 도움이 됩니다.

6 유산지 위에 깎아낸 크레용 조각들을 올립니다.

7 6의 유산지 위를 또 다른 유산지로 덮습니다.

8 두 장의 유산지가 벌어지지 않고 고정되도록 테이프로 붙여 고정합니다.

9 수건 등의 천 위에 유산지를 올립니다.

10 유산지 속의 크레용 조각이 녹을 수 있도록 다리미로 천천히 유산지를 다립니다.
★ 아이가 다리미를 사용할 때는 다리미를 사용하는 손이 아닌 다른 한 손은 뒷짐을 지어 혹시 모를 화상의 위험이 없도록 안내하세요. 너무 위험하다 싶으면 엄마와 아이가 다리미를 함께 잡고 사용하세요.

11 유산지 속의 크레용 조각이 모두 녹았다면 가위로 잘라 원하는 모양을 만듭니다. 무지개 모양, 빗방울 모양, 나비 모양, 풍선 모양, 동물 모양 등 다양한 모양을 생각하며 만듭니다.

놀이 노하우

애매하게 남은 크레용을 재사용해요!

실리콘 몰드 안에 크레용 조각을 다 채웠다면 전자레인지에서 2분 정도 돌립니다. 크레용 조각이 모두 녹았다면 실리콘 몰드를 조심스럽게 꺼내어 실온에서 크레용을 굳힙니다. 이렇게 만든 크레용은 친구들의 선물로 나누어주기에도 좋습니다.

PLAY
72

꼭꼭 숨어라, 머리카락 보일라
숨바꼭질 몬스터

놀이난이도
★☆☆☆☆

정리난이도
★☆☆☆☆

이런 게 필요해요!

- □ 흰색 크레용
- □ 흰색 도화지
- □ 수채 물감
- □ 붓
- □ 눈 스티커
- □ 마커

아이들의 미술 작품이 독창적이고 사랑스러운 이유는 마음 가는 대로 색을 쓰고 거침없이 그림을 그리기 때문입니다. 아이들은 세상에 대한 선입견이나 고정관념이 없습니다. 나무를 꼭 초록색으로 색칠해야 한다거나, 사람의 얼굴에 이목구비를 모두 그려야 한다는 등의 제약으로부터 자유롭습니다. 아이들은 어른보다 더욱 유연한 사고가 가능하고 바로 그 점이 아이들의 그림을 더욱 특별하게 만듭니다. 숨바꼭질 몬스터는 아이의 자유로운 그림 솜씨를 여과 없이 볼 수 있는 놀이입니다. 흰색 도화지 위에 흰색 크레용으로 그린 그림은 눈에 잘 보이지 않지만 아이가 도화지 위에 물감을 칠하는 순간 꼭꼭 숨어 있던 몬스터를 찾을 수 있습니다.

#유연한사고 #몬스터얼굴 #비밀편지

🔴 아이의 놀이 과정

1 흰색 도화지를 손바닥만 한 크기로 잘라 여러 장 준비합니다.

2 흰색 크레용으로 흰색 도화지 위에 자유롭게 그림을 그립니다.
★ 그림을 그릴 수 있는 이수는 도화지 위에 몬스터 그림을 그렸고, 아직 그림 그리는 것이 서툰 이현이는 도화지 위에 색연필을 마음대로 움직이며 낙서를 했어요.

3 그림을 모두 그렸다면, 수채 물감으로 도화지에 색을 칠합니다.

4 색칠을 하니 숨어 있던 흰색 크레용 그림이 나타나는 것을 확인할 수 있습니다.

5 몬스터 그림 위에 눈알 스티커를 붙입니다.

6 마커를 이용해 몬스터의 입, 귀, 뿔, 팔, 다리와 같은 요소를 추가할 수 있습니다.

낮보다 특별한 밤을 만드는
라이트 테이블 그림

이런 게 필요해요!

☐ 셀로판지
☐ 손 코팅지
☐ 가위
☐ 투명 OHP 필름지
☐ 네임펜
☐ 라이트 테이블

아이들과 밤에 하는 놀이는 주로 밤의 어두움을 주제로 합니다. 플래시 라이트로 선 캐처를 비추거나, UV 라이트를 사용하거나, 라이트 테이블을 사용하는 것처럼 낮에는 할 수 없는 놀이가 밤 놀이로 제격입니다. 그중에서도 라이트 테이블은 밤에 활용하기 좋은 대표적인 놀잇감입니다. 라이트 테이블은 사진 필름이나 그림을 볼 때 사용하는 장치입니다. 장치에서 조명이 켜져서 테이블 위에 놓인 피사체를 살펴보는 데 도움을 줍니다. 요즘에는 아이들의 놀이 장난감으로도 많이 대중화가 되었습니다. 라이트 테이블을 활용한 놀이로 우리의 밤을 낮보다 더 특별하게 만들어 봅시다.

#밤놀이 #라이트테이블 #조명 #샌드아트 #솔트아트

아이의 놀이 과정

1 투명 OHP 필름지 위에 두꺼운 펜촉의 네임펜을 이용하여 라인 드로잉을 합니다. 사진을 필름지의 밑면에 대고 윤곽선을 따라 그림을 그릴 수도 있습니다.

★ '라인 드로잉'은 음영이나 색조를 배제하고 뚜렷한 직선 또는 곡선으로 그림 그리는 것을 의미합니다.

2 손 코팅지로 셀로판지를 코팅합니다. 코팅 기계를 사용해도 좋습니다.

3 코팅되어 힘이 생긴 셀로판지를 다양한 모양으로 자릅니다.

4 라이트 테이블 위에 **1**에서 준비한 OHP 필름지를 올립니다.

5 OHP 필름지 위에 **3**에서 준비한 모양 셀로판지들을 배치하여 새로운 작품을 만듭니다.

놀이 노하우

라이트 테이블 위에서 솔트 아트를 해 보세요!

샌드 아트 대신 집에 있는 소금을 식용 색소로 염색하여 사용해 보세요. 완전히 건조한 소금을 라이트 테이블 위에 뿌리고 글씨를 써보거나 그림을 그립니다. 이수와 이현이는 라이트 테이블 위에서 반짝이는 소금을 요정의 가루(Fairy dust)라고 상상하며 요정 이야기를 만들며 풍성한 놀이 시간을 보냈습니다.

놀이난이도
★★★☆☆

정리난이도
★★★☆☆

일회용품의 놀라운 변신
스티로폼 판화

이런 게 필요해요!

☐ 스티로폼 일회용 접시
☐ 끝이 뭉툭한 연필
☐ 롤러
☐ 템페라 물감
☐ 트레이
☐ 도화지

우리는 일상생활에서 일회용품 사용을 줄이려고 의식적으로 노력합니다. 하지만 아무리 다회용기를 사용하려고 노력해도 마트에서 장을 보거나 음식을 배달해서 먹으면 필연적으로 일회용품 용기가 함께 따라옵니다. 채소가 담겼던 깨끗한 스티로폼 접시는 버리기에는 너무 깨끗하고, 다시 사용하기에는 마땅한 용도가 없습니다. 이 스티로폼 접시를 바로 분리수거함으로 보내는 것이 아깝게 느껴진다면 놀이 재료로 활용해 보세요. 스티로폼 접시의 뒷면에 그림을 그린 후에 판화로 사용할 수 있답니다. 그리고 아이가 원하는 만큼 얼마든지 반복해서 판화를 찍어낼 수도 있습니다.

#일회용품재활용 #스티로폼접시 #판화작업

🧒 아이의 놀이 과정

1 스티로폼 접시를 뒤집어 바닥 면이 위로 올라오도록 합니다.

2 끝이 뭉툭한 연필로 트레이 위에 그림을 그립니다.
★ 직선, 곡선, 물결무늬 같은 단순한 패턴을 그릴 수도 있고, 복잡한 그림을 그릴 수도 있어요.
★ 연필을 부드럽게 질질 끌어준다는 느낌으로 그림을 그려야 스티로폼이 망가지지 않아요.

3 트레이 위에 물감을 짜고 롤러로 물감을 골고루 폅니다.

4 롤러를 이용해 스티로폼 접시 위에 골고루 물감을 칠합니다.

5 도화지 위에 스티로폼 접시를 올린 후 손바닥으로 눌러 판화를 찍습니다.
★ 스티로폼 접시 위에 도화지를 올리면 힘이 충분히 실리지 않아 선명한 판화를 찍기 어렵습니다.

6 스티로폼 접시를 들어 올려 완성된 판화 그림을 확인합니다.

놀이 노하우

원하는 만큼 반복하며 판화를 찍어요!
작품 하나를 완성할 때마다 스티로폼 접시를 물에 씻으면, 다음 판화를 찍을 때 계속해서 깨끗한 색을 연출할 수 있습니다.

놀이의 확장

원형 스티로폼

주변에서 흔히 사용하는 스티로폼 일회용 접시는 직사각형 모양입니다. 그런데 음식을 배달해서 먹고 나면 반찬통으로 동그란 스티로폼 접시가 올 때도 있습니다. 그럴 때는 이 원형 스티로폼을 이용해서 새로운 모양의 판화를 만들어 보세요. 사각형과는 또 다른 느낌의 판화를 찍어볼 수 있습니다.

멀티 컬러 판화

스티로폼 판화 위에 롤러로 한 가지 색깔의 물감을 칠하는 대신 다양한 색깔을 칠해 멀티 컬러 판화를 만들어볼 수 있습니다. 물감을 사용할 수도 있지만, 마커를 사용하면 보다 섬세한 색감의 판화를 만들 수 있습니다. 마커로 스티로폼을 색칠하고, 도화지 위에 물에 적신 키친타올을 잠시 올립니다. 젖은 도화지 위에 스티로폼 판화를 찍으면 선명한 색깔의 판화 그림을 확인할 수 있습니다.

PLAY 75

놀이난이도 ★★★★★
정리난이도 ★★☆☆☆

말랑말랑 젤리로 찍는 판화
젤라틴 프린팅

이런 게 필요해요!

- □ 트레이 2개
   (젤리 플레이트용/물감용)
- □ 계량컵
- □ 젤라틴
- □ 물
- □ 믹싱볼 2개
   (젤리 용액용/중탕용)
- □ 글리세린
- □ 아크릴 물감
- □ 롤러
- □ 여러 종류의 나뭇잎
   (자연물 프린팅)
- □ 두꺼운 도화지, 가위, 모양 펀치
   (종이 패턴 프린팅)
- □ 도화지

◐ 젤리를 생각하면 곰 모양이나 포도 모양의 말랑말랑하고 달콤한 간식이 가장 먼저 떠오릅니다. 이런 젤리를 판화를 만드는 데 주재료로 사용할 수 있습니다. 젤리를 이용한 판화를 젤라틴 프린팅이라고 합니다. 젤라틴 프린팅에서 가장 중요한 재료는 바로 인쇄용 판인 젤리 플레이트입니다. 젤리 플레이트를 만드는 과정이 조금 번거로울 수 있지만, 한 번 만들면 짧게는 일주일에서 길게는 한 달까지 장기 보관하며 계속해서 재사용할 수 있습니다. 조금은 특별하고 새로운 판화 작품을 위해 아이와 함께 젤라틴 프린팅에 도전해 보세요.

#젤리판화 #젤리플레이트 #편리한보관

🏠 엄마의 준비 과정

1 젤리 플레이트로 사용할 트레이에 물을 1cm 정도 채웁니다.

2 계량컵에 **1**의 물을 붓고 물의 양을 측정합니다.

3 물의 양에 비례하게 젤라틴의 양을 계량합니다. 사용하는 젤라틴 종류의 레시피에 맞게 계량하는 것이 가장 정확합니다. 만약 레시피가 제시되어 있지 않다면 물과 젤라틴의 비율을 5:1로 합니다.
★ 예를 들어 트레이에 들어가는 물의 양이 5컵이었다면 젤라틴은 1컵을 넣으면 됩니다.

4 계량한 젤라틴을 믹싱볼에 넣고, 필요한 물의 양의 절반은 물로 절반은 글리세린으로 채웁니다. 예를 들어 트레이에 채운 물의 양이 5컵이었다면 2.5컵은 물로, 2.5컵은 글리세린으로 채우면 됩니다.

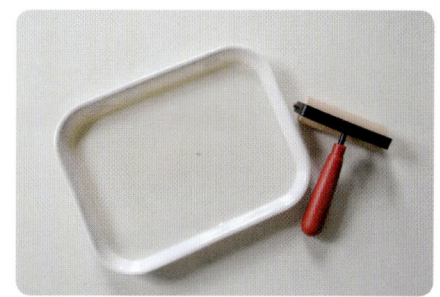

5 믹싱볼에 담긴 젤라틴과 물, 글리세린을 골고루 섞습니다.

6 뜨거운 물이 담긴 큰 믹싱볼에 **5**의 믹싱볼을 넣고 젤라틴이 모두 녹을 때까지 잘 젓습니다.

7 젤리 플레이트로 사용할 트레이에 **5**의 믹싱볼에 담긴 젤라틴 용액을 붓습니다.
★ 젤라틴 용액에 거품이 있다면 거품을 터뜨려 표면이 최대한 매끈해지도록 합니다.

8 냉장고에 트레이를 넣어 젤라틴을 굳힙니다.

9 젤라틴이 모두 굳었다면, 냉장고에서 트레이를 꺼내어 놀이를 준비합니다.

놀이 노하우
왜 글리세린이 필요한가요?
글리세린을 넣으면 젤리 플레이트가 더욱 단단하게 굳고, 사용 기간도 길어집니다. 글리세린이 없다면 물만 사용할 수도 있습니다.

🧒 아이의 놀이 과정

1. 두꺼운 도화지를 가위 혹은 모양 펀치로 잘라 종이 패턴을 만듭니다.

2. 물감용 트레이에 아크릴 물감을 짜고 롤러로 물감을 골고루 폅니다.
   ★ 아크릴 물감을 사용하면 선명하고 색이 고른 결과물을 얻을 수 있습니다.

3. 물감이 골고루 묻은 롤러로 젤리 플레이트 위에 물감을 펴 바릅니다.

4. 물감을 묻힌 젤리 플레이트 위에 종이 패턴을 올려놓습니다.

5. 종이 패턴을 올린 젤리 플레이트 위에 도화지를 올린 후 손바닥으로 꼼꼼히 누릅니다.

6. 도화지를 들어 올려 결과물을 확인합니다.

젤라틴 프린팅 1회-노란색

젤라틴 프린팅 2회-연두색

7 젤라틴에 묻은 물감을 티슈로 살짝 닦습니다.
★ 젤라틴은 물에 녹으므로 젤리 플레이트를 물에 헹구는 대신 반드시 부드러운 티슈로 살짝 닦으세요.
★ 물감은 밝은색부터 시작하여 점차 어두운색을 사용하는 것이 깨끗한 작품을 만드는 데 효과적입니다.

8 6에서 사용했던 도화지를 그대로 사용하여 **2~6**의 과정을 원하는 만큼 반복합니다. 한 장의 도화지 위에 계속해서 쌓이는 종이 패턴의 형태와 서로 다른 색이 겹쳐 보이는 것이 젤라틴 프린팅의 가장 큰 매력입니다.
★ 앞서 찍어낸 프린팅과 새로 찍어낸 프린팅의 모양을 모두 살리려면, 젤라틴 프린팅을 3-4회 정도 하는 것을 추천합니다.

9 새로운 도화지와 모양 패턴을 이용해 다양한 결과물을 만듭니다.

젤라틴 프린팅 3회 - 분홍색

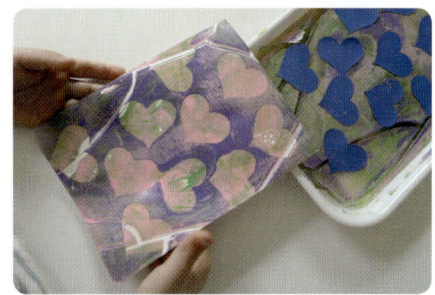

놀이 노하우

자연물을 올려 판화 찍기

가을 낙엽이나 꽃 등의 자연물은 판화 재료로 아주 훌륭합니다. 자연물의 표면이 거칠고 울퉁불퉁하면 젤리 플레이트가 손상될 수 있으니 부드러운 재료를 선택하는 것이 중요합니다. 젤리 플레이트 위에서 자연물 고유의 모양은 더욱 빛을 발합니다. 놀이 과정은 종이 패턴 프린팅을 만드는 방법과 같습니다.

PLAY 76

소금으로 만드는 모래성
소금 조각 색칠

놀이난이도
★★★☆☆

정리난이도
★★☆☆☆

이런 게 필요해요!

- 모래놀이 몰드
- 소금 3컵
- 물 3t
- 믹싱볼
- 트레이
- 식용 색소
- 스포이트

여름에 아이들과 바다에 놀러 가면 꼭 모래성 쌓기 놀이를 꼭 합니다. 하지만 아쉽게도 이렇게 모래성을 쌓고 노는 놀이는 여름철 바닷가에서만 할 수 있습니다. 모래 대신에 소금을 사용하면 계절에 상관 없이 집에서도 모래성을 만들 수 있습니다. 그리고 모래성을 만드는 것에서 그치는 것이 아니라 모래성을 다양한 색으로 물들여 볼 수도 있지요. 염색한 소금 조각은 색깔 소금으로 재활용하여 다른 놀이에도 사용할 수 있으니 일석삼조랍니다. 소금 조각은 완전히 건조하는 데까지 시간이 오래 걸린다는 단점이 있습니다. 그러나 준비 과정과 재료가 무척 간단하고, 아이들도 정말 즐겁게 참여하는 활동이라는 점에서 한 번쯤은 꼭 시도해 보세요.

#모래성쌓기 #색깔소금 #소금염색 #사계절놀이

🧒 아이의 놀이 과정

1. 믹싱볼에 소금 3컵, 물 3t를 넣고 골고루 섞습니다.

2. 적당히 물기가 있는 소금을 모래놀이 몰드에 담고, 공기 구멍이 없도록 손으로 꾹꾹 누릅니다.

3. 몰드 속의 소금을 실온에서 24시간 이상 건조시킵니다.

4. 몰드에서 소금 조각을 조심스럽게 빼내어 트레이 위에 올린 후 24시간 이상 추가로 더 건조시킵니다.

★ 소금에 수분이 남아있다면 몰드에서 소금 조각을 빼내는 과정에서 조각이 망가질 위험이 있습니다. 소금이 충분히 건조될 때까지 기다리세요.

5. 딱딱하게 굳은 소금 조각을 식용 색소와 스포이트를 이용해 염색합니다.

★ 이때 스포이트의 구멍이 큰 것보다 작은 것을 사용하면 섬세하게 작업할 수 있습니다.

6. 소금 조각에 색을 입혔다면 완성된 소금 조각을 다시 건조시킵니다.

7. 소금 조각을 지퍼백에 넣고 부수어 색깔 소금으로 만듭니다.

8. 색깔 소금은 다른 놀이의 부속 재료로 사용할 수 있습니다.

놀이의 확장

작은 소금 조각 컬러링

소금 조각을 크게 만드는 것이 부담스럽다면, 비누나 초콜릿 등을 만들 때 사용하는 작은 실리콘 몰드로 작은 소금 조각을 만듭니다. 작은 소금 조각은 많은 양의 소금이 필요하지 않고, 소금을 염색할 때도 결과물을 빨리 확인할 수 있다는 장점이 있습니다. 소금 조각의 크기가 작은 대신 양을 늘려 여러 개를 만들어 즐거운 시간을 보낼 수 있습니다.

색깔 소금 위에 글씨 쓰기

소금 조각에 색을 입혀 완성한 작품은 색깔 소금으로 재탄생 시킬 수 있습니다. 지퍼백에 염색한 소금 조각을 넣고 아이가 장난감 망치를 이용해 조각을 부숴 만든 색깔 소금을 트레이 위에 붓고, 글씨를 써 보거나 그림을 그립니다. 글씨를 쓴 후에 트레이를 한 번 흔들면 다시 새로운 필기 공간이 생깁니다. 한글, 숫자, 영어 등을 막 배우기 시작한 아이들이라면 마치 색깔 칠판이 생긴 것과 같은 효과를 얻을 수 있습니다. 종이 위에 연필로 글씨를 쓰는 것보다 즐거운 촉각적 경험을 할 수 있고, 아이들의 학업 스트레스를 낮춰주기도 합니다.

PLAY 77

놀이난이도 ★★★☆☆

정리난이도 ★★★★☆

직접 만들어 숨어 있는 색깔을 찾는
DIY 스크래치 종이

이런 게 필요해요!

- ☐ 도화지
- ☐ 가위
- ☐ 크레파스
- ☐ 믹싱볼
- ☐ 검은색 아크릴 물감
- ☐ 주방 세제
- ☐ 붓
- ☐ 이쑤시개

스크래치 종이는 얼핏 보면 평범한 검정 종이처럼 생겼습니다. 그런데 막대로 종이 위를 긁으면, 검은색 밑에 숨어 있던 예쁜 색깔이 나타납니다. 스크래치 종이 위에 단순히 선을 그릴 수도, 그림을 그릴 수도, 글을 써볼 수도 있습니다. 운필력이 약해 연필을 사용하는 것을 꺼리는 아이에게 스크래치 종이를 주니 한 자리에서 몇십 장을 쓰기도 했습니다. 스크래치 종이는 문구점에서 손쉽게 살 수도 있지만, 집에서 간단하게 만들어 볼 수도 있습니다. 내가 원하는 모양, 크기, 색깔로 세상에 하나뿐인 스크래치 종이를 만들어 보세요.

#스크래치종이 #운필력 #학습도구

🧒 아이의 놀이 과정

1 도화지를 손바닥 크기로 잘라 여러 장 준비합니다.
★ 도화지가 너무 크면 그림을 그려 채워 넣는 게 힘들 수 있습니다.

2 도화지 위에 색이 선명하고 발림성이 좋은 크레파스로 그림을 그립니다. 하얗게 빈 곳이 없도록 전체적으로 골고루 색칠합니다.
★ 도화지를 꽉 채워 색칠하겠다는 목표보다는 도화지 위에 원하는 그림을 그리는 것 자체를 목표로 하는 것이 좋습니다.

3 믹싱볼에 검은색 아크릴 물감과 주방 세제를 1:1의 비율로 넣고 골고루 섞습니다.

4 붓을 이용해 도화지 위에 검은색 물감을 전체적으로 칠합니다.

5 검은색 물감을 칠한 도화지를 건조시킵니다.

6 이쑤시개로 스크래치 페이퍼를 긁어내며 그림을 그리거나 글씨를 씁니다.

놀이 노하우

물감을 칠한 직후에 스크래치 아트를 시작할 수도 있어요!
완전히 건조된 도화지는 물감이 묻어날 염려가 없다는 장점이 있지만 물감을 긁어내는 과정이 조금 더 까다롭고, 종이가 찢어지는 등 고르지 않은 결과물이 나올 수도 있습니다. 덜 마른 도화지는 건조될 때까지 기다릴 필요 없이 스크래치 아트를 바로 시작할 수 있고, 물감을 긁어내기가 쉬워 유아에게 적합합니다.

커피 필터로 만든 발레복을 입은
눈꽃 튜튜 발레리나

이런 게 필요해요!

- ☐ 커피 필터
- ☐ 수채 물감
- ☐ 붓
- ☐ 마커
- ☐ 물
- ☐ 스포이트
- ☐ 칼
- ☐ 가위
- ☐ 검은색 도화지
- ☐ 손 코팅지

집에 늘 준비해 두는 놀이 재료 중 하나가 바로 커피 필터입니다. 아이들이 색칠하기 편하고, 가위로 자르기도 쉽고, 모양을 조작하는 것도 편리하기 때문이지요. 마커로 커피 필터 위에 그림을 그리고 그 위에 물을 뿌리면 색이 예쁘게 물듭니다. 또는 수채 물감으로 커피 필터 위에 직접 색을 칠해볼 수도 있습니다. 겨울철에는 색칠한 커피 필터를 잘라서 눈 결정 모양을 만드는 놀이를 할 수도 있습니다. 커피 필터로 만든 눈 결정으로 발레리나의 튜튜를 만들어 크리스마스 무드를 완성해 보세요.

#커피필터 #편리함 #겨울놀이 #눈결정 #튜튜 #크리스마스시즌

🌀 아이의 놀이 과정

1 커피 필터를 수채 물감이나 마커를 이용해 색칠합니다.

2 마커로 색칠했다면 스포이트와 물을 이용해서 커피 필터를 적십니다.
★ 마커로 색칠하면 색이 고르고 부드럽게 표현되지만 건조하는 데 오래 걸려요.
★ 스포이트를 사용하는 것이 어렵다면 분무기를 사용해도 좋아요.

3 채색한 커피 필터를 건조시킵니다.

4 건조된 커피 필터를 눈송이 모양으로 만들기 위해 먼저 커피 필터를 반으로 접어 반원으로 만듭니다.

5 커피 필터의 오른쪽 모서리를 왼쪽으로 1/3만큼 접습니다.

6 커피 필터의 왼쪽 모서리를 오른쪽으로 1/3만큼 접어 왼쪽 모서리와 오른쪽 모서리가 만나게 합니다.

7 1/3 크기로 만들어진 커피 필터를 한 번 더 반으로 접으면 모서리가 6개인 눈 결정의 기본 모양을 만들 수 있습니다.

8 다음 장에 제시된 다양한 방법을 참고하여 커피 필터를 가위로 잘라 눈송이 모양을 만듭니다.

9 검은색 도화지를 잘라 발레리나 혹은 만화 캐릭터의 실루엣을 만듭니다.

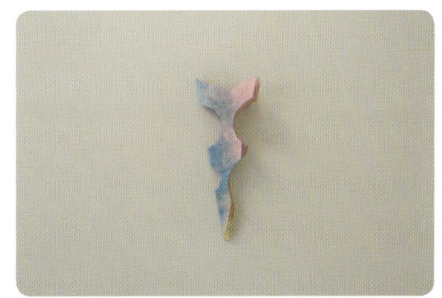

10 실루엣을 손 코팅지 혹은 코팅 기계를 사용해 코팅하여 견고하게 만듭니다.

11 눈송이 모양으로 자른 커피 필터의 중앙 부분을 가위로 둥글게 자릅니다.

12 커피 필터로 발레리나의 실루엣을 통과시켜 발레리나의 튜튜로 만듭니다.

★ 남자아이의 취향에 맞추어 슈퍼 히어로의 망토로 만들 수 있습니다.

방법 1

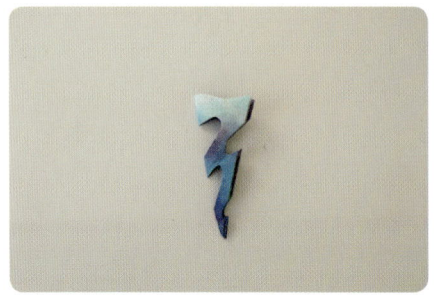 

방법 2

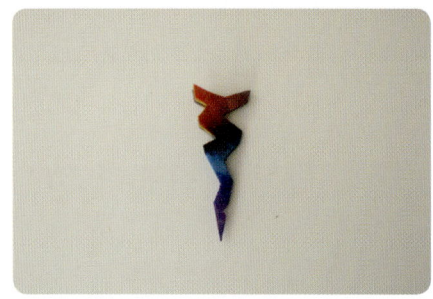 

방법 3

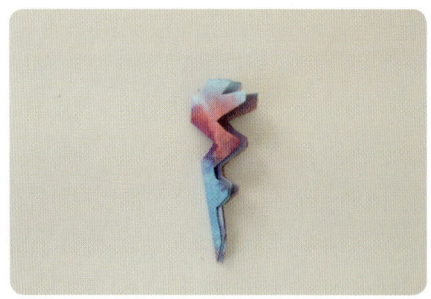 

방법 4

방법 5

방법 6

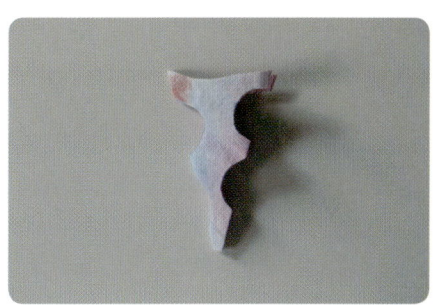 

방법 7

방법 8

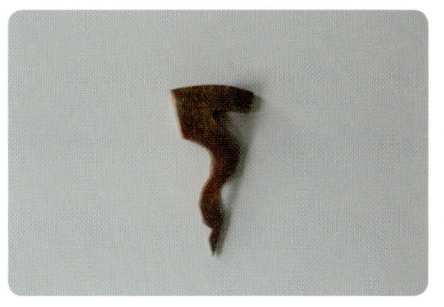 

놀이의 확장

커피 필터 목걸이

커피 필터 위에 도트 마커를 찍어 색깔 물을 들이고 모루를 이용해 팔찌를, 털실을 이용해 목걸이를 만들 수 있습니다. 커피 필터의 가운데 부분을 아래로 모은 후에 고정만 시키면 완성입니다.

커피 필터 몬스터

놀이에 앞서 아이가 상상하는 몬스터의 모습에 대해 함께 이야기합니다. 그러고 나서 아이가 묘사한 몬스터를 만들어 봅니다. 마커 혹은 수채 물감을 이용해 커피 필터를 물들이고 완전히 건조한 커피 필터에 몬스터의 눈을 붙입니다. 뿔이나 입, 이빨, 팔이나 다리도 만들어 나만의 몬스터를 만듭니다.

커피 필터 선 캐처

커피 필터는 하얗고 두께가 얇아 빛을 투과할 수 있습니다. 그래서 선 캐처로도 사용할 수 있습니다. 커피 필터를 수채 물감이나 마커 등을 이용해 물들이고 완전히 건조시킨 커피 필터를 원하는 모양으로 자른 후 창문에 붙이면 한지처럼 부드러운 느낌의 선 캐처를 만들 수 있습니다.

놀이난이도
★☆☆☆☆

정리난이도
★★★★☆

돌리고 돌려서 물감 꽃을 만드는
샐러드 스피너 아트

이런 게 필요해요!

- ☐ 샐러드 스피너
- ☐ 도화지
- ☐ 가위
- ☐ 물감

부엌은 놀이에 사용할 수 있는 재료들로 가득 찬 보물창고라고 해도 과언이 아닙니다. 집에 있는 샐러드 스피너는 미술 놀이 용도로 아이들의 사랑을 듬뿍 받고 있습니다. 샐러드 스피너 아트는 우연의 효과로 만들어집니다. 의도하지 않아도 멋진 작품이 만들어지지요. 어떤 색의 물감을 선택해서, 어디에 물감을 뿌리고, 어떻게 스피너를 돌리냐에 따라 매번 전혀 다른 새로운 작품이 완성됩니다. 물감을 짠 후, 샐러드 스피너를 돌리는 놀이의 과정은 상당히 역동적이기 때문에 아이들의 흥미를 자극하기에 충분하지요. 놀이를 진행하는 시기에 알맞은 적절한 주제로 도화지의 모양을 잘라주면 더욱 특별하게 놀이를 즐길 수 있을 것입니다.

#집안재료 #샐러드스피너 #역동적

🍀 아이의 놀이 과정

1 샐러드 스피너 안에 도화지를 넣습니다.

2 도화지 위에 여러 종류의 물감을 조금씩 뿌려 봅니다. 아이가 색을 고르고 직접 물감을 짤 수 있게 해 주세요.
★ 어울리는 색감을 찾으며 색을 조합해 보세요.

3 샐러드 스피너의 뚜껑을 덮고 스피너를 돌립니다.

4 샐러드 스피너의 뚜껑을 열고 도화지에 만들어진 물감의 무늬를 관찰합니다.

다양한 도화지 색을 사용한 스핀 아트

샐러드 스피너를 이용한 스핀 아트를 할 때는 주로 흰 도화지를 사용합니다. 물감 색깔이 혼합된 결과를 직관적으로 보기 쉽기 때문이지요. 하지만 때로는 검은색 도화지 위에 형광 물감을 쓰는 것처럼 물감의 색을 돋보이게 하는 다른 색의 도화지를 사용해 보세요.

5 도화지를 샐러드 스피너에서 꺼내고 평평한 곳에 두어 물감을 말립니다.

6 스핀 아트가 완성된 도화지 위에 스티커나 시퀸 등을 붙여 장식할 수 있습니다.

원 모양

사각형 모양

하트 모양

진저 브래드맨 모양

OHP필름 꽃 모양

해골 모양

PLAY
80

 놀이난이도
★★☆☆

 정리난이도
★☆☆☆☆

내 마음대로 알록달록 꾸미는
크리스마스트리 비즈 장식

이런 게 필요해요!

☐ 조립식 재활용 박스
☐ 마커 혹은 물감
☐ 나무 꼬치
☐ 색깔 성냥 막대
☐ 각종 비즈

연말이 되면 어디서든 크리스마스 분위기를 느낄 수 있습니다. 겨울에는 추운 날씨로 야외 활동이 제한되고, 해가 짧아져서 아이들이 놀 수 있는 시간도 줄어들지요. 하지만 크리스마스와 관련된 놀이를 하며 그런 시간도 소중한 추억으로 만들 수 있습니다. 전구가 반짝거리는 크리스마스트리를 집에 설치할 때부터 아이들의 설렘은 시작됩니다. 그리고 가족이 모두 모여 크리스마스트리에 오너먼트를 다는 순간은 무척 특별하고 행복합니다. 재활용 박스와 비즈를 이용해 우리 아이만의 작은 크리스마스트리를 만들어보며 이 설렘을 계속해서 느껴보세요.

#겨울놀이 #크리스마스트리 #알록달록 #비즈장식

😊 아이의 놀이 과정

1. 조립식 재활용 박스 위에 마커로 크리스마스트리를 그립니다.
★ 나무 그림을 출력하여 붙여도 좋습니다.

2. 나무 꼬치로 크리스마스트리 그림 위에 군데군데 구멍을 뚫습니다.
★ 크리스마스트리 장식의 배치를 고려하여 구멍을 뚫어요.

3. 꼬치로 뚫은 구멍에 색깔 성냥 스틱을 하나씩 꽂습니다.

4. 색깔 성냥 막대 위에 각종 비즈를 끼워 크리스마스트리를 장식합니다.

5 원하는 만큼 반복하며 크리스마스트리 장식을 해
   봅니다.

놀이 노하우

유아에게는 털실 크리스마스트리를 추천해요!

재활용 박스를 크리스마스트리 모양으로 자르고 초록색 털실을 감아 크리스마스트리를 만들어 장식할 수 있습니다. 털실을 트리에 감는 활동을 통해 아이들의 소근육이 발달하는 것은 물론 트리에서 찾을 수 있는 삼각형 모양이 갖는 특징도 인지하게 됩니다.

놀이의 확장

자연물 크리스마스트리

크리스마스트리 비즈 장식 놀이를 한 재활용 박스는 자연물 크리스마스트리 꾸미기로 다시 한 번 활용할 수 있습니다. 겨울에 흔히 볼 수 있는 사이프러스 잎을 채집해, 박스 위의 구멍에 꽂아 놓고 가위로 잎의 길이를 잘라 정리하면 완성도 높은 자연물 크리스마스트리를 만들 수 있습니다.

펠트 바느질 크리스마스트리

초록색 펠트를 크리스마스트리 모양으로 잘라서 사랑스러운 오너먼트로 만들어 볼 수 있습니다. 다양한 크기와 색깔의 단추를 오너먼트 삼아 펠트 위에 바느질하면 견고하고 오랫동안 간직할 수 있는 오너먼트가 만들어집니다. 바느질이 번거롭다면 목공용 풀을 이용해 폼폼, 단추, 시퀸 등을 붙여 펠트 크리스마스트리를 장식할 수도 있습니다.

골프티 오너먼트 크리스마스트리

쿵쾅쿵쾅 망치질로 고슴도치의 가시를 만들었던 것처럼 골프티 오너먼트를 이용해 크리스마스트리를 만들어볼 수도 있습니다. 먼저 재활용 박스 위에 물감으로 크리스마스트리를 그리고 그 위에 골프티를 망치질하여 완성합니다.

PART 5

CREATE
만들기

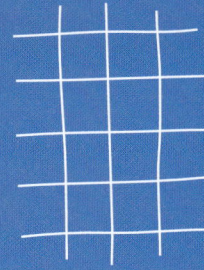

성취감이 배가 되는 자기주도적 놀이

이수가 돌이 지난 후부터 일곱 살이 된 지금까지 꾸준히 엄마표 감성 놀이를 하고 있습니다. 처음에는 가위로 종이를 오리거나, 종이에 풀칠하는 것도 아주 큰 도전이었습니다. 그런데 손의 소근육이 점점 발달하면서 섬세한 작업을 할 수 있게 되었습니다. 해가 거듭될수록 할 수 있는 것이 하나둘씩 늘어났어요. 그리고 이제는 엄마가 함께하지 않아도 스스로 활동을 계획하고 평가하는 것까지 전 과정을 주도적으로 이끌어가고 있습니다. 누나의 놀이를 가장 가까이에서 보면서 자라고 있는 이현이 역시 그 모습을 닮아가고 있습니다.

이런 측면에서 만들기야말로 엄마표 놀이의 최종적인 완성 단계가 아닐까 생각합니다. 주어진 놀이에 단순히 참여하고 즐기는 것에서 한 걸음 더 나아갈 수 있으니까요. 그리고 그 걸음의 주체는 바로 우리 아이입니다. 아이는 만들기를 하기 위해 가장 먼저 놀이의 방향을 설정합니다. 실제 놀이를 진행하면서 계획을 수정하거나 보완합니다. 필요한 재료가 있으면 추가하고 필요 없는 부분은 생략합니다. 더 좋은 아이디어가 떠올랐다면, 새로이 적용해 보기도 합니다. 이런 길고 긴 과정을 통해 마침내 완성된 작품을 보면서 아이는 작품에 대한 평가를 내리지요. 이때 중요한 것은 아이가 이 과정에 주도적이고 즐겁게 참여하였다는 것입니다.

그렇다면 만들기의 장점은 무엇일까요?

첫째, 즐겁고 재미있는 시간을 보낼 수 있습니다. 남녀노소를 불문하고 모든 놀이의 궁극적인 목적은 바로 '재미 추구'입니다. 그리고 그 외의 부가적인 것들은 우리가 재밌게 노는 동안 추가로 얻게 되는 보너스인 셈입니다. 아이는 만들기 과정에 오롯이 집중하며 자신의 창의적인 에너지를 마음껏 발산하는 즐거운 경험을 해볼 수 있습니다. 내가 구상한 것을 내 손으로 직접 만들어낸다는 기쁨은 생각보다 훨씬 더 큽니다.

둘째, 사고력을 발달시킬 수 있습니다. 무언가를 만들어보는 과정은 시행착오의 연속입니다. 그리고 계속해서 계획을 수정하고 보완하면서 더 나은 결과물로 향해 나가는 여정이기도 합니다. 창의적인 만들기 활동을 하는 동안 아이들은 작업 기억력, 분석력, 정신적 유연성, 자기 조절 능력, 문제 해결 능력, 비판적 사고 능력과 같은 고등 정신 능력을 발달시킬 수 있습니다. 이러한 사고력의 발달은 아이의 인지 능력 향상뿐만 아니라 인생 전반을 살아가는 데 아주 커다란 자양분이 될 것입니다.

셋째, 자아효능감을 높일 수 있습니다. 하나의 만들기 과제를 통해서 이뤄낸 성공의 경험은 훌륭한 성취감이 되어 아이에게 돌아옵니다. 그리고 이 성취감이 계속해서 쌓이면 아이의 자아효능감 역시 높아집니다. 자아효능감은 노력이나 과제집착력과도 밀접하게 연관되어 있습니다. 그래서 자아효능감이 높은 아이는 어려움에 직면했을 때, 문제 해결을 위해 끈기를 가지고 애쓰며 더 큰 노력을 기울입니다. 즉 만들기를 많이 해본 아이들은 과제집착력이 높아서 문제가 해결될 때까지 지속하는 능력이 뛰어납니다. 이렇게 쌓인 자아효능감은 삶의 다른 분야에도 자신감을 줄 것입니다.

넷째, 세상을 이해하는 힘을 기를 수 있습니다. 아이는 그동안 미처 몰랐던 내 취향, 관심, 적성을 탐색하는 기회를 얻습니다. 내가 좋아하는 과정은 무엇인지, 기술은 무엇인지, 그리고 어떤 것이 나에게 즐거움을 주고 어려움을 주는지 알게 되는 것이지요. 이런 과정을 통해 타인에 대해 배우고 이해할 수도 있게 됩니다. 따라서 만들기 활동은 아이가 자아를 발견하고, 타인에 대해 배우며, 더 나아가 세상을 이해하는 힘을 기르는 데 도움을 줍니다.

가장 중요한 것은 이 모든 것들이 아이들이 자신의 창의력을 자유롭게 발휘하며 온전히 재미를 추구하는 사이에 부수적으로 얻어진다는 것입니다. 아이들은 나뭇가지나 재활용 상자와 같은 별것 아닌 재료로도 무언가를 만들어내지요. 만들기를 하는 시간이 길 필요도 없고 결과물이 멋있을 필요도 없어요. 가장 중요한 것은 아이가 만들기의 과정 자체를 주도적으로 즐기는 것입니다. 아이가 쉽게 접근할 수 있는 곳에 만들기에 사용할 수 있는 놀이 재료들을 준비해 주세요. 하루에 5분, 10분이라도 뭔가를 만들어내는 아이의 모습을 확인할 수 있을 것입니다.

CREATE
81

한 입 베어 물고 싶은
에어 드라이 클레이 도넛

놀이난이도
★★★☆☆

정리난이도
★★★☆☆

이런 게 필요해요!

- □ 믹싱볼
- □ 전분 가루 1컵
- □ 베이킹 소다 2컵
- □ 물 1.5컵
- □ 냄비
- □ 뚜껑이 있는 용기
- □ 아크릴 물감
- □ 붓
- □ 입구가 좁은 물감
- □ 슈가 파우더
- □ 체망
- □ 스프링클

도넛, 아이스크림, 케이크, 피자, 핫도그 등 아이들이 좋아하는 간식들은 맛이 좋기도 하지만 동시에 흥미로운 놀이 주제가 되기도 합니다. 음식을 만들어 보기 좋은 재료 중 하나가 바로 에어 드라이 클레이 (Air Dry Clay)입니다. 에어 드라이 클레이는 원하는 모양을 만든 후에 오븐에 클레이를 구울 필요 없이 실온에서 건조시킬 수 있다는 장점이 있습니다. 또 완성된 모습이 실제와 꽤 비슷해서 역할 놀이 소품으로도 활용할 수 있습니다. 클레이로 도넛 모양을 빚고, 색을 칠하고, 도넛에 토핑을 장식하는 과정까지 꽤 긴 호흡이 필요하지만 서로 다른 재미로 꽉 찬 모든 단계를 천천히 즐겨 보세요.

#음식놀이 #에어드라이클레이 #실온건조 #역할놀이소품

🙂 아이의 놀이 과정

1 믹싱볼에 전분 가루 1컵, 베이킹 소다 2컵, 물 1.5컵을 넣고 골고루 섞습니다.

2 **1**의 반죽을 냄비에 넣고 반죽의 농도가 되직해질 때까지 중불에서 약 5분간 저어가며 익힙니다.

3 반죽을 용기에 옮기고, 뚜껑을 덮은 후 식힙니다.

4 완성된 에어 드라이 클레이를 도넛 모양으로 빚습니다.

5 실온에서 도넛을 하루 정도 건조합니다.

6 아크릴 물감으로 도넛을 꼼꼼하게 칠합니다. 다양한 색으로 맛을 표현해 봅니다.

7 도넛 위에 물감을 뿌려 시럽을 표현합니다.

★ 시럽을 표현할 때는 입구가 좁은 물감통을 사용하면 좋아요.

8   스프링클을 뿌려 도넛을 장식합니다.

9   체를 이용해 도넛 위에 슈가 파우더를 골고루 뿌립니다.

10 완성한 도넛을 역할 놀이에 활용할 수 있습니다.

놀이의 확장

대형 박스 도넛

재활용 박스 위에 도넛 모양을 그리고 오립니다. 재활용 박스 도넛을 크게 잘랐다면 한 개로도 충분하지만, 박스의 크기가 작다면 6개, 혹은 12개로 여러 가지 맛의 도넛 세트를 만들어 볼 수도 있습니다. 재활용 박스 도넛 위에 아크릴 물감으로 색을 칠하고 폼폼, 시퀸, 모루, 색종이, 스티커 등을 이용해 장식합니다.

펠트 도넛

펠트 천을 이용해 도넛을 만들 수 있습니다. 펠트를 도넛 모양으로 자르고 다른 색깔의 펠트를 동글동글하게 잘라 올려 시럽을 만듭니다. 마지막으로 도넛 위에 바느질해서 도넛 위에 뿌려진 스프링클을 표현합니다.

에어 드라이 클레이 피자

클레이를 반죽해서 이등변 삼각형 모양으로 자르고, 끝부분을 둥글게 말아 피자의 크러스트와 토핑을 만듭니다. 그리고 완성된 피자 조각과 토핑은 건조 후에 물감으로 색칠해 완성합니다. 원하는 토핑의 재료와 개수를 적은 피자 주문서를 만들어 활동지로 사용하면 역할 놀이와 수 인지 활동을 동시에 할 수 있습니다.

CREATE 82

놀이난이도 ★★☆☆☆

정리난이도 ★★★☆☆

뭉게구름같이 푹신푹신한
솜사탕 아이스크림

이런 게 필요해요!

- ☐ 재활용 박스
- ☐ 커터칼
- ☐ 종이컵 여러 개
- ☐ 면도용 크림
- ☐ 목공용 풀
- ☐ 식용 색소
- ☐ 붓
- ☐ 마 끈
- ☐ 글루건
- ☐ 스프링클
- ☐ 폼폼
- ☐ 시퀸
- ☐ 모루

아이들은 시원하고 달콤한 아이스크림을 참 좋아합니다. 그래서 아이스크림은 언제나 재미있고 친근한 놀이 주제입니다. 재활용 박스를 큰 아이스크림 모양으로 오리고 뭉게구름같이 푹신푹신한 솜사탕 아이스크림을 만듭니다. 솜사탕 아이스크림을 만드는 비밀은 바로 물감에 있습니다. 솜사탕 물감은 이름에서 알 수 있듯이 질감을 입체적으로 표현할 수 있습니다. 그래서 보통의 그림보다 훨씬 더 재미있고 색다른 방법으로 색칠을 해볼 수 있습니다. 솜사탕 물감으로 알록달록하고 푹신푹신한 솜사탕 아이스크림을 만들고, 아이스크림 위에 여러 가지 토핑을 추가해 보세요. 아이스크림처럼 달콤한 놀이 시간이 될 거예요.

#솜사탕 #아이스크림 #재활용박스 #폭신폭신 #물감장식

🔵 아이의 놀이 과정

1 커터칼을 이용해 재활용 박스를 아이스크림콘 모양으로 자릅니다.

2 마 끈과 글루건(혹은 목공용 풀)을 이용해 아이스크림의 와플콘을 표현합니다.

3 종이컵에 면도용 크림과 목공용 풀을 1:1 비율로 넣고 골고루 섞습니다.

4 종이컵마다 서로 다른 색의 식용 색소를 넣어 여러 가지 색깔의 솜사탕 물감을 만듭니다.

5 붓을 이용해 재활용 박스 위에 솜사탕 물감을 칠합니다.

6 솜사탕 물감 위에 토핑을 올립니다.
★ 스프링클, 작은 사탕이나 초콜릿 등의 식재료를 사용할 수도 있고 폼폼, 시퀀, 모루와 같은 만들기 재료를 사용할 수도 있어요.

7 솜사탕 물감을 건조시켜 아이스크림을 완성합니다.

CREATE 83

홈 카페에서 내 마음대로 만드는
무지개 소금 스무디

이런 게 필요해요!

- 소금 6컵
- 지퍼백 6개
- 트레이
- 식용 색소
- 깔때기
- 일회용 투명 컵
- 빨대
- 목공용 풀
- 스프링클

카페에서 시간을 보내며 음료를 마시는 것이 하나의 문화로 자리 잡으면서, 아이들과도 카페 데이트를 종종 합니다. 이수와 이현이도 카페에서 음료를 고르고 주문하는 것을 좋아한답니다. 이렇게 카페 문화에 익숙한 아이들과 함께 알록달록한 색감의 소금 스무디를 만들어 홈 카페 놀이를 해 보세요. 식용 색소를 이용해 다양한 색으로 물들인 색깔 소금을 만들어 무지개색의 소금 스무디를 만들어 보세요. 소금이 깔때기를 통해 병 안으로 흘러 내려가는 모습이 마치 모래시계의 모래가 아래로 흘러 내려가는 모습과 닮아 넋을 잃고 보게 된답니다. 그래서 무지개 소금 스무디 놀이는 촉각적으로도, 시각적으로도 굉장히 즐거운 놀이인 동시에 결과물 역시 사랑스럽습니다.

#역할놀이 #모래시계 #무지개색 #소금스무디 #홈카페

🧒 아이의 놀이 과정

1. 지퍼백에 소금 1컵을 넣고 식용 색소를 원하는 만큼 넣습니다.
   ★ 더욱 선명하고 진한 색감을 원한다면, 식용 색소의 양을 늘려 넣으세요.

2. 지퍼백을 닫은 후 손으로 주무르거나 흔들어 식용 색소와 소금을 골고루 섞습니다.
   ★ 식용 색소를 지퍼백에 넣고 1분 정도 기다린 후에 섞기 시작하면, 소금이 뭉쳐 덩어리가 생기는 현상을 줄일 수 있어요.

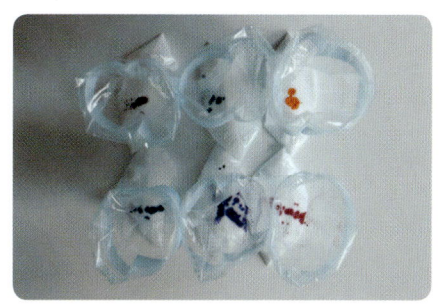

3. 위의 과정을 반복하여 다양한 색감의 색깔 소금을 만들고 소금을 건조시킵니다.

4. 일회용 투명 컵 위에 빨대를 비스듬히 꽂고 깔때기를 걸칩니다.

5. 색깔 소금을 깔때기 위에 부어 일회용 투명 컵 위에 소금을 2~3cm 정도 높이로 쌓아 줍니다.

6. 일회용 투명 컵 위에 쌓인 색깔 소금 위에 다른 색깔의 소금도 층층이 쌓아 줍니다.

7 원하는 높이만큼 색깔 소금을 쌓아 올렸다면, 목공용 풀을 소금 위에 두껍게 짜서 휘핑크림처럼 표현할 수 있습니다.
★ 목공용 풀을 색깔 소금 위에 짜면 소금이 컵에서 쏟아지는 것을 방지할 수 있어서 완성 작품을 안전하게 보관할 수 있어요.

8 목공용 풀 위에 스프링클을 뿌려 스무디의 토핑처럼 꾸밀 수 있습니다.
★ 엡솜 소금을 염색하면 글리터 혹은 스프링클의 대용으로 사용할 수 있어요.

9 목공용 풀이 모두 건조될 때까지 평평한 곳에 보관합니다. 완성된 무지개 소금 스무디를 역할 놀이에 활용할 수 있습니다.

놀이 노하우

엡솜 소금 글리터를 만들어 보세요!

엡솜 소금은 입자가 굉장히 굵어 얼핏 보면 작은 광물이나 보석처럼 보이기도 하지요. 이 엡솜 소금을 염색하면 마치 글리터처럼 보여요. 엡솜 소금을 염색하는 방법은 일반 소금을 염색하는 방법과 같습니다. 무지개 소금 스무디 위에 엡솜 소금을 글리터로 뿌리면 특별한 질감과 색감이 더해져 정말 예쁘답니다.

CREATE 84

놀이난이도 ★★★☆☆
정리난이도 ★★☆☆☆

비 오는 날 구름을 관찰하여 만드는
구름 인형

이런 게 필요해요!

- ☐ 흰색 도화지
- ☐ 연필
- ☐ 가위
- ☐ 마커
- ☐ 수채 물감
- ☐ 붓
- ☐ 스테플러
- ☐ 1공 펀치
- ☐ 돗바늘
- ☐ 털실
- ☐ 노란색 모루
- ☐ 잘게 자른 신문지, 이면지, 솜 등의 완충재

구름의 높이나 색깔을 보면 날씨를 예측할 수 있습니다. 이러한 추측이 정확하지는 않지만 아이들과 함께 구름을 관찰하고 날씨를 예측하고 이와 관련된 대화를 할 수 있다는 점에서 의미가 있습니다. 우리의 실생활과 밀접하게 연관된 날씨는 아이들에게 무척 흥미로운 주제입니다. 그렇다면 흰 구름과 까만 먹구름을 동시에 만난 수 있는 구름 인형을 만들어 보면 어떨까요? 축축하게 땅을 적시는 비 때문에 마음까지 축 처지지 않도록 비가 오는 날에는 아이들과 함께 구름 인형을 만들어 보세요. 푹신푹신하고 귀여운 구름 인형이 우리의 마음도 환하게 밝혀 줄 것입니다.

#구름인형 #비오는날 #구름관찰 #흰구름 #먹구름

🧒 아이의 놀이 과정

1 흰색 도화지 두 장을 겹친 후, 구름 그림을 그리고 가위로 오립니다.

2 수채 물감으로 도화지의 한쪽 면은 흰 구름, 또 다른 면은 먹구름으로 색칠합니다.
★ 흰 구름은 도화지를 그대로 사용할 수도 있지만, 밝은색으로 색칠해도 좋아요.

3 마커로 구름에 표정을 그립니다. 흰 구름에는 웃는 얼굴로, 먹구름은 성난 얼굴로 표현할 수도 있습니다.

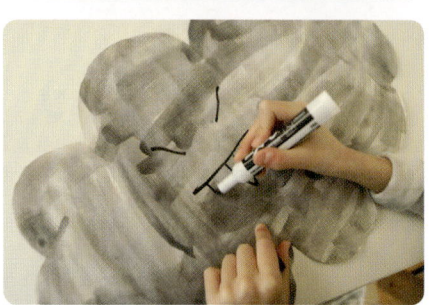

바느질을 하는 경우

4 구름 그림 두 면을 함께 잡고 1공 펀치를 이용해 가장자리에 구멍을 뚫어 줍니다.

5 돗바늘과 털실을 이용해 구름 그림 두 면을 바느질해 연결해요. 단, 완충제를 넣을 수 있을 정도의 구멍은 남겨둡니다.

6 잘게 자른 신문지나 이면지 등의 완충재를 구름 속에 넣어 채웁니다.

★ 집에 있는 헌 베개나 헌 인형 속의 솜을 이용해도 좋아요.

7 열려 있던 구멍을 바느질로 마무리해 구름 인형의 형태를 완성합니다.

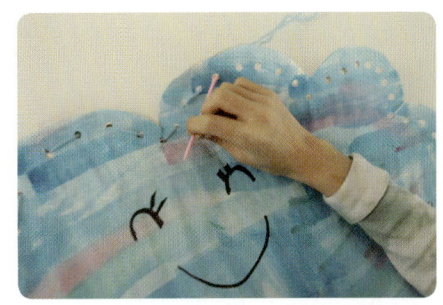

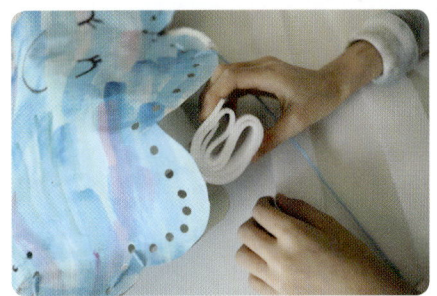

스테플러를 사용하는 경우

4 구름 그림 두 면을 함께 잡고 완충재를 넣는 구멍은 남겨둔 채 스테플러로 구름의 가장자리를 이어서 찍습니다.

★ 아이가 스테플러를 쉽게 찍을 수 있도록 안내선을 그려 주세요.

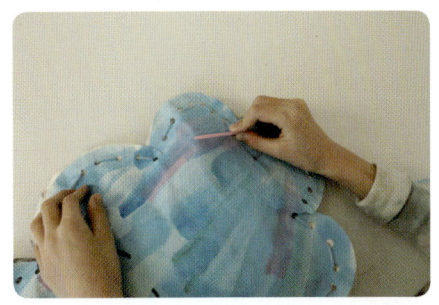

5. 잘게 자른 신문지나 이면지 등으로 만든 완충재를 구름 속에 넣어 채우고 열려 있던 구멍을 스테플러로 찍어 막아 줍니다. 앞면과 뒷면이 흰 구름과 먹구름인 구름 인형을 완성합니다.

★ 모루로 번개 모양을 만들어 먹구름에 붙일 수도 있어요.

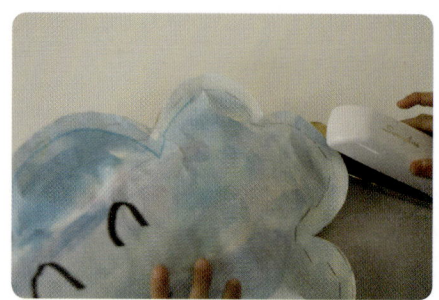

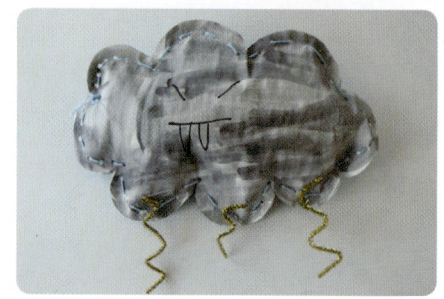

알록달록한 털실로 만드는
거북이 등껍질 위빙

이런 게 필요해요!

☐ 색깔 아이스크림 막대
☐ 털실
☐ 가위
☐ 마커
☐ 글루건

나무 막대로 십자 모양을 만든 후에 털실을 감아 만드는 공예품을 '신의 눈(God's eye 혹은 Ojos de Dios)'이라고 부릅니다. '신의 눈'은 멕시코의 원주민 종족 중 하나인 후이촐족(Huichol)에게서 유래한 것으로 알려져 있습니다. 세련된 자수와 직조 기술로 잘 알려져 있는 후이촐족의 대표적인 공예품 중 하나가 바로 '신의 눈'입니다. '신의 눈'은 대개 여러 가지 색깔의 실을 조합하여 무늬를 만듭니다. 그리고 이렇게 만들어진 무늬는 태양, 방패, 그리고 신의 눈을 상징합니다. 후이촐족은 이 '신의 눈'이 미래의 불확실성으로부터 우리를 보호한다고 생각했습니다. 아이와 함께 털실을 이용해 '신의 눈'과 닮은 거북이의 알록달록한 등껍질을 만들어 보세요.

#나무막대 #공예품 #신의눈 #거북이등껍질 #위빙

아이의 놀이 과정

1. 그러데이션을 표현할 수 있는 세 가지 색의 털실을 고릅니다.

2. 색깔 아이스크림 막대 하나를 – 모양으로 놓습니다.

3. 그 위에 색깔 아이스크림 막대 두 개를 X 모양으로 올린 후 글루건으로 세 개의 막대를 연결합니다.

4. – 모양의 색깔 아이스크림 막대 끝에 네임펜으로 거북이의 눈, 코, 입을 그리고, X 모양의 색깔 아이스크림 막대 끝에는 거북이의 다리와 꼬리를 그립니다.

5. 막대를 뒤집어서 거북이의 뒷면이 위로 오도록 합니다.

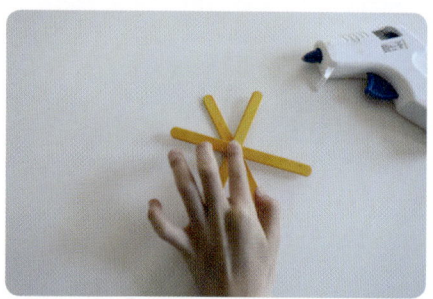

6. 막대를 시계 방향으로 돌려가며 막대마다 1~6까지 숫자를 하나씩 씁니다.

★ 막대에 적힌 숫자를 적어두면 위빙 순서를 쉽게 기억할 수 있어요.

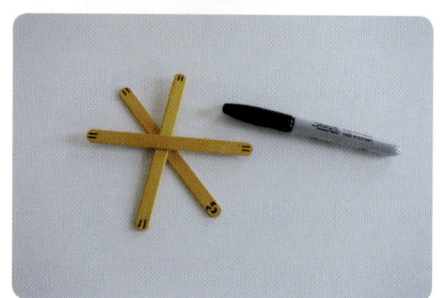

7. 세 개의 아이스크림 막대가 교차하는 중앙에서 위빙을 시작해요. 털실을 중앙에 놓고 세 막대 사이를 실로 한 번씩 감는 과정을 2~3번 반복해 중앙 부분을 튼튼하게 만듭니다.

8. 1번 막대의 아래에서 위 방향으로 털실을 감고, 2번 막대의 아래에서 위 방향으로 털실을 감는 것을 6번 막대까지 반복합니다. 1번부터 6번까지 한 세트를 마쳤다면, 같은 방법으로 위빙을 계속 이어갑니다.

9. 털실의 끝과 새로 사용할 털실을 묶어 연결해 털실의 색을 교체하며 위빙을 이어갑니다.

10. 위빙을 마쳤다면 털실의 끝을 나무 막대 끝에 묶고 글루건으로 마무리합니다.

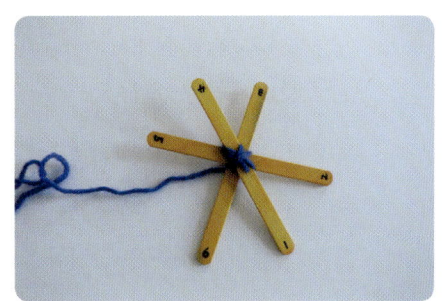

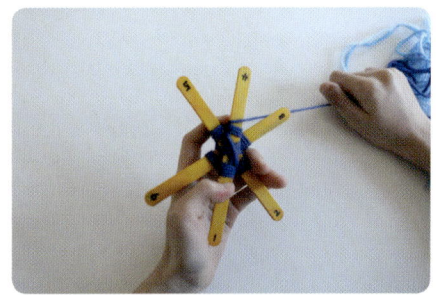

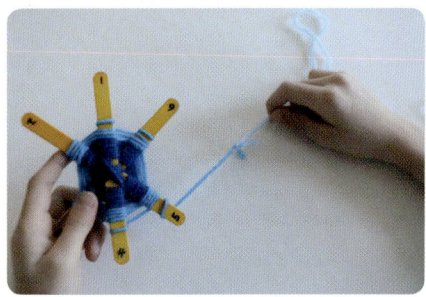

놀이의 확장

나뭇가지로 만든 신의 눈

신의 눈은 나무 막대 2개를 이용해서 십자 형태로 만드는 것이 보편적이지만, 나무 막대를 3개 이상 사용하여 만들어 볼 수도 있습니다. 길이와 굵기가 비슷한 나뭇가지 3개를 주워 꼭짓점이 6개인 신의 눈을 만드세요. 나뭇가지의 아래에서 위 방향으로 털실을 감아주면 됩니다. 아이스크림 나무 막대를 사용할 때보다 위빙을 할 공간이 커지기 때문에 더욱 다양한 색깔의 털실을 사용할 수 있어요. 그러나 그만큼 조금 더 긴 집중력과 지구력도 필요하지요. 아이와 함께 놀이를 진행할 때는 며칠 동안 조금씩 완성해나가는 것도 좋은 방법이 될 수 있습니다.

색깔 성냥 막대로 만든 미니 신의 눈

색깔 성냥 막대 2개를 십자 모양으로 놓고 아주 작은 크기의 신의 눈을 만들 수도 있습니다. 크기가 작아서 쉽게 만들 수 있지만 그만큼 섬세하게 만들어야 합니다. 신의 눈을 만드는 방법을 충분히 익혔다면 미니 신의 눈 만들기는 아주 재미있는 도전이 될 것입니다.

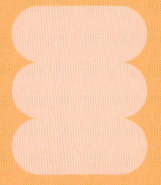

니들 펠팅으로 만드는
도토리 목걸이

놀이난이도 ★★★★★

정리난이도 ★☆☆☆☆

이런 게 필요해요!

- ☐ 도토리 깍지
- ☐ 양모 실
- ☐ 펠팅 니들
- ☐ 니들 펠팅 패드
- ☐ 글루건
- ☐ 드릴
- ☐ 탄성 코드(1mm)

가을은 곱게 물든 나뭇잎과 높은 하늘, 그리고 산책하는 길에 찾을 수 있는 자연의 보물들이 참 많은 계절입니다. 이수와 이현이는 도토리를 주워 모으는 것을 참 좋아합니다. 그런데 도토리는 다람쥐들의 겨울 식량이 되어야 하니 숲에 다시 돌려놓고 오지요. 그래서 집으로 가져올 수 있는 도토리 깍지를 이용해서 도토리 목걸이를 만들게 되었습니다. 자연의 아름다움과 양모 실의 포근함을 동시에 담은 세상에 하나뿐인 도토리 목걸이로 가을을 추억해 보세요. 도토리 깍지 안에 쏙 들어가 자리 잡은 부드러운 촉감의 양모 도토리 목걸이는 가을을 기억할 수 있는 소중한 기념품이 될 것입니다.

#가을놀이 #도토리깍지 #도토리목걸이 #부드러움 #가을기념품

아이의 놀이 과정

1. 도토리 깍지의 크기를 고려해서 양모 실을 떼어 냅니다.

2. 떼어낸 양모 실을 손으로 압축하여 동그랗게 만들고 도토리 깍지에 끼워 크기를 가늠해 봅니다.
★ 동그랗게 만든 양모 실의 크기는 도토리 깍지의 크기보다 커야 합니다.

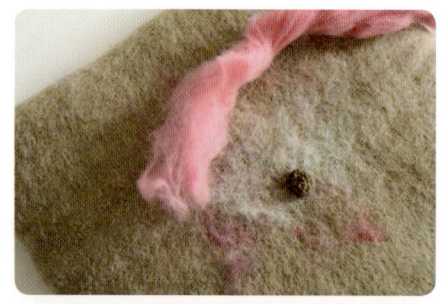

3. 양모 실을 니들 펠팅 패드 위에 올려주세요.
★ 일반 바늘로는 양모 실의 모양을 잡을 수 없으니 반드시 전용 펠팅 니들을 사용하세요.

4. 펠팅 니들로 양모 실을 계속 찔러 동그랗게 모양을 잡아 줍니다.
★ 바늘로 많이 찌를수록 양모 실 덩어리가 더욱 단단해져요.
★ 속도를 빠르게 하다 보면 바늘에 아이의 손이 찔릴 수 있으니 천천히 하도록 알려주세요.

5. 양모 실 덩어리가 제법 형태를 갖추면 도토리 깍지에 넣어 크기가 적당한지 살펴보세요.
★ 만약 크기가 잘 맞지 않는다면 양모 실을 조금 더 추가해서 크기를 키우거나 바늘로 더 많이 찔러 크기를 줄여 줄 수 있어요.

6 양모로 만든 도토리의 크기가 마음에 든다면, 드릴로 도토리 깍지의 윗부분에 구멍 2개를 뚫어 줍니다.

★ 드릴로 뚫는 과정은 아이가 할 수 없으니 반드시 부모님이 도와주세요!

7 도토리 깍지의 구멍에 탄성 코드를 꿰어 목걸이 모양을 만듭니다.

8 글루건을 이용해 도토리 깍지 안에 양모 도토리를 고정해 목걸이를 완성합니다.

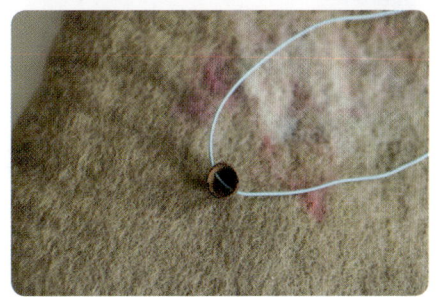

CREATE
87

아이의 그림으로 만드는
사포 프린팅 에코백

놀이난이도 ★★☆☆☆

정리난이도 ★☆☆☆☆

이런 게 필요해요!

☐ 에코백
☐ 사포
☐ 색연필
☐ 가위
☐ 다리미
☐ 재활용 박스
☐ 키친 타올

아이가 직접 그린 귀엽고 사랑스러운 그림은 언제봐도 기분이 좋습니다. 아이의 그림을 티셔츠나 가방에 프린트할 수 있다면 어떨까요? 특별하고 거창한 재료가 없어도 색연필과 사포만 있으면 얼마든지 나만의 소지품을 만들 수 있습니다. 사포에 그림을 그릴 때 울퉁불퉁한 질감은 도화지와 다른 감각을 자극하여 아이를 즐겁게 합니다. 사포 위에 그림을 그리고 티셔츠, 에코백, 파우치 등 다양한 곳에 프린팅하여 세상에 하나뿐인 물건으로 만들어 보세요. 내가 그린 그림이 프린트된 물건을 보면서 아이의 자존감이 쑥쑥 높아질 것입니다. 이현이는 지금도 어디를 가던 스스로 만든 에코백에 아끼는 소지품을 넣고 다닌답니다.

#사포그림 #직접만드는가방 #촉감놀이

🧒 아이의 놀이 과정

1 사포의 거친 면에 색연필로 그림을 그립니다.
★ 사포에 그린 그림을 에코백에 찍으면 그림이 반대로 찍혀 나타나요. 따라서 사포 위에 글씨를 쓰는 것보다 그림을 그리는 것이 좋습니다.
★ 복잡하고 세밀한 그림보다는 단순한 그림을 그리는 것이 좋아요.

2 사포에 그린 그림의 윤곽선에 1cm 정도의 여백을 주고 가위로 그림을 잘라냅니다.

3 에코백의 안쪽에 재활용 박스를 잘라 넣어 다리미 판으로 사용합니다.
★ 이 책에서는 책상 보호 매트를 사용했어요.

4 사포 그림이 에코백을 향하도록 그림을 뒤집어 에코백 위에 올립니다.

사포의 거칠기를 선택하여 재료를 준비할 수 있어요!

사포의 거칠기는 입도(grit)로 표기하는데 이 숫자가 낮을수록 질감이 거칠고, 숫자가 높을수록 질감이 곱습니다. 고운 사포를 사용할수록 사포 위의 그림이 곱게 표현되지요. 이 책에서는 #150 Grit의 사포를 사용했습니다.

5 사포 위에 마스킹 테이프를 붙여 에코백에 그림을 고정합니다.

6 사포 위에 키친타올을 올립니다. 다리미를 울 모드로 세팅한 후 천천히 다림질합니다.

7 키친타올을 걷어내고, 사포를 걷어올려 그림이 에코백에 잘 옮겨졌는지 확인합니다.

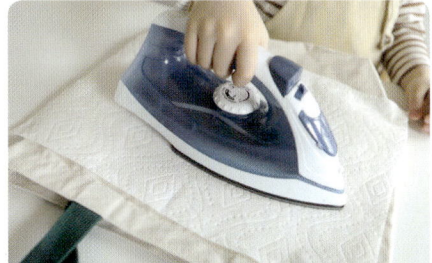

놀이 노하우

다림질할 때는 화상을 입지 않도록 주의하세요!

아이가 다림질할 때는 항상 화상을 입지 않도록 주의해야 합니다. 다리미를 잡지 않은 손은 허리에 뒷짐을 지게 하면 화상의 위험을 줄일 수 있습니다. 그리고 꼭 부모님이 옆에서 지켜 보세요.

놀이 노하우

사포 그림이 프린팅된 에코백은 세탁에 유의하세요!

최대한 세탁을 자주하지 않는 것을 추천하며, 세탁이 필요할 시 혹시 모를 이염을 방지하기 위해 단독으로 손세탁하세요.

놀이난이도
★★★☆☆

정리난이도
★★☆☆☆

생일을 더욱 특별하게 만드는
박스 케이크

이런 게 필요해요!

- ☐ 재활용 박스
- ☐ 컴퍼스
- ☐ 칼
- ☐ 글루건
- ☐ 아크릴 물감
- ☐ 붓
- ☐ 폼폼
- ☐ 시퀸
- ☐ 스프링클 등

아이의 생일은 정말 특별한 날입니다. 사랑하는 아이가 세상에 태어나 나를 엄마로 만들어준 날이잖아요. 그래서 엄마들은 아이의 생일을 특별한 하루로 만들어 주기 위해 큰 노력을 기울입니다. 멋진 곳으로 여행을 가기도 하고, 영양이 풍부한 생일상을 차려주기도 하지요. 이렇게 기쁘고 좋은 날, 아이의 생일을 축하하는 놀이를 해보는 것은 어떨까요? 아이의 생일을 더욱 특별하게 만들어 주는 좋은 추억이 될 것입니다.

#재활용품활용 #생일파티 #직접만든케이크

🧑‍🦰 엄마의 준비 과정

1 컴퍼스로 재활용 박스에 원을 그려 자르고 원의 둘레에 맞게 케이크의 옆면을 만듭니다.

2 글루건으로 원과 케이크 옆면을 연결해 박스 케이크 모양을 완성합니다.
★ 박스 케이크는 1층으로 만들 수도 있지만, 2층이나 3층으로 만들 수 있습니다. 층마다 다른 색감과 디자인으로 케이크를 꾸며볼 수도 있어요.

👶 아이의 놀이 과정

1 아크릴 물감으로 박스 케이크를 색칠합니다.
★ 입구가 좁은 물감으로 케이크 위에 물감을 뿌려 장식하거나 생일 축하 메시지를 쓸 수도 있습니다.

2 폼폼, 시퀸, 스프링클 등을 이용해 케이크를 꾸밉니다.

3 재활용 박스로 촛불 모양을 만든 후 색칠합니다. 케이크의 윗면에 칼집을 내준 후 박스 촛불을 꽂아줍니다.

★ 재활용 박스 대신 종이 빨대나 모루를 사용해 초를 만들 수도 있어요.

4 완성된 박스 케이크와 함께 생일 축하 노래를 부르며 아이의 생일을 축하합니다.

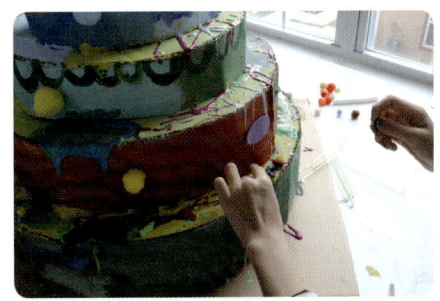

놀이 노하우

박스를 쌓아 올려 케이크를 만들 수 있어요!

재활용 박스를 원형으로 잘라 만드는 케이크는 실제 케이크와 모양이 비슷해서 아이들이 무척 좋아합니다. 하지만 재활용 박스를 재단하여 케이크를 만드는 과정은 까다롭고 손이 많이 가지요. 원형 케이크를 만드는 것이 어렵다면 대신 다양한 크기의 재활용 박스를 층층이 쌓아 올려 박스 케이크를 만들 수 있습니다. 원형 케이크를 만드는 수고로움은 덜지만, 재미는 그대로 가져갈 수 있습니다.

놀이의 확장

케이크 장식 놀이

케이크 장식 놀이를 위해 도화지의 안쪽을 케이크 모양으로 파내고 시트지를 붙여 접착면을 만듭니다. 그리고 폼폼, 스팽글, 조개껍데기 등의 콜라주 재료를 시트지에 붙여 케이크를 장식해 보세요. 손으로 사물을 집을 수만 있다면 할 수 있는 놀이로, 영유아에게도 적합한 놀이입니다. 또 물감을 사용하지 않기 때문에 깔끔하게 진행할 수 있지요. 쉽고 간단하지만, 아이가 몇 번이나 계속해서 반복하며 놀 정도로 생일 축하 놀이로 손색이 없는 아주 재미있는 놀이입니다.

비밀 생일 케이크 그림

비밀 생일 케이크 그림은 도화지 위에 흰색 크레용으로 케이크 그림을 그려서 만들 수 있습니다. 놀이 준비가 정말 쉽고 간단합니다. 아이가 좋아할 만한 케이크 디자인, 아이 생일에 맞는 초 개수 등을 고려해서 밑그림을 그려 보세요. 그러고 나서 아이가 수채 물감을 칠해가며 숨겨져 있던 케이크 그림을 찾는 것을 지켜 보세요. 놀이를 마친 후에는 진짜 케이크를 등장시켜 함께 초도 불고 생일 축하 노래도 불러 보세요.

촉감이 보송보송한 왕관
폼폼 크라운

이런 게 필요해요!

- ☐ 재활용 박스 혹은 폼폼 메이커
- ☐ 털실
- ☐ 가위
- ☐ 알루미늄 와이어(1.5mm)

아이의 생일이나 특별한 기념일이면 예쁜 사진을 찍어 추억으로 남기곤 하지요. 예쁘고 귀여운 소품으로 사진에 특별함을 더해주면 어떨까요? 아이들과 함께 털실로 폼폼을 만들어 보세요. 폼폼은 털실을 계속해서 감는 단순 동작의 반복으로 만들 수 있습니다. 그래서 아주 어린 아이들도 쉽게 시도해 볼 수 있습니다. 이렇게 만든 폼폼을 이용해서 왕관을 만들어 봅시다.

#생일놀이 #폼폼 #털실 #포근함

🧑‍🦱 엄마의 준비 과정

1. 두껍고 단단한 박스를 ㄷ자 모양으로 잘라 폼폼 메이커를 만듭니다.

★ ㄷ자 크기가 클수록 폼폼의 크기도 커지고, 작을수록 폼폼의 크기도 작아져요.

　ⓐ L 사이즈 : 가로 8cm, 세로 10cm, 중앙 홈 1.5cm
　ⓑ M 사이즈 : 가로 5cm, 세로 10cm 중앙 홈 1cm
　ⓒ S 사이즈 : 가로 3cm, 세로 10cm, 중앙 홈 0.5cm

2. 알루미늄 와이어를 아이의 머리둘레에 맞게 재단합니다.

★ 책에서는 지름 1.5mm의 알루미늄 와이어를 사용했어요.

아이의 놀이 과정

1. ㄷ자 폼폼 메이커에 털실을 세로 방향으로 충분히 감아 줍니다.

★ 털실을 많이 감을수록 폼폼의 크기가 커지고 밀도가 높아져요.

2 ㄷ자 폼폼 메이커에 감은 세로 방향의 털실 뭉치 밑의 홈에 가로 방향으로 털실을 넣은 후 털실 뭉치를 여러 번 단단히 묶습니다.

3 폼폼 메이커에서 털실 뭉치를 밀어내 분리합니다.

4 가위로 털실의 위, 아래 고리 부분을 모두 잘라 폼폼의 형태를 만듭니다.

★ 이때 털실의 가운데를 묶었던 털실 두 가닥은 자르지 말고 길게 유지하세요.

5 가위로 털실의 길이를 일정하게 다듬어 동글동글한 폼폼 모양을 만듭니다. **1~5**과정을 반복하여 원하는 색과 모양의 폼폼을 여러 개 만듭니다.

6 폼폼에 길게 남아있던 털실 두 가닥을 알루미늄 와이어에 묶어 폼폼을 고정합니다.

7 6의 과정을 반복하여 폼폼 크라운을 완성합니다.
★ 와이어에 전체적으로 폼폼을 달수도 있지만 폼폼을 1개, 3개, 혹은 앞부분에만 일부 달아도 매력적인 폼폼 크라운이 완성됩니다.

놀이 노하우

여러 가지 색이 섞인 레인보우 폼폼을 만들어 보세요!

폼폼 메이커에 털실을 감을 때 한 가지 색의 털실만 사용하는 것이 아니라 다양한 색깔의 털실을 사용해 보세요. 아이가 직접 좋아하는 색이나 잘 어울리는 색들을 골라 털실 색을 조합해 보는 과정은 굉장히 즐겁답니다. 이렇게 해서 폼폼을 만들면 여러 색이 섞인 새로운 느낌의 폼폼을 만들 수 있습니다.

CREATE 90

상상 속 은하계를 간직할 수 있는
병 속 은하계

놀이난이도 ★★☆☆☆

정리난이도 ★★★☆☆

이런 게 필요해요!

- ☐ 유리병
- ☐ 컵 4개
- ☐ 아크릴 물감 4색
- ☐ 물
- ☐ 코튼 볼
- ☐ 글리터
- ☐ 나무 막대

반짝반짝 빛나는 별과 행성, 그리고 은하계는 정말 아름답지만 닿을 수 없는 곳입니다. 그래서 늘 동경하게 되는 곳이기도 합니다. 이 반짝이는 아름다움을 병 속에 담을 수 있다면 어떨까요? 유리병, 물감, 코튼 볼과 같은 간단한 재료만 있으면 병 속에 은하계를 담아 간직할 수 있습니다. 아이가 생각하고 상상하던 은하계의 모습대로 마음껏 물감 색을 선택하고, 글리터도 뿌려 보세요. 병 속의 은하계는 아이가 꼭 끌어안고 다니며 종일 자랑할 수 있는 보물이 되어줄 것입니다.

#태양계 #우주 #신비로움 #유리병 #물감 #코튼 볼 #글리터 #반짝반짝

🔵 아이의 놀이 과정

1 컵 4개에 물을 채웁니다.

2 상상하는 은하계에 대해서 함께 이야기해 보고 물감의 색깔을 정합니다.

3 각각의 컵에 아크릴 물감을 더해 네 가지의 서로 다른 색깔 물을 만듭니다.
★ 분홍색, 보라색, 검은색, 파란색, 청록색, 민트색 등 다양한 색깔을 써 볼 수도 있고 비슷한 톤의 색깔을 선택해 그러데이션 효과를 낼 수도 있어요.

4 유리병에 코튼 볼을 1/4 정도 채웁니다.

5 유리병에 첫 번째 물감 물을 붓고 나무 막대로 코튼 볼을 눌러 물감 물을 흡수시킵니다.

6 코튼 볼 위에 글리터를 뿌립니다.

7 유리병에 코튼 볼을 2/4 정도 더 넣어 채우고, 두 번째 물감 물을 부은 후 나무 막대로 코튼 볼을 눌러 물감 물을 흡수시킵니다.

8 코튼 볼 위에 글리터를 뿌립니다.

9 위의 방법을 두 번 더 반복하여 세 번째 물감 물과 네 번째 물감 물까지 모두 코튼 볼에 흡수시킵니다.

10 유리병의 뚜껑을 닫아 병 속의 은하계를 완성합니다.

놀이의 확장

도화지에 표현하는 병 속 은하계

도화지 위에 유리병 그림을 그리고, 병 속을 채색합니다. 다양한 방법으로 병 속을 채색해 신비롭고 매력적인 은하계를 표현할 수 있습니다.

수채 물감으로 칠하기

수채 물감으로 병 속에 색을 칠합니다. 도화지 위에 전체적으로 물을 칠한 후, 수채 물감이나 액체 수채 물감을 더해 웨트 온 웨트(Wet-On-Wet) 기법의 효과를 나타내 볼 수도 있습니다. 물감이 모두 마르면 마커로 병 속에 별을 그립니다. 우주의 느낌이 물씬 나는 병 속의 은하계가 만들어집니다.

소금 뿌리기

붓에 물을 충분히 적셔 수채 물감으로 색을 칠한 후, 그림 위에 소금을 뿌립니다. 아이들은 그림 위에 소금을 솔솔 뿌리는 활동을 좋아합니다. 소금이 물을 만나 녹으면서 만들어지는 효과가 인상적입니다. 물감이 모두 마른 후에도 소금은 도화지 위에서 반짝반짝 빛이 난답니다.

블리딩 티슈페이퍼

블리딩 티슈페이퍼를 도화지 위에 올린 후에 분무기나 붓으로 물을 더해 번지기 효과를 만들 수 있습니다. 물감이 모두 마른 후에 마커로 병 속에 별을 그려 우주의 운치를 더해 보세요.

지점토를 쌓아서 만드는
레인보우 롤

놀이난이도
★★★☆☆

정리난이도
★★★★☆

이런 게 필요해요!

☐ 여러 가지 색깔의 지점토
☐ 롤링 핀
☐ 칼 혹은 치실

아이들의 놀잇감 중 빠질 수 없는 것 중 하나가 바로 지점토입니다. 아이들은 지점토 놀이를 하며 자연스럽게 다양한 소근육을 사용합니다. 반죽을 하고 손으로 점토를 떼어 보고, 원하는 모양을 만들어 보는 과정을 통해 아이들은 눈과 손의 협응력을 발달시키고, 형태와 모양에 대한 개념을 형성할 수 있습니다. 원인과 결과를 이해하고 인지 능력을 발달시키기도 하지요. 집에 사용하다 남은 지점토가 많이 있다면 혹은 지점토를 이용해 새로운 방식으로 놀아보고 싶다면 여러 가지 색깔의 지점토를 조합하고 쌓아 올려 레인보우 롤을 만들어 보세요.

#소근육발달 #지점토 #롤케이크 #돌돌말기

 **아이의 놀이 과정**

1 지점토를 잘 반죽하여 둥글게 만듭니다.

2 롤링 핀으로 밀어 길게 폅니다.

3 길게 만든 각각의 지점토를 층층이 쌓은 후 다시 한 번 롤링핀으로 밀어 길게 만듭니다.

4 길게 만들어진 지점토를 김밥을 말 듯이 한 방향으로 말아줍니다.

5 동그랗게 말아진 지점토를 손바닥으로 여러 번 굴리면서 밀어 더 길게 폅니다.

6 안전칼 혹은 치실로 지점토를 적당한 간격으로 자른 후 단면을 확인합니다.

7 파스타 메이커나 마늘 프레스를 사용하여 놀이를 확장할 수 있습니다.

8 당장 사용하지 않을 레인보우 롤은 지퍼백이나 밀폐용기에 넣어 보관하세요.
★ 지퍼백에 담아 친구들에게 나눠줘도 좋은 선물이 됩니다.

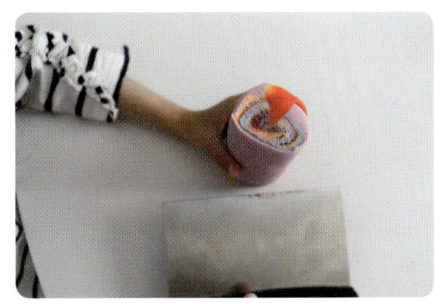

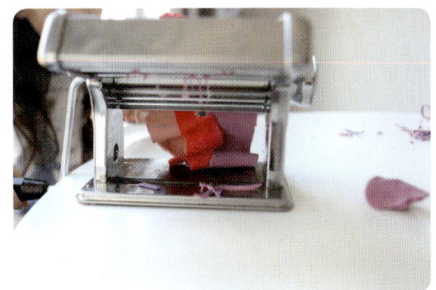

놀이 노하우

이동식 놀잇감으로 만들어 보세요!

여러 개의 칸으로 나뉜 플라스틱 수납 상자에 지점토와 놀이 도구들을 넣어 이동식 놀잇감으로 만들어 볼 수 있습니다. 수납 칸 안에 레인보우 롤, 작은 롤링 핀, 쿠키커터, 마늘 프레스, 피규어 등을 넣어서 구성해 보세요. 자동차, 기차, 비행기 등을 장시간 타거나 여행 시 숙소에서 즐거운 놀잇감이 되어줄 것입니다.

| 놀이난이도 ★★★☆☆ |
| 정리난이도 ★★☆☆☆ |

꽃으로 물들인
파우치

이런 게 필요해요!

☐ 파우치 등의 천
☐ 뜨거운 물 2컵(선택)
☐ 명반 1/4컵(선택)
☐ 꽃
☐ 나뭇잎
☐ 장난감 망치
☐ 박스
☐ 마스킹 테이프
☐ 다리미   ☐ 실
☐ 바늘   ☐ 가위

◗ 주위에 있는 물건이나 자연물을 보면 늘 아이들의 놀이와 연관해 활용 방법을 생각해보곤 합니다. 그래서 집 정원에 피는 꽃이나 선물로 받은 꽃다발이 시들어갈 때면, 이 꽃들을 가지고 아이들과 놀 방법을 곰곰이 생각합니다. 그러다 꽃의 진한 색감을 천 위에 옮겨보기로 했습니다. 그것도 이현이가 가장 좋아하는 놀잇감 중 하나인 망치를 이용해서요. 면 소재의 파우치 위에 꽃을 올려 망치질하면서 아이들은 마음껏 에너지를 발산할 수 있습니다. 자연물의 아름다움을 천 위로 옮겨보는 건 어떨까요? 아이에게도 엄마에게도 소중한 선물이 되어줄 것입니다.

#자연재료 #물들이기 #알록달록 #염색놀이 #재활용 #손가방

🧑‍🦰 엄마의 준비 과정

1 깨끗한 천을 준비합니다.

2 뜨거운 물 2컵에 명반 1/4컵을 넣고 골고루 섞습니다.

3 명반 물에 천을 넣어 적신 후, 완전히 건조시킵니다.

★ 명반은 천에 옮겨질 자연물의 발색력을 높여줘요. 하지만 명반이 없다면 2와 3 과정을 생략하고 놀이를 진행해도 좋아요.

4 천 위에 꽃과 나뭇잎을 배치합니다.

★ 팬지, 장미, 양귀비, 카네이션과 같이 꽃의 색감이 강하고, 부드럽고, 꽃잎이 얇을수록 천에 염색이 잘됩니다.

5 마스킹 테이프로 꽃을 천 위에 고정합니다.

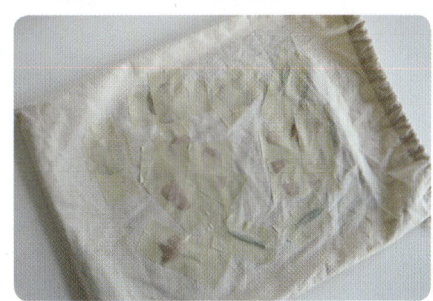

🧒 아이의 놀이 과정

1 망치로 꽃과 나뭇잎을 골고루 두드려 꽃과 나뭇잎의 색이 천에 묻어날 수 있도록 합니다.

2 망치질을 충분히 했다면, 마스킹 테이프를 떼어내고 천 위에 남은 꽃과 나뭇잎을 제거합니다.

3 다리미를 낮은 온도로 설정하고 천을 다리면 천 위의 꽃 색깔이 바래는 것을 방지할 수 있습니다.

4 천 위에 프린트된 꽃 위에 바느질해서 꽃 모양 장식을 더할 수 있습니다.

5 완성된 파우치에 아이의 장난감이나 물건을 넣어 사용해 보세요.

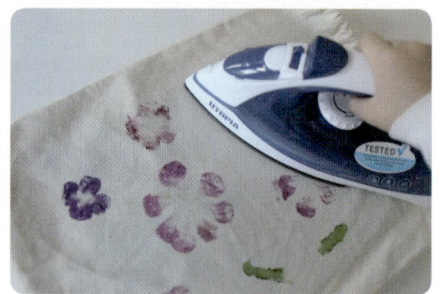

놀이의 확장

꽃무늬 티 타올

티 타올 위에 연산홍 꽃을 올리고 망치질해서 예쁜 꽃잎의 색감과 모양을 옮겼습니다. 연산홍 꽃은 색감이 진하고, 부드러워 티 타올에 아주 예쁘게 염색됩니다. 염색된 꽃무늬 위에 바느질로 간단하게 자수를 놓아 자연의 아름다움이 담긴 티 타올을 완성했습니다.

종이 위의 꽃

천 대신 도화지를 사용해도 꽃 염색을 할 수 있습니다. 천을 물들일 때와 같은 방법으로 도화지 위에 꽃을 올리고 마스킹 테이프로 꽃을 고정한 후 망치질합니다. 종이 위에 꽃의 색감을 옮긴 후에는 마커나 물감을 이용해서 꽃 그림을 확장해 나갈 수 있습니다.

수틀 안에 담긴 꽃

면으로 된 천 위에 꽃을 올리고 망치질을 해서 꽃의 색감을 옮기고 그 천을 수틀 안에 넣어 보세요. 천 위에 자수를 놓아 꽃의 모양을 더욱 실감 나게 표현할 수도 있습니다. 이렇게 완성된 수틀 안에 담긴 꽃 그림은 액자처럼 바로 벽에 걸어 인테리어 소품으로도 활용할 수 있답니다.

CREATE 93

내 손안의 작은 친구
나무 막대 인형

이런 게 필요해요!

- 나무 막대
- 털실
- 펠트지
- 마스킹 테이프
- 글루건
- 비즈
- 단추
- 리본
- 마커
- 모루
- 컵케이크 라이너
- 눈알 스티커 등

집에 있는 여러 가지 놀이 재료 중에서 이수와 이현이가 자주 가지고 노는 놀잇감 재료가 바로 아이스크림 나무 막대입니다. 아이들이 나무 막대를 좋아하게 된 계기가 된 활동이 바로 막대 인형 만들기였습니다. 털실, 펠트지, 비즈 등을 이용해서 마음대로 인형을 만드는 활동이었지요. 이수는 평소 자기가 좋아하는 캐릭터들을 인형으로 만들었고, 이현이 역시 마커로 나무 막대를 색칠하거나 스티커를 붙이는 등의 간단한 방법으로 자신만의 인형을 열심히 만들었습니다. 집에 있는 재료들을 활용하며 상상의 나래를 펼치며 아이가 좋아하는 책이나 영화의 주인공들을 막대 인형으로 만들어 보세요. 손안에 쏙 들어오는 작은 막대 인형이지만 상상력을 무궁무진하게 자극하는 놀이입니다.

#아이스크림막대 #재활용놀이 #캐릭터인형 #상상력 #마커 #털실

🧒 아이의 놀이 과정

1 가지고 있는 재료를 고려하여 인형 디자인을 생각합니다.

2 눈알 스티커를 붙이고, 마커로 코나 입 등을 그립니다.

3 나무 막대에 리본이나 모루를 감거나, 마스킹 테이프를 붙이거나, 펠트를 오려 붙이는 등의 방법으로 인형의 옷을 만듭니다. 컵케이크 라이너는 막대 인형의 근사한 치마가 됩니다.

4 털실로 인형의 머리카락을 만들고 비즈나 리본으로 인형의 머리카락과 옷을 장식할 수 있습니다.

5 완성한 막대 인형을 가지고 역할 놀이를 할 수도 있습니다.

놀이의 확장

스웨터를 입은 막대 인형

준비물
나무 막대 | 다양한 색깔의 털실 | 글루건 | 마커 | 단추

섬세하게 막대 인형을 만드는 것이 어렵다면 보다 쉬운 방법으로 막대 인형을 만들어 볼 수 있습니다. 나무 막대에 털실을 돌돌 감아 털실 스웨터를 입은 막대 인형 만들기는 겨울에 하는 놀이로 제격입니다.

막대 동물 인형

준비물
나무 막대 | 아크릴 물감 | 붓 | 펠트지 | 글루건 | 마커

돼지는 분홍색, 닭은 흰색, 젖소는 흰색에 검은색 얼룩무늬, 사자는 노란색, 코끼리는 회색, 악어는 초록색 등 동물의 특징을 고려하여 나무 막대에 아크릴 물감으로 색칠합니다. 펠트지로 동물의 털, 볏, 뿔, 깃털 등을 표현한 후, 글루건을 이용해 나무 막대에 펠트지를 붙입니다. 마지막으로 마커로 동물의 눈, 코, 입을 그려 인형을 완성합니다.

CREATE 94

놀이난이도 ★★★☆☆

정리난이도 ★☆☆☆☆

종이를 오리고 접어서 만드는
입체 종이 조각

이런 게 필요해요!

- ☐ 재활용 박스 단면
- ☐ 색지
- ☐ 가위
- ☐ 풀
- ☐ 1공 펀치

아이들과 그림을 그리거나 놀다 보면 평면 작품에 그칠 때가 많습니다. 그걸 깨달은 이후로는 의식적으로라도 아이들과 3D의 입체적인 작품을 만들어 보려고 노력하는 편입니다. 가장 간단하고 기본적인 재료인 색종이, 가위, 풀만 있어도 멋진 입체 종이 조각 작품을 만들어 볼 수 있습니다. 종이를 자르고, 동그랗게 말고, 앞뒤로 접어서 아코디언처럼 만들고, 종이에 가위집을 내어 프린지를 만들 수도 있지요. 이 간단한 재료들이 얼마나 멋지고 창의적인 결과물을 낼 수 있는지 한번 시도해 보세요.

#3D작품 #입체적 #창의적 #간단한준비물

 **아이의 놀이 과정**

1 재활용 박스의 단면을 잘라 입체 종이 조각의 받침으로 사용합니다.
2 아래의 기법을 사용하여 종이를 다양한 형태로 만들어 보세요.

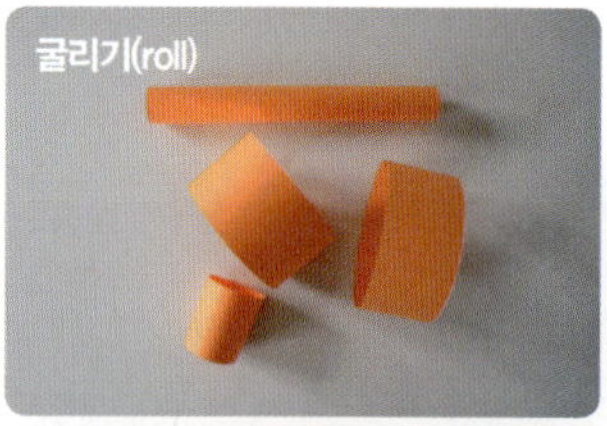

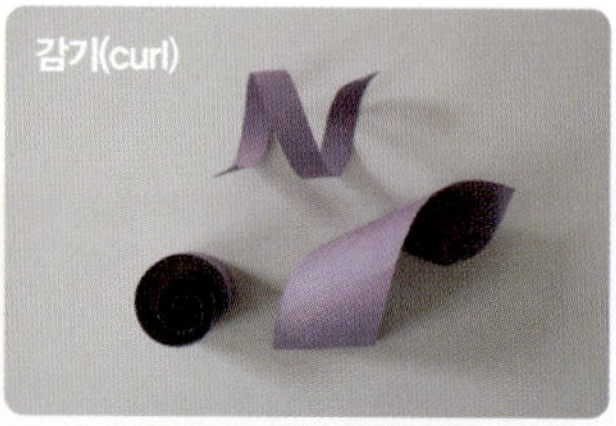

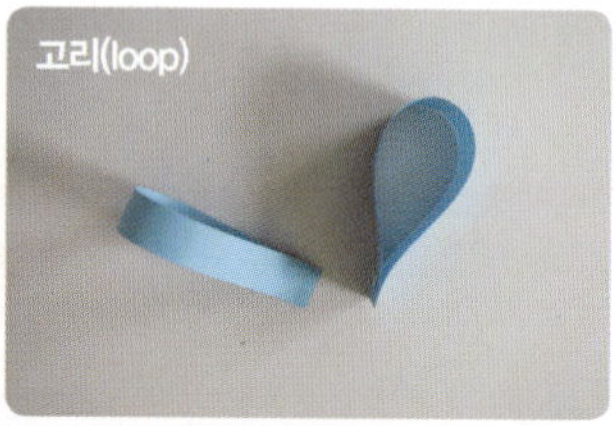

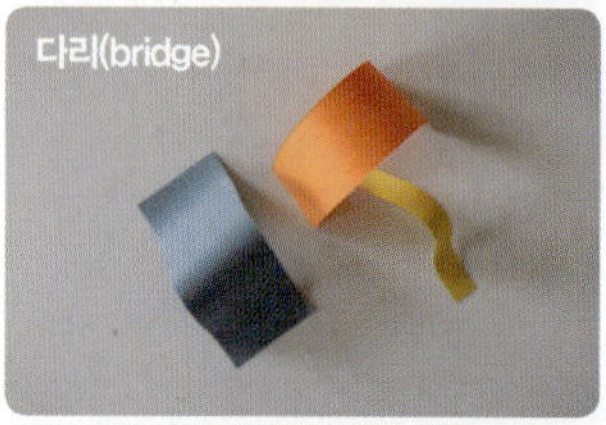

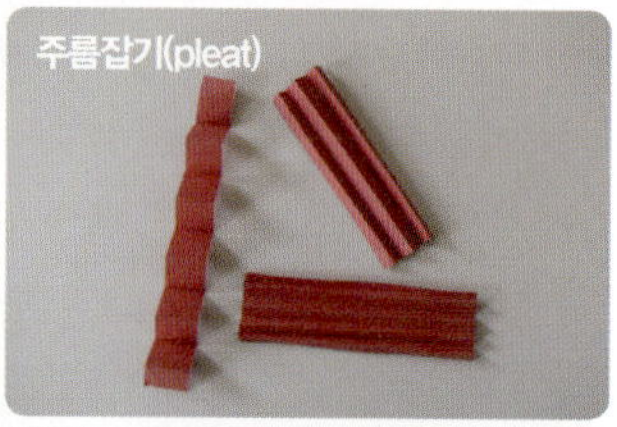

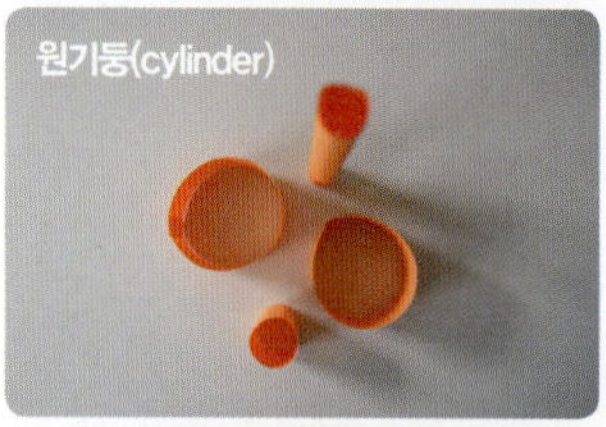

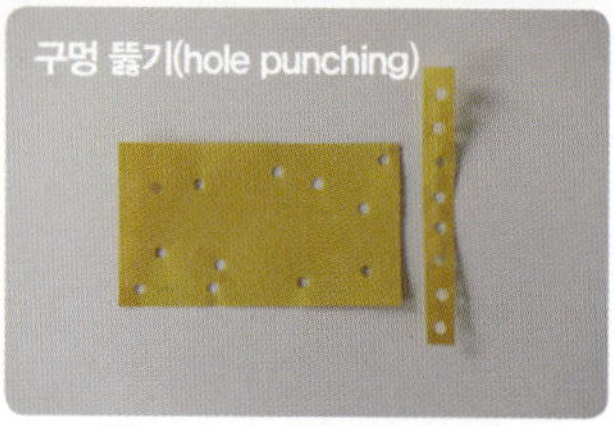

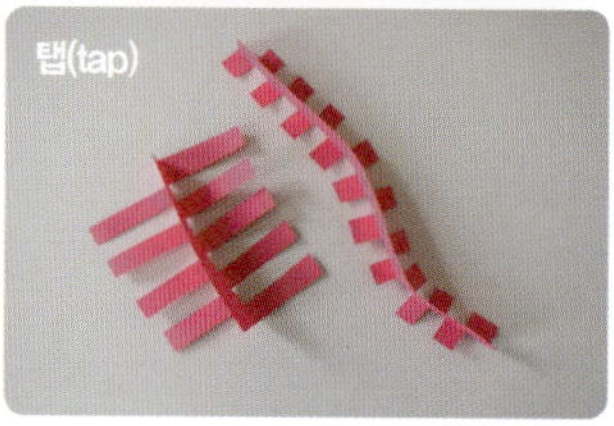

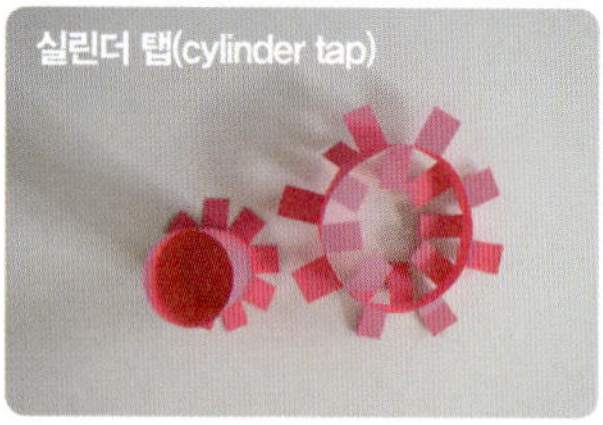

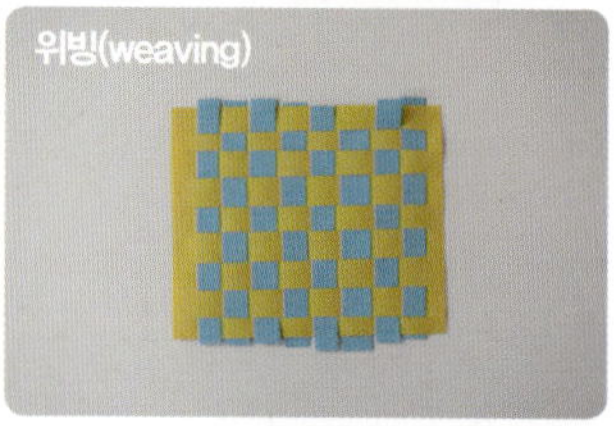

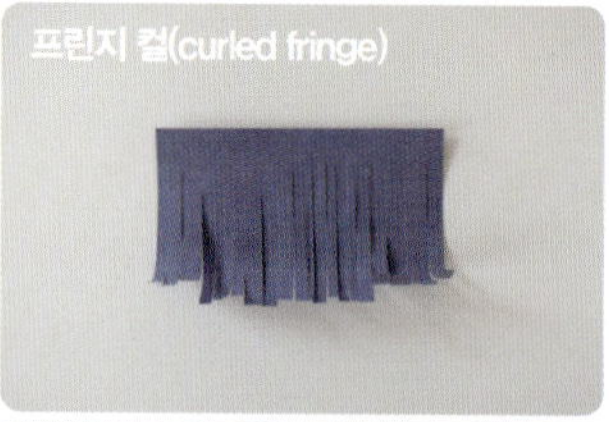

굴리기(roll)	감기(curl)	고리(loop)
다리(bridge)	프린지(fringe)	주름잡기(pleat)
원기둥(cylinder)	원뿔(cone)	나선형(spiral)
접어 자르기(fold&cut)	구멍 뚫기(hole punching)	탭(tap)
실린더 탭(cylinder tap)	위빙(weaving)	프린지 컬(curled fringe)
프린지 주름(pleated fringe)	사각기둥(cube)	삼각기둥(triangular prism)

3 색지 모양을 만드는 방법을 충분히 익혔다면, 만들고자 하는 입체 종이 조각의 주제를 생각해 봅니다.

4 가위로 색지를 자르고 원하는 모양을 만듭니다.

5 재활용 박스로 만든 조각 받침에 **4**에서 만든 색지를 붙여 입체 종이 조각을 만듭니다.

6 입체 종이 조각이 완성되었다면, 조각의 주제에 맞는 피규어(자동차, 뱀, 사자, 물고기 등)를 이용해서 놀이를 확장할 수 있습니다.

★ 이수는 흰동가리가 사는 말미잘 군락을 만들었어요.

놀이의 확장

3D 색깔인지 트위스터

준비물
도화지 | 다양한 색깔의 색지 |
가위 | 풀

'트위스터'라는 유명한 보드게임이 있습니다. 빨간색, 파란색, 노란색, 초록색의 동그라미가 총 24개 그려져 있는 보드 위에서 펼쳐지는 게임입니다. 게임에 사용하는 스피너를 돌린 후, 스피너가 가리키는 색깔과 신체 부위(오른손, 왼손, 오른발, 왼발)를 배치하는 것이 규칙입니다. '3D 색깔인지 트위스터' 놀이는 바로 이 게임에서 착안했습니다.

10의 보수 트위스터

'3D 색깔인지 트위스터'를 먼저 해 보고 놀이의 규칙에 익숙해졌다면, 같은 방법으로 10의 보수를 연결하는 놀이를 해 보세요. 아이들이 수학을 접하게 될 때 배우는 중요한 개념 중 하나가 바로 10의 보수입니다. 1과 9, 2와 8, 3과 7과 같이 합이 10이 되는 숫자들의 짝을 짓는 연습을 하며 기본적인 연산 학습에 활용할 수 있습니다.

플라스틱의 새로운 변신
DIY 슈링크 아트

놀이난이도
★★★☆☆

정리난이도
★☆☆☆☆

이런 게 필요해요!

- 슈링크 필름지 혹은 폴리스티렌(PS)
- 여러 색깔의 네임펜
- 가위
- 왁스페이퍼
- 1공 펀치
- 오븐 장갑
- 리본 혹은 고리

슈링크 아트는 1980년대에도 어린이들에게 사랑받았던, 역사가 제법 긴 놀이랍니다. 슈링크 필름지를 오븐에 넣어 구우면 크기가 줄어들면서 딱딱한 플라스틱으로 변해요. 이렇게 만들어진 작은 플라스틱은 열쇠고리나 책갈피로 만들어 사용할 수 있지요. 슈링크 아트에 필요한 필름지는 인터넷에서 쉽게 구매할 수 있지만 재활용 코드가 6번인 폴리스티렌(PS) 성분으로 만들어진 플라스틱을 재활용하여 사용할 수도 있습니다. 이제부터 분리수거를 할 때는 용기 밑면을 자세히 살펴보세요. 그리고 폴리스티렌(PS)플라스틱이 있다면, DIY 슈링크 아트 재료로 활용해 보세요.

#재활용재료 #DIY놀이 #폴리스티렌 #열쇠고리 #책갈피

아이의 놀이 과정

1. 깨끗하고 물기가 없는 폴리스티렌(PS)을 찾아 적당한 크기로 잘라 놀이를 준비합니다.

2. 폴리스티렌 위에 네임펜으로 그림을 그립니다.
   ★ 폴리스티렌은 열처리를 하면 원래 크기보다 1/3 정도 줄어듭니다.
   ★ 어두운 색을 사용하면 그림이 줄어들면서 색이 너무 짙어집니다. 가급적 밝은 색을 사용하여 그림을 그릴 것을 추천합니다.

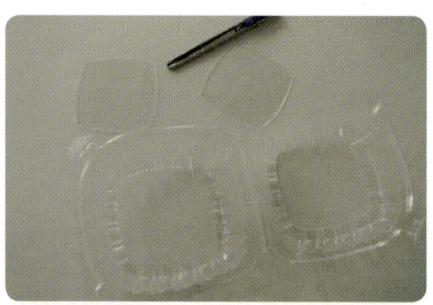

3. 그림을 모두 그렸다면, 가위로 그림의 테두리를 자릅니다.

4. 폴리스티렌의 윗부분에 1공 펀치로 구멍을 뚫어줍니다.

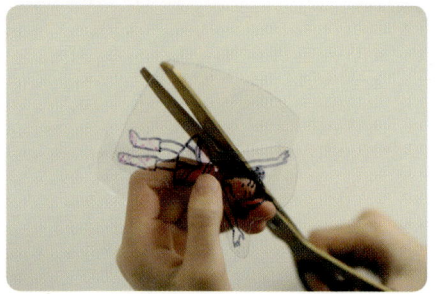

놀이 노하우

분리수거를 할 때 폴리스티렌(PS) 식별 마크를 찾아 보세요!
테이크아웃 용기의 뚜껑 등에서 쉽게 찾을 수 있는 폴리스티렌의 식별 번호는 6번입니다. 폴리스티렌은 슈링클 필름지 대신 사용할 수 있으니 분리수거를 할 때 아이와 함께 식별 마크를 찾아 보세요.

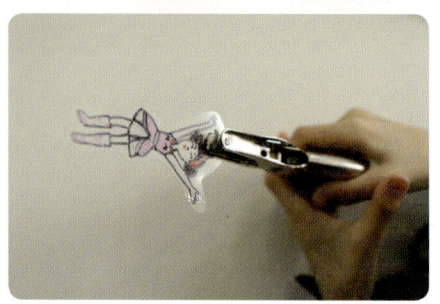

엄마의 준비 과정

1 오븐을 170°C로 예열합니다.

2 종이 호일 위에 폴리스티렌 그림을 올린 후 예열된 오븐에 넣습니다.

3 오븐 앞에 앉아서 2~3분 동안 슈링크 아트가 완성되는 모습을 지켜보세요. 폴리스티렌의 크기가 더 줄어들지 않는다면 축소 과정이 끝난 것입니다.

★ 폴리스티렌의 한쪽 면이 말려들어 가고, 다른 쪽 면도 말려들어 가며 전체적인 크기가 점점 작아지는 것을 관찰하세요.

4 오븐에서 슈링크 아트 작품을 꺼낸 후 식힙니다.

5 구멍에 리본이나 고리를 달아서 열쇠고리, 책갈피, 열쇠고리 등으로 만들어 보세요.

놀이 노하우

가열 전과 후의 크기를 비교해 보세요!

슈링크 아트 작품은 열을 가하면 크기가 굉장히 작아지므로 그림이나 채색이 서툴러도 근사한 완성 작품을 만들 수 있습니다.

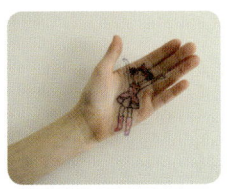

가열 전   가열 후

CREATE 96

캔버스가 된 조개껍데기
구운 조개 컬러링

놀이난이도 ★★☆☆☆
정리난이도 ★☆☆☆☆

이런 게 필요해요!

☐ 조개껍데기
☐ 크레용
☐ 나무 막대
☐ 종이 포일
☐ 오븐 장갑
☐ 집게

조개를 캔버스 삼아 껍데기 위에 색깔을 칠하기 위해서는 먼저 조개를 뜨겁게 구워야 합니다. 그래서 구운 조개 컬러링 놀이를 할 때는 아이들이 뜨거운 조개에 데지 않도록 조심해야 합니다. 구운 조개 컬러링 놀이를 할 때 생기는 약간의 긴장감이 놀이의 즐거움을 키웁니다. 이렇듯 적당한 위험 요소가 때로는 아이들의 도전 욕구를 불러일으키기도 합니다. 보호자가 곁에 있고 통제가 가능한 환경이라면 가끔 이러한 작은 위험을 감수하며 새로운 것에 도전해 보고 자신감을 얻을 수 있도록 도와주세요.

#색칠놀이 #조개컬러링 #도전 #자신감

엄마의 준비 과정

1. 크기가 큰 조개껍데기를 골라서 깨끗하게 씻어줍니다.

2. 조개껍데기를 170℃의 오븐에서 10분간 굽고 한 개를 꺼내 준비합니다.
   ★ 조개껍데기의 온도가 따뜻하게 유지될 수 있도록 놀이하는 동안 나머지 조개들은 오븐에 보관합니다.

3. 뜨거운 조개껍데기 위에 크레용을 살짝 올리면 열에 의해 크레용이 녹으며 색칠할 수 있습니다.
   ★ 아이가 뜨거운 조개를 손으로 만지지 않도록 주의하세요.
   ★ 세밀한 작업을 할 때는 나무 막대로 조개껍데기를 고정하며 그림을 그려요.

4. 첫 번째 조개껍데기의 채색을 마쳤다면, 오븐에서 두 번째 조개껍데기를 꺼내 색칠을 시작합니다.

5. 완성한 조개껍데기 위에 스티커를 붙여 장식할 수도 있습니다.

화상을 입을 위험이 있으니 놀이를 할 때 준비하세요!
혹시 모를 화상의 위험에 대비하여 구운 조개 컬러링을 하는 동안 장갑을 착용하거나 얼음물이 담긴 볼을 준비하는 것이 좋습니다.

CREATE 97

베틀 위에 비즈로 짠
비즈 위빙 팔찌

놀이난이도
★★★★★

정리난이도
★☆☆☆☆

이런 게 필요해요!

☐ 트레이
☐ 포니 비즈
☐ 비즈
☐ 우레탄 줄(1mm)
☐ 탄성 코드(1mm)
☐ 돗바늘
☐ 테이프
☐ 가위

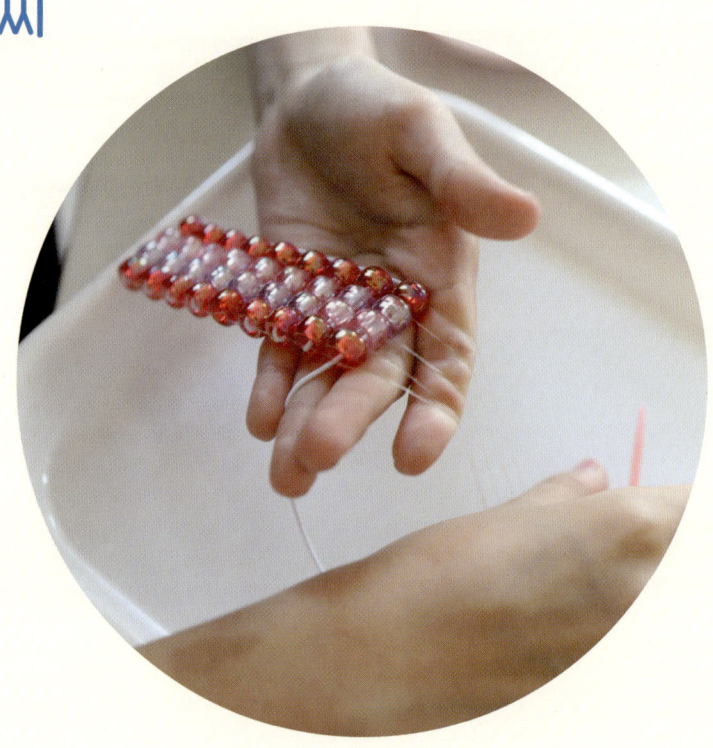

베틀 위에 비즈를 짜서 만드는 비즈 위빙 팔찌는 난이도가 높아서 집중력과 인내심이 필요한 놀이입니다. 털실을 이용한 위빙은 많이 해 본 이수에게도, 비즈를 위빙하는 것은 새로운 경험이었습니다. 이현이 역시 약간의 도움을 발판 삼아 비즈 위빙 팔찌를 만들어 볼 수 있었습니다. 평소 만들던 비즈 팔찌보다 더 복잡하고, 어렵고, 예쁜 팔찌를 만들 수 있게 되었다는 사실에 아이들은 자부심을 느꼈습니다. 이렇게 작은 성공의 경험들이 계속해서 반복되면, 아이의 자존감이 높아질 것입니다.

#비즈위빙 #팔찌 #도전 #자신감

엄마의 준비 과정

1 작은 트레이 위에 우레탄 5줄을 올립니다.

★ 트레이는 재활용 박스로, 우레탄 줄은 탄성 코드(1mm)로 대체하여 사용할 수 있습니다.

2 트레이의 뒷면에 우레탄 5줄을 테이프로 고정해 베틀 모양을 만듭니다.

★ 이때 줄 사이의 간격은 사용하는 포니 비즈의 너비와 같게 맞춰요.

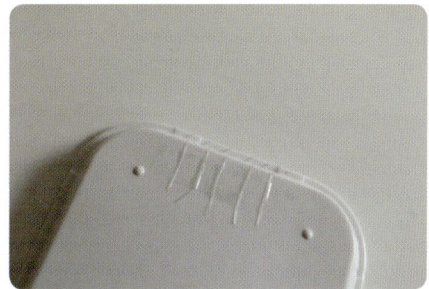

3 돗바늘에 탄성 코드 줄을 꿰어 연결합니다.

4 베틀의 가장 왼쪽에 있는 우레탄 줄에 돗바늘이 걸린 탄성 코드 줄의 끝부분을 묶어 연결합니다.

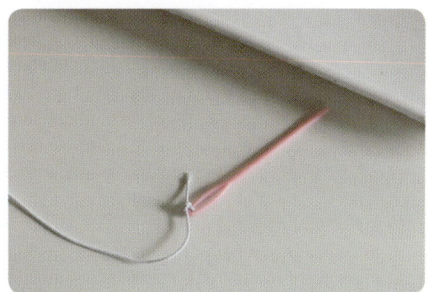

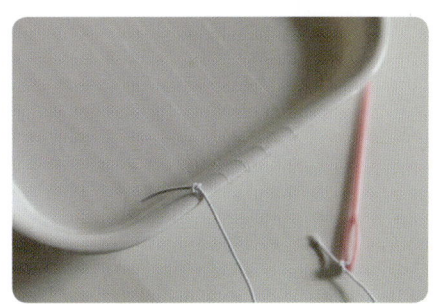

아이의 놀이 과정

1 돗바늘에 포니 비즈 4알을 꿰웁니다.

2 포니 비즈가 꿰어진 돗바늘을 베틀에 걸린 우레탄 5줄의 밑에 왼쪽에서 오른쪽 방향으로 넣습니다.

3 포니 비즈 4알이 탄성 코드 5줄의 사이 사이에 들어가게 배치합니다.

4 베틀에 꿰어진 포니 비즈 4알의 밑으로 손바닥을 넣어 살짝 들어 올립니다.

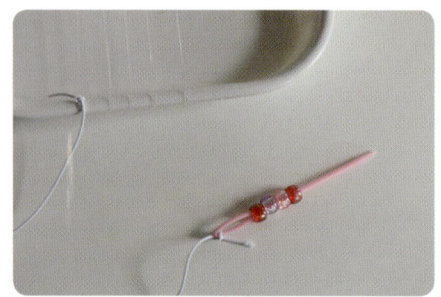

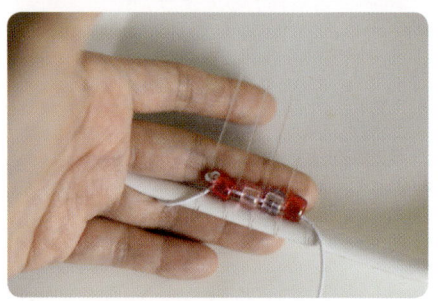

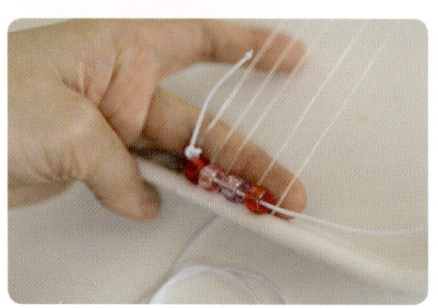

5   돗바늘을 포니 비즈 4알 속으로 통과시킵니다(오른쪽 → 왼쪽). 이때, 돗바늘이 베틀에 걸린 우레탄 5줄의 위로 올라오도록 합니다.

6   **1~5**의 과정을 반복하여 비즈를 17~19줄 정도 쌓아 줍니다.

7   마지막 비즈 줄에서는 튼튼한 마무리를 위해 비즈의 아래, 위를 위빙하는 **2**와 **5** 동작을 두세 번 반복합니다.

8   돗바늘에 걸린 탄성 코드를 자른 후 베틀에 걸린 우레탄 줄에 묶어줍니다.

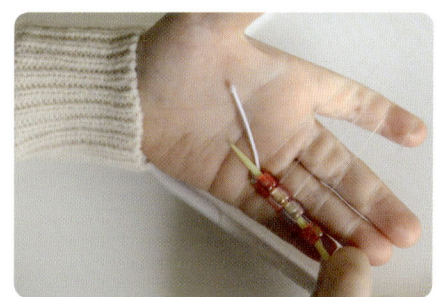

9   가위로 베틀에 걸린 우레탄 5줄을 자른 후 두 줄 혹은 세 줄씩 묶어 매듭을 지어 줍니다.

10 양 끝에 있는 우레탄 줄을 서로 연결해 묶어 팔찌를 완성합니다.

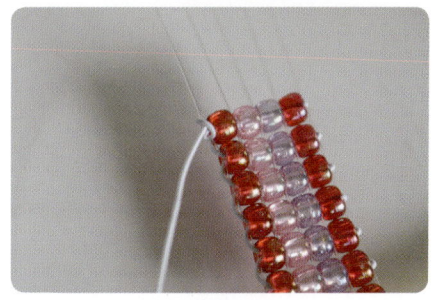

CREATE 98

집에 있는 동물 피규어로 만드는
동물 팬던트 목걸이

 놀이난이도 ★★★☆☆

 정리난이도 ★☆☆☆☆

이런 게 필요해요!

- 동물 피규어
- 탄성 코드(1mm)
- 가위
- 각종 비즈
- 테슬
- 폼폼 등

아이들이 가장 좋아하는 동물은 시시때때로 바뀝니다. 그래서 아이의 관심사에 맞추어 집에 있는 동물 피규어를 이용해서 목걸이를 만들어 보기 시작했습니다. 끈에 비즈도 꿰고, 테슬도 달고, 폼폼도 달아 만든 세상에서 단 하나뿐인 목걸이를 만들었지요. 유니콘, 사슴, 다람쥐 등 우리 아이만의 취향과 정서가 담긴 목걸이는 아주 특별한 선물이 되었습니다. 세상에서 단 하나뿐인 우리 아이들의 유년 시절을 기념하는 소품으로 오래오래 기억될 것입니다.

#동물팬던트 #테슬 #폼폼

🧒 아이의 놀이 과정

1. 아이가 좋아하는 동물 피규어와 그에 어울리는 탄성 코드를 준비합니다.

2. 탄성 코드를 길게 잘라 반으로 접고, 그 위에 동물 피규어를 올립니다.

3. 탄성 코드의 접힌 고리 안에 탄성 코드의 다른 쪽 두 줄 끝을 넣어 단단히 고정합니다.

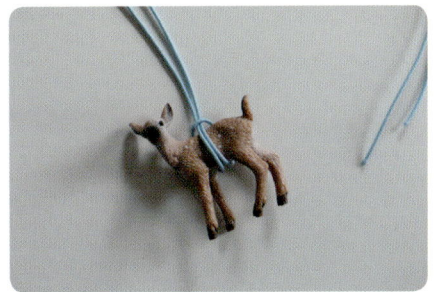

4. 탄성 코드의 두 줄 끝에 비즈 하나를 넣어 통과시킵니다.

5. 탄성 코드의 두 줄을 한쪽씩 분리한 후, 양쪽에 각각 비즈를 꿰다.

★ 비즈 사이 사이에 다른 색깔, 크기, 모양의 비즈를 섞어서 꿸 수도 있고, 테슬이나 폼폼을 넣을 수도 있어요.

6 탄성 코드 전체에 비즈를 꽉 채울 필요는 없습니다. 여백을 두어도 예쁘고 개성 있는 목걸이를 만들 수 있습니다.

7 탄성 코드의 끝부분에 나무 비즈를 꿰어 완성도를 높여 보세요.

8 탄성 코드의 양 끝을 묶어 마무리합니다.

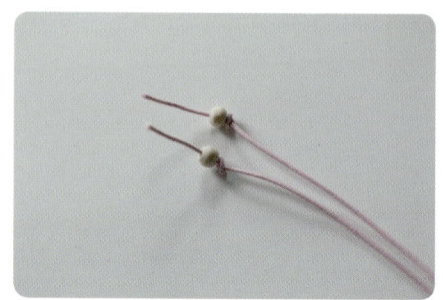

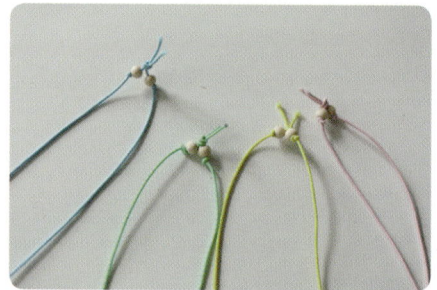

놀이 노하우

핀 바이스를 이용해 보세요!

피규어로 펜던트를 만들 때, 핀 바이스로 피규어에 구멍을 뚫고 9자 핀으로 연결하는 방법도 있어요. 탄성 코드로 고정시킬 수 없는 모양의 피규어라면 핀 바이스를 사용하는 것이 대안이 될 수도 있습니다.

CREATE 99

 놀이난이도 ★★★☆☆

 정리난이도 ★☆☆☆☆

크리스마스트리를 특별하게 만드는
소금 반죽 오너먼트

이런 게 필요해요!

- ☐ 믹싱볼
- ☐ 밀가루 2컵
- ☐ 소금 1컵
- ☐ 물 1컵
- ☐ 롤링핀
- ☐ 쿠키커터
- ☐ 빨대
- ☐ 아크릴 물감
- ☐ 붓   ☐ 목공용 풀
- ☐ 글리터 ☐ 끈

11월 말이 되면 연말 분위기가 물씬 나기 시작합니다. 그러면 트리를 꺼내어 장식하며 크리스마스를 기다리게 되지요. 아이들과 오너먼트를 직접 만들어서 트리를 장식하는 것은 우리 집의 크리스마스 전통이 되었습니다. 아이들이 만든 오너먼트는 시중에서 판매하는 오너먼트에 비교하면 조잡하거나 일관성이 없어 보일 수도 있습니다. 하지만 아이들은 자기가 만들었던 오너먼트를 찾아 크리스마스트리에 달면서 지난 겨울을 추억하고 새로운 겨울을 기다립니다. 이런 따뜻한 기억은 아마 아이들에게 평생 소중한 추억으로 남지 않을까 생각해 봅니다. 밀가루와 소금을 반죽해 오너먼트를 만들어 올해는 물론 내년 크리스마스와 내후년 크리스마스에도 떠올릴 수 있는 추억을 만들어 보세요.

#겨울놀이 #크리스마스트리 #오너먼트 #소중한추억 #소금반죽

 엄마의 준비 과정

1. 오븐을 120℃로 예열합니다.
2. 믹싱볼에 밀가루 2컵, 소금 1컵을 골고루 섞습니다.
3. 믹싱볼에 물을 조금씩 넣어가며 원하는 질감을 완성합니다.

아이의 놀이 과정

1. 소금 반죽을 롤링핀으로 넓게 폅니다.
2. 쿠키커터로 소금 반죽을 잘라 원하는 오너먼트의 모양을 만듭니다.
3. 빨대로 오너먼트의 윗부분에 구멍을 냅니다.

4 오너먼트를 오븐에 넣고 120℃에서 2시간 동안 굽습니다.

5 오븐에서 완전히 건조된 소금 반죽 오너먼트를 꺼내 식힙니다.

6 아크릴 물감을 사용해 오너먼트를 색칠합니다.

7 오너먼트의 구멍에 끈을 넣고 묶어 고리를 만듭니다.

8 완성된 오너먼트를 크리스마스 트리에 달아 줍니다.

놀이 노하우

아이 사진으로 오너먼트를 만들어요!

매년 아이들 사진으로 오너먼트를 만들어 보세요. 오너먼트를 통해 일년 사이에 쑥 큰 아이의 모습을 볼 수 있어서 좋습니다. 사진 오너먼트는 손 코팅지를 이용해서 만들기 때문에 배경이 투명합니다. 덕분에 전구 빛이 오너먼트를 투과하는 모습이 아주 매력적이랍니다.

CREATE 100

놀이난이도 ★★★☆☆
정리난이도 ★★★★☆

병을 흔들면 반짝반짝 눈이 내리는
스노우 글로브

이런 게 필요해요!

☐ 유리 혹은 플라스틱병
☐ 피규어
☐ 물 1컵
☐ 글리세린 3t
☐ 글리터 3t
☐ 글루건(선택)
☐ 리본(선택)

◀ 병을 흔들면 하얀 눈이 내리는 스노우 글로브를 좋아하는 사람들이 많습니다. 하얀 눈이 내려앉아 있는 고요한 스노우 글로브의 느낌은 마음을 차분하게 만들어 주지요. 시중에서 판매하는 스노우 글로브를 구입하는 것도 좋지만, 아이가 좋아하는 피규어를 넣고 집에서 직접 스노우 글로브를 만들어 보세요. 만드는 방법은 간단하지만 스노우 글로브가 주는 설렘과 여운은 오래오래 기억될 것입니다.

#겨울놀이 #하얀눈 #스노우글로브 #반짝반짝

아이의 놀이 과정

1 뚜껑이 있는 유리병이나 플라스틱병을 준비합니다.

2 글루건을 이용해 뚜껑의 안쪽에 피규어를 붙여 고정합니다.
★ 눈 내린 나무, 눈사람, 사슴, 산타 할아버지와 같은 피규어를 이용하면 크리스마스 분위기가 물씬 나는 스노우 글로브를 만들 수 있어요.

3 병 안에 물 1컵, 글리세린 3t, 글리터 3t를 넣습니다.
★ 병 안을 액체로 가득 채우면 뚜껑을 닫은 후에 내용물이 넘칠 수 있으니 공간을 조금 남겨두세요.

4 뚜껑을 단단히 돌려 닫고 병과 뚜껑 사이의 공간을 글루건으로 막아 줍니다.

5 병을 뒤집으면 완성입니다.
★ 병의 목 부분에 리본을 달아 장식할 수 있습니다.

놀이 노하우

글리세린은 어떤 역할을 하나요?
스노우 글로브 안의 물이 증발하는 것을 막고, 스노우 글로브를 흔들었을 때 눈이 천천히 소용돌이치며 떨어지도록 도와주는 역할을 해요. 글리세린의 비율이 높을수록 글리터가 천천히 떨어질 거예요.

액체를 넣지 않는 스노우 글로브를 만들어요!
아이가 어려서 스노우 글로브가 깨지는 것이 걱정된다면, 병 안에 피규어와 스노우볼 눈가루, 글리터만 넣어 만들어 보세요. 눈이 천천히 내리는 모습을 볼 수는 없겠지만, 무게가 가벼워 흔들기 쉽고, 눈가루가 서걱서걱 떨어지는 소리가 경쾌한 스노우 글로브를 만들 수 있을 거예요.

찾아보기

ㄱ
가을 놀이 133, 140, 323
감광지 119
감전기 183
거울 놀이 88, 151, 298
계절 놀이 123
공룡 화석 195
과일 도장 249
과일 목욕 57
과포화 용액 192, 221
광합성 199
구름 관찰 315
글리세린 41, 281, 371
기념일 111

ㄴ~ㄹ
날달걀 187
녹는점 209
달걀 놀이 190
도전 놀이 229
돗바늘 362
리스 149

ㅁ
마블링 167, 168, 247
머핀 틴 71
모래시계 312
모세관 현상 200
목욕 놀이 59, 66, 225
미니 화분 74
밀도 차이 197, 211

ㅂ
바느질 놀이 111
반복 놀이 261
밤 놀이 275
버블 완드 53
베이킹 소다 171
보물찾기 193
봄 놀이 28, 104
분리수거 356
붕사 191
비눗방울 53
비즈 왁스 137
비즈 장식 298

ㅅ
산-염기 반응 181
삼투 현상 189, 199
상상 놀이 92
새 모이 127
색칠 놀이 158, 358
샌드아트 275
생일 놀이 333
선 캐처 143
선 프린트 119
소근육 발달 156, 271
소꿉놀이 102
소독용 알코올 33
수 세기 238
쉐이빙 폼 77, 89, 265
스노우 도우 89
스몰 월드 93
스크래치 아트 288
스텐실 178
스파게티 면 73

시각적 자극 211
실리 퍼티 61

ㅇ
아쿠아파바 67
아크릴 시트 119
압화 131
액션 페인팅 83
야외 놀이 193
어는점 209
얼음 물감 69
여름 놀이 69, 244
역할 놀이 306, 312
열분해 반응 218, 220
염색 33
오감놀이 57
오너먼트 192, 369
오일 페인팅 206
용질 191
용해도 221, 224
우블렉 24
워터 비즈 31
원 그리기 261
위빙 321
윈드 스트리머 125
음식 놀이 306
입도 327
입체 종이 353

ㅈ
자연 놀이 73
장미꽃 113
전해질 182, 185
젤라틴 29

중화 반응 186
증산 작용 199
지시약 217
집안 놀이 267

ㅊ~ㅋ
차전자피 가루 45
참여형 실험 196
촉감 놀이 32, 44, 61, 326
촉매제 231
치아씨드 슬라임 47
카제인 플라스틱 204
커피 흙 74
케이크 103
콜라주 161
크리스마스트리 298, 367

ㅌ~ㅎ
타피오카 펄 37
탄산칼슘 178
탄성 61
파스타 면 85
폴리스티렌 356
플라워 수프 107
플로랄 폼 157
핀 바이스 366
한천 29
화석 발굴 27

영문
UV 라이트 27, 245, 275